海外华文教育系列教材

总主编　贾益民

华语写作

HUAYU XIEZUO

王　晶　编著

暨南大学出版社
JINAN UNIVERSITY PRESS

中国·广州

图书在版编目（CIP）数据

华语写作/王晶编著. —广州：暨南大学出版社，2012.7
（海外华文教育系列教材/贾益民总主编）
ISBN 978 - 7 - 5668 - 0143 - 2

Ⅰ. ①华…　Ⅱ. ①王…　Ⅲ. ①汉语—写作—对外汉语—教学—教材
Ⅳ. ①H195.4

中国版本图书馆 CIP 数据核字（2012）第 046543 号

出版发行：暨南大学出版社

地　　址：中国广州暨南大学
电　　话：总编室（8620）85221601
　　　　　营销部（8620）85225284　85228291　85228292（邮购）
传　　真：（8620）85221583（办公室）　　85223774（营销部）
邮　　编：510630
网　　址：http：//www. jnupress. com　http：//press. jnu. edu. cn

排　　版：广州市天河星辰文化发展部照排中心
印　　刷：佛山市浩文彩色印刷有限公司

开　　本：787mm×960mm　1/16
印　　张：13.75
字　　数：293 千
版　　次：2012 年 7 月第 1 版
印　　次：2012 年 7 月第 1 次

定　　价：32.00 元

（暨大版图书如有印装质量问题，请与出版社总编室联系调换）

总　序

　　改革开放以来的30多年，是中华民族走向复兴的历史时期，也是汉语大步走向国际、海外华文教育复兴的历史机遇期。曾几何时，在东南亚某些国家，华文书籍与毒品、枪支一起被列入海关查禁的范围，华人传承本民族的语言和文化，要冒巨大的生命危险。直到20世纪80年代末90年代初，随着中国经济的发展，经贸往来带动了语言的需求，汉语的国际交往价值显著提升。中国和平崛起的事实以及和谐外交、睦邻外交政策，使得汉语更为快速和稳健地在东南亚乃至全球得以传播。东南亚国家与中国的经济往来密切，地缘政治和文化上的关系紧密相连，东南亚又是华侨华人最为集中的区域。落地生根的华人一方面积极地融入居住国的主流文化、投身所在国的经济文化建设，一方面也对保留和传承自身的民族性十分重视，他们对华文教育的复兴和发展充满了期待，也投入了巨大的热情。从某种程度上来说，30多年来东南亚华文教育的复兴，在汉语的国际传播中是最为引人注目的。

　　海外华文教育的需求，极大地鼓舞了中国对外汉语教学院校、机构和专业人士的工作热情。仅在印度尼西亚，从20世纪90年代末暨南大学华文教育专家首度应邀进行大范围的师资培训，到如今已有全国众多高校，为印度尼西亚的汉语教学提供了多方面的支持，印度尼西亚的华文教育呈现出良好的发展势头。国际形势的不断发展，也对中国高校协助、支持有需要的国家开展华文教育和汉语教学提出了新要求，其中师资和教材的本土化是最为突出的问题。就师资而论，我们认为，要解决有关国家普遍存在的汉语师资紧缺问题，实现华文教育和汉语教学的可持续发展，本土化师资的培养是关键。海外华文教育和汉语国际教育对师资的需求是多方面的，在印度尼西亚和其他一些东南亚国家，华文教育被禁锢几十年之后的复苏时期，短期师资培训是解决师资燃眉之急最有效的方法。从长远看，开展各种学位层次的学历教育，则是师资培养专业化、规范化的必由之路。海外一部分有志于华文教育工作的华裔子弟，有条件到中国留学并接受全日制学历教育，而更多无法离开工作岗位的在职教师也迫切希望接受正规的华文教学、汉语国际教育的学历教育，希望中国高校能送教上门。正是在这样的背景下，我们提出了多层次、多类型培养海外华文教师的思路，并采取了一系列举措。

　　所谓多层次，就是学历教育与非学历教育并举。其中学历教育包括专科、本科、研究生等不同学历，学士、硕士、博士等不同学位层次的华文教育师资培养；非学历主要是时间长短不一的各种师资培训班教学。多类型是指既有科学学位又有专业学位教育，既有全日制又有业余兼读制办学，既有面授教学又有远程网络教学，多种形式结合的组织教学方式，师资培养既"请进来"也"走出去"。为此，暨南大学在 2005 年向中国教育部申请开设了大学招生目录外新专业——"华文教育"本科专业，并建立了全国首个华文教育系，每年招收一批海外华裔子弟，接受正规的四年本科师范性教育；在研究生教育层次，除了在语言学及应用语言学专业招收科学学位"对外汉语教学与华文教育"硕士研究生之外，又在全国首批招收了"汉语国际推广"方向科学学位硕士，并成为全国首批招收"汉语国际教育"专业学位硕士研究生的高校。在学士和硕士培养的基础上，目前正在筹划目录外自主设立"海外华语研究与华文教学"的二级学科博士生培养学位点。在走出去办学方面，除了开设孔子学院之外，暨南大学先后在新加坡、美国、印度尼西亚设立了研究生培养海外教学点，在印度尼西亚、泰国、菲律宾、德国、英国等国的 20 多个城市设立了华文教育本科教学点，在澳大利亚、德国、菲律宾等国建立了一批以推广教材教法为目的的海外实验学校。以这些海外教学点、实验学校为依托，暨南大学的海外华文教育工作在本世纪头十年得以在世界许多国家蓬勃开展。同时，我们也欣喜地看到，国内许多高校也纷纷与国外教育机构签署协议，在当地教育机构的协助下就地办学，为海外华文师资的培养，提供了实实在在的支持，从而在一定程度上有效地缓解了世界上许多国家，特别是东南亚国家汉语教师不足的燃眉之急，并为海外华文教育的可持续发展打下了一定的基础。

海外办学的开展，对教材建设提出了新要求。由于教学对象、教学环境、学习方式的特殊性，国内全日制办学使用的教材未必完全适合于海外教学点。我们除了组织编写像《中文》这样的学汉语教材、《海外华文师资培训教程》等短期师资培训教材之外，也迫切需要编写一套海外教学点适用的本科、研究生教材。暨南大学的海外教学点本科华文教育、对外汉语专业从 2001 年在印度尼西亚开始招生，到目前办学已有 10 年之久。10 年前，为了满足教学需要，我们编写了相关专业的教学计划，并组织一批年轻教师编写了其中 10 多门核心课程和主干课程的讲义。这些讲义经过多年的试用，不断修订和完善，目前已基本达到出版要求，在暨南大学出版社的大力支持下，拟于近期以"海外华文教育系列教材"的形式陆续推出。首批出版的教材涵盖汉语言文字本体知识、华语运用、华语修辞、华语教学、华文教育学、语言心理学、计算机辅助华文教学等几个方面。考虑到海外华人，特别是东南亚华人的习惯，各册讲义原以"汉语"命名的均改称"华语"。

这套"海外华文教育系列教材"的适用对象是海外兼读制华文教育、对外汉语、汉语言文学、汉语言等专业的成人教育系列本科生。教材在内容上力求做到符合海外学习者的需要。海外学习者一方面需要学习汉语言及其教学的基础知识，需要掌握教育学、心理学、第二语言教学的基础理论和基本原理，更重要的是要能够学以致用。

为此，我们要求教材尽可能富有针对性和实用性。具体而言，在以下几个方面特别注意与国内全日制教材有所区别：第一，在教学内容上体现文化的包容性，尽可能避免政治文化、宗教文化、民俗文化等方面的冲突，淡化意识形态色彩。第二，在内容的深浅、难度把握上，在保证知识的完整性、常规性基础上，从海外教学对象的实际需要出发，做到难易适度。第三，强调教学内容的更新和创新。更新表现在及时吸收相关学科常规知识化了的新的研究成果，淘汰国内教材中陈旧过时了的内容，对尚属探索性、学界还未取得共识的内容，尽量不编入教材或者不作为教材传播的主体知识；创新主要表现在针对海外学习者的特殊性，编写一些适合他们需要的内容，以收到释疑解惑的效果。第四，在知识的表述方面，尽可能做到具体易懂。我们特别强调教材多用实例说明抽象的理论问题，多采用案例教学方式，使教学内容具体形象。第五，在教材语言上，尽可能避免晦涩难懂，同时在遵循现代汉语规范的基础上，适当吸收海外华语有生命力的语言成分，使学习者在学习学科专业知识的同时，也能受到标准汉语的熏陶，培养汉语语感。各册教材的编写者，经过多次讲授，在讲义的基础上修订完成这套教材，我们希望无论是教还是学，这套教材都能真正做到实用、合用，能尽可能符合海外华文教育师资培养的实际需要。

本套教材的出版，得到了暨南大学出版社的大力支持，责任编辑更是付出了许多辛勤的劳动，在此特致以由衷谢忱！我们也恳切希望教材的海内外使用者能及时反馈有关信息，多多给予批评指正，以便我们日后修订完善，不断提高。

是为序。

贾益民
2011 年 7 月 28 日

前　言

语言的听、说、读、写四项基本能力中，最难掌握好的恐怕就是写了。写没有任何非语言的辅助交际手段，一切要靠文字本身来完成。写作课程是一门对汉字、词汇、语法、标点符号、书写格式等书面语言要素以及语法结构知识进行实践和训练的课程；对于写作者的语法、逻辑、结构、表述等有着较高的要求，是综合运用语言知识和语言能力的过程。

本教材适合初步具备汉语言知识能力的学生（中级以上）使用。教材在正式出版前，经历了一段时间的试用。鉴于教学对象的特定和教学情况的复杂，教材在内容上既考虑到了写作方法技巧、各种文体要求，也注意到了汉语言文字语法上的功夫；重点突出写作的实用性，以尽可能地适应华文教育的要求。具体安排是这样的：每一节内容首先提供范文，选取优秀汉语作品为蓝本，让学生参照阅读仿作，例文大多有必要的词语解释；然后在学习重点部分对写作文体和语法要点进行讲解说明；最后是思考练习。鉴于练习的主观性较强，所以只能在书后提供部分参考答案。

本教材遵循汉语书面表达训练的基本程序，分为上、下编，即基础写作、应用写作，包括基础的字、词、句、段的训练，也有不同文体的训练；既有教学课堂上所需的作文、训练，也有课外生活中的日记、书信、常见应用文写作等。教材的主要内容如下：

一、写作基础训练

选取了听后写、连句成段、扩写、缩写、看图作文等常见方式，用以训练字、词、句、段的汉语写作基本功。

二、三种主要文体训练

根据表达方式的不同，将文章分为最为主要的三种体裁（记叙文、说明文、议论文）来学习训练，以进一步加强书面表达能力。

三、应用文训练

从实际出发，广泛选取了常见事务应用文、新闻、常见师范类文书等，重点学习这些文体的书写格式、写作方法和专用词语，并配有适量思考练习，实用性强，语言简洁明确，比较适合学生的写作学习。

特别指出的是，由于具体教学的需要，本教材安排了常见师范类文书的学习。师范写作是一种独立的专业写作类别，它的写作范围主要存在于教育系统内和与教育有关的领域，基本作者是教师，他需要具备作者（会写）、讲师（会讲）、教练（会教）

三种职业所需的能力；这种写作的基本读者是教师和学生；兼顾教和学是师范类写作的典型特征。

本教材参考了许多学者、老师的写作研究成果和经验，在此表示衷心的感谢。所选作品范文涉及作者较多，由于力不能及的缘故，没法一一知会联系上，在此深表感谢和歉意。鉴于本教材致力于促进华文教学、弘扬祖国文化，敬请作者们理解见谅，如有需要请与我们或出版社联系。

本教材在编写、试用过程中得到过许多师生、朋友的帮助，特别是暨南大学的唐燕儿、宗世海、王香平等老师提出了不少宝贵建议，在此一并致以深深的谢意。由于时间有限，也由于编者水平有限，这本教材不足和错误难免。我们恳请使用此教材的老师、学生和其他读者，给我们提出宝贵意见，以便将来修改提高。

编者
于广州瘦狗岭
2012 年 2 月

目　录

上编 基础写作

第一章 写作基础训练

第一节 听后写、说后写

学习重点

1. 听后写、说后写
2. 写作的基本表达方式

范文

杞人忧天

从前，杞国有一个胆子很小，而且有点神经质的人，他常会想到一些奇怪的问题，让人觉得莫名其妙。

有一天，他吃过晚饭以后，拿了一把大蒲扇，坐在门前想，并且自言自语地说："假如有一天，天塌了下来，那该怎么办呢？我们岂不是无路可逃，会被活活地压死，这不就太冤枉了吗？"

从此以后，他几乎每天为这个问题发愁、烦恼，朋友见他终日精神恍惚，脸色憔悴，都替他担心，但是，当大家知道原因后，都跑来劝他说："老兄啊！你何必为这件事自寻烦恼呢？天怎么会塌下来呢？再说，即使真的塌下来，那也不是你一个人忧虑发愁就可以解决的啊，想开点吧！"

可是，无论人家怎么说，他都不相信，仍然时常为这个不必要的问题担忧。

后来的人就根据上面这个故事，引申出"杞人忧天"这个成语，意在唤醒人们不要为一些不切实际的事情而忧愁。

shén jīng zhì
神经质　　　指人神经过敏、胆小怯弱、情感容易冲动的精神症状。

mò míng qí miào
莫名其妙　　没有人能说明它的道理，表示事情很奇怪，使人不明白。

pú shàn
蒲扇　　　　用香蒲叶做成的扇子。

huǎng hū
恍惚　　　　神志不清。

qiáocuì
憔悴　　　　形容人瘦弱，面色不好看。

对症下药

　　华佗是东汉末年著名的医学家，他精通医术，尤擅针灸，治疗手段高明，诊断准确，在中国医学史上享有很高的地位。

　　华佗给病人诊疗时，能够根据不同的情况，开出不同的处方。

　　有一次，州官倪寻和李延一同到华佗那儿看病，两人诉说的病症相同：头痛发热。华佗分别给两人诊脉后，给倪寻开了泻药，给李延开了发汗的药。

　　两人看了药方，感到非常奇怪，问："我们两人的症状相同，病情一样，为什么吃的药却不一样呢？"

　　华佗解释说："你俩相同的只是病症的表象，倪寻的病是由内部伤食引起的，而李延的病却是由于外感风寒，着了凉引起的。两人的病因不同，我当然得对症下药，给你们用不同的药治疗了。"

　　倪寻和李延服药后，没过多久，病就全好了。

　　后来，"对症下药"这一成语就用来表示要善于区别不同的情况，正确地处理各种问题。

zhēn jiǔ
针灸　　　　针法和灸法的合称，是用毫针和热的刺激来治疗疾病，是中国医学
　　　　　　的宝贵遗产。

zhěnliáo
诊疗　　　　诊断和治疗。

zhěnmài
诊脉　　　　医生用手按在病人腕部的动脉上，根据脉搏的变化来诊断病情。

biǎoxiàng
表象　　　　表面的、外在的现象。

shāng shí
伤食　　　　中医指饮食习惯不好，伤害了肠胃。

自我介绍

你问我是个什么样的人？说不好，我觉得自己是个既复杂也多变的女孩——爱哭、爱笑、爱静、爱闹。

爱哭，我特别容易掉眼泪。我会为小狗的无家可归而伤感；我会为朋友的分离而悲郁；我会为草木花叶的凋零而惋惜；我会为别人的不幸而落泪……每遇不快，我都会用泪水洗刷心中的尘埃，驱赶悲哀。谁说长大了就不能掉眼泪？眼泪大概也是上天对凡人的恩赐吧。

爱笑，或许是人的天性。适逢雨后的彩虹我会笑；看见可爱的小猫我会笑；听见奇人趣事我会笑；碰见熟人好友我会笑……笑是上帝赋予人类最美妙的表情。我会对帮助我的人给予感谢的笑；我会对遇到困难的人送去鼓励的笑；我会对获得成功的人报以衷心的笑；我甚至会在大哭一场后雨过天晴地展露笑容。我想，拥有笑容必定是上天对世人的厚爱，让我们都拥有了人生中无可比拟的美丽和洒脱。

我爱坐在窗前沉思；我爱倒在床上傻想；我爱躲在房里看书；我爱站在露台吹风——因为我爱静。我爱倾听静的声音，我喜欢感受静的包容，静的感觉如此微妙，让人无法抗拒，令人无比陶醉。

我爱与朋友一起大呼小叫地吵，我爱与小猫小狗一起疯疯癫癫地闹；我爱蹦蹦跳跳；我爱开开心心——因为我爱闹。我相信，不快乐的事都会过去的，明天一定过得比今天精彩。

我就是这样的，这些看似矛盾的特点在我身上会配合得天衣无缝。时静时闹，爱哭爱笑就是我的真性情，不然又怎会是复杂多变的我呢？

（来源于暨南大学华文学院留学生汉语中介语语料库，有删改）

fù zá 复杂	谓事物的种类或头绪多而杂。
bēi yù 悲郁	悲伤忧郁。
diāolíng 凋零	形容事物衰败或耗减。
máodùn 矛盾	比喻自相抵触。

求职时说的话

我是在网上看到了贵校的华文教师招聘启事。我一向对教师的职业非常感兴趣。我现在 22 岁了，出生在泰国曼谷。今年 7 月份我就要从暨南大学华文学院毕业了。大学期间，我的成绩一直都很好，不但每个学期都获得了优秀学生和优秀学习奖的奖项，而且还积极地参加学校和社会的活动，放假期间也曾去广东乡下当过短期的志愿教师。另外，我还在广州担任过泰语会话课程短期的教师，并参加了学校的一些教学活动小组，这些都增加了我的知识并积累了不少经验。目前，我已经获得了 HSK（9级）等证书。

我的同学都说我为人温和、积极乐观，大学的生活培养了我的独立、自信、坚强。我平日能够勤奋好学，生活有规律，工作上有责任心，时间观念强，沟通能力和组织能力都还不错。

我希望能到贵校工作，我一定会尽自己最大的努力去工作，争取教出更多的优秀汉语人才。我的联系方式是这样的——××××××××，如果你们能给我一次机会，我将非常感谢！

（来源于暨南大学华文学院留学生汉语中介语语料库，有删改）

zhāo pìn 招聘	用公告的方式聘请。
wēn hé 温和	指性情、态度、言语等温柔和平。
lè guān 乐观	精神愉快，对事物的发展充满信心。
zǔ zhī 组织	按照一定的目的和形式加以编制；安排事物使有系统或构成整体。

学习重点说明

◇ 听后写

听后写是在听懂一个故事后，用自己的语言重新进行组织，写出一篇内容和原文基本相同的故事来。听，是一个理解的过程。写，是一个重新组织语言的过程。

◇ 说后写

说后写，也叫口头作文，是要求学生按照一定的题目和要求，经过一定时间的准备，然后口述出来的篇章。这种方式主要训练学生的成段表达能力。在选择说的题目时，要注意贴近生活，让学生有话想说，有话能说。

故事是通过叙述的方式讲一个带有寓意的事件，它侧重于事件过程的描述，强调情节的生动性和连贯性，较适于口头讲述。故事分为民间故事、历史故事、成语故事、童话、笑话、寓言等许多种类。

◇连句成段

　　一个段落通常是由几个句子或句群按照一定的逻辑关系组合而成的。连句成段，就是先打乱一个段落的句子次序，让学生重新组合起来。这样可以锻炼学生的思维能力，认识段落的结构，也让学生弄清段落中句子和句子的关系，懂得怎样将句子连接起来。

◇表达方式

常见的五种写作表达方式，以"广州"为写作主题进行简单区分：

（1）记叙：述说人物经历、事件过程。例如：

我还记得自己第一天来广州的情形：湿闷的空气和高高的楼房把人憋得透不过气来。我一整天都在喝水，不想吃饭，最后在朋友的劝说下吃了半个西瓜。

（2）描写：具体形象地描绘人物、事物状貌。例如：

广州最好的季节是秋天，高远的天空飘着淡云，微风捎带着凉意，阳光明媚的大地上，树依然绿着，花依然开放着。紫荆是这个季节的主角。在它舒展的枝头，浓密的绿叶也遮挡不住那大朵大朵紫色的花，越接近阳光的花笑得越灿烂。一阵风过，花瓣纷纷散落，远远看去像一场紫色的雨。

（3）抒情：抒发、表露感情。例如：

对广州的深情仅次于生我养我的家乡。我在这个南方的都市里，从一个懵懂幼稚的少年成长为一个独立豁达的青年。那些自豪的笑，会心的乐，伤感的泪，刻骨的痛，一次次的聚散离合，一件件青春往事，一个个相遇的人，都和广州这个城市息息相关，他们是岁月中难以磨灭的痕迹，不知不觉已成为你生命的一部分。

（4）议论：通过分析评论，表明自己的观点、态度、主张等。例如：

广州这个城市有很多缺点，但也有一个我为之着迷的优点——巨大的包容性。不管什么人，你都可以自由地生活在这个城市里，不用担心别人的眼光和自己的位置。你可以花五块钱吃实惠的快餐，也可以出一万块享受大餐；你能够穿件廉价T恤游逛在大街上，也可以到商场买到世界名牌时装；摆个小摊赚钱和开家公司创业在广州人眼里没有本质区别。这些若是放在尊卑有别的皇城北京或洋风日盛的上海滩，都会有些不可思议。

（5）说明：用简洁的文字对客观事物进行解说。例如：

广州是广东省的省会，政治、经济、科技、教育和文化中心，中国南方最大的海滨城市。广州位于东经113°17′，北纬23°8′，地处中国南部，广东省中南部，珠江三角洲北缘。广州濒临南海，邻近香港特别行政区和澳门特别行政区，是中国通往世界的南大门。广州属丘陵地带。地势东北高，西南低，北部和东北部是山区，中部是丘陵、台地，南部是珠江三角洲冲积平原。中国的第三大河——珠江从广州市中心穿流而过。

思考练习

（1）读完故事后，回答问题。

守株待兔

宋国有个农夫种着几亩地，他的地头上有一棵大树。一天，他在地里干活，忽然看见一只兔子箭一般地飞奔过来，撞在那棵大树上，一下子把脖子折断了，蹬蹬腿就死了。

这个农夫飞快地跑过去，把兔子捡起来，高兴地说：

"这真是一点劲没费，白捡了个大便宜，回去可以美美地吃上一顿了。"

他拎着兔子一边往家走，一边得意地想：

"我的运气真好，没准明天还会有兔子跑来，我可不能放过这样的便宜。"

第二天，他到地里，却不干活，只守着那棵大树，等着兔子撞来。结果，等了一天什么也没等到。

他却不甘心，从此天天坐在那棵大树下等着兔子来撞死。他等呀等呀，直等到地里的野草长得比庄稼都高了，连个兔子影也没有再见到。

根据这个故事，请回答以下三个问题：

①农夫怎么有了一只兔子？

②第二天起，农夫为什么天天守着那棵大树？

③这个故事告诉了我们什么道理？

（2）下面的语段顺序被打乱了，请你把它调整过来。

①医学考试

A. 教授问一个学生某种药每次口服量是多少。

B. 一分钟后，他发现自己答错了，应为5毫克，便急忙站起来说："教授，可以允许我纠正吗？"

C. 医学院某班正在进行口试。

D. 教授看了一下手表，然后说："不必了，由于服用过量的药物，病人已经不幸在30秒钟前去世了。"

E. 学生回答："5克。"

②人和骆驼

A. 这个故事说明，熟悉和了解事物能消除对事物的恐惧。

B. 过了不久，人们完全明白骆驼这动物根本没一点脾气，于是便瞧不起它们了，还给它们装上缰绳，交给孩子们牵着走。

C. 人们第一次看见骆驼时，对这些庞然大物感到十分恐惧和震惊，吓得纷纷逃跑。

D. 随着时间的推移，他们渐渐地发现骆驼的脾气温顺，便壮着胆子，勇敢地去接近它们。

③农夫与鹰

A. 他对鹰的报恩十分感动。

B. 农夫站起来去追，鹰立即把头巾丢还给他。

C. 农夫发现一只鹰被捕兽夹夹住了，他见鹰十分壮健美丽，觉得很可惜，于是便把鹰放了，鹰表示永不忘他的恩德。

D. 这故事是说，人们一定要知恩图报，做了好事一定会得到好报。

E. 农夫拾起头巾后，回过头来一看，却发现他刚才靠着的墙已倒塌了。

F. 有一天，鹰看见农夫靠在将要倒塌的墙下，就立刻朝下飞去，用脚爪抓起他的头巾。

④女主人与侍女们

A. 那女主人不知道鸡叫的时间，总是在黑夜里更早地把她们叫起去干活。

B. 每当公鸡一打鸣，她就叫她们起来去干活。

C. 她们十分痛恨那只公鸡，决定要弄死它。

D. 有个女主人很勤劳，她雇了几名侍女。

E. 然而在她们把公鸡弄死之后，反而比以前更为不幸。

F. 侍女们每天日夜劳作，累得筋疲力尽。

G. 她们以为是那公鸡不到天亮就叫醒女主人，才使她们受苦受难。

⑤学校的花台

A. 走进我们学校的大门，迎面便是美丽的大花台。

B. 花台里有十多种奇花异草，中间还有一棵翠绿的松树。

C. 这个花台高一米多，有半间教室那么大。

D. 花台的外围摆着二十多盆盛开的月季花。

E. 花台最后面靠墙种着一排向阳花，茂盛的绿叶把花台里的花儿衬托得更加美丽。

（3）专心听老师（或其他人）读一个故事，然后回答问题。

故事一 一天，陈秘书代表梁总约好一位新客户在白天鹅宾馆见面。下午3时，梁总带着陈秘书准时到白天鹅赴约。走近会客厅，梁总一见洋人，就认定对方是老板，便快步上前握手问好。陈秘书发现上司张冠李戴了，慌忙小跑上前对梁总耳语了几句。梁总一听恍然大悟。原来，那洋人只是个随从，他身边的华人才是老板。

①这段话里的"张冠李戴"指什么？

②作者写这段话，要表达什么思想感情？

故事二 风娃娃长大了，风妈妈说："到田野上去吧，到那里，你可以帮助人们做许多好事。"

风娃娃来到田野上，看见一个大风车正在慢慢转动，风车下边，一股细水断断续续地淌着。风娃娃深深吸了一口气，鼓起腮，使劲向风车吹去。哈哈，风车转快了！风车下的水流立刻变大了，奔跑着，跳跃着，向田里流去。秧苗儿挺起了腰，点着头笑，风娃娃高兴极了。

河边，许多船工正拉着一艘船前进。船工们弯着腰，流着汗，喊着号子，可是，船却走得慢极了。风娃娃看见后，急忙赶过去，用更大的力气对着船帆吹起来。船在水面上飞快地跑起来，船工们笑了，一个个都回过头来，向风娃娃表示感谢。

风娃娃想：帮助人们做好事真容易，有力气就行。

它这么想着，不觉来到一个村子里。那里，几个孩子正在放风筝。风娃娃看见了，赶紧过去帮着吹。它像吹风车那样用力，像吹船帆那样使劲。结果，风筝的线吹断了，几只风筝都让它扯得粉碎，飞得无影无踪了。就这样，风娃娃吹跑了人们晾的衣服，吹折了路边新栽的小树……村子里一片责骂声，都说风娃娃太可恶了！

风娃娃不敢再去帮助人们做好事了，它在天上转着，想着，想来想去，终于明白了：做好事，不但要有好的愿望，还得有好的方法。

①风娃娃做了一些什么事情得到了人们的感谢？
②为什么风娃娃变得不敢去帮助别人做好事了？
③这个故事告诉我们一个什么道理？

（4）先听人讲故事，然后根据自己的理解用汉语把短文的主要内容写下来。

自相矛盾

有个楚国人到大街上去卖长矛和盾牌。为了招徕顾客，他举起盾牌夸耀说："我的盾牌非常坚固，无论什么武器都刺不穿它！"他放下盾牌，又举起长矛吹嘘说："我的长矛锋利无比，无论什么东西一刺就穿！"这时，有个人问他说："如果用你的长矛来刺你的盾牌，那结果会怎么样呢？"

那个楚国人一句话也答不上来。

亡羊补牢

从前，有个人养了一圈羊。一天早上他准备出去放羊时，发现少了一只羊。原来羊圈破了个窟窿，夜间，狼从窟窿里钻进来，把羊叼走了。

邻居劝告他说："赶快把羊圈修一修，堵上那个窟窿吧！"

他说："羊已经丢了，还修羊圈干什么呢？"他没有接受邻居的劝告。

第二天早上，他准备出去放羊，到羊圈里一看，发现又少了一只羊。原来狼又从窟窿里钻进来，把羊叼走了。

　　他很后悔没有接受邻居的劝告，就赶快堵上了那个窟窿，把羊圈修补得结结实实。从此，他的羊再也没有被狼叼走了。

井底之蛙

　　在一口废井里，住着一只青蛙。一天，青蛙在井边碰见一只乌龟，高兴极了，对乌龟说："我住在这儿多痛快呀！高兴时就在井边跳，累了就到洞底休息。有时在水中游泳，有时在泥中散步。那些微不足道的小虫，谁能比得上我呢！"

　　乌龟想亲眼看看这井底世界，可它刚跨出右脚，左脚就被井栏绊住了，它只得后退几步。乌龟对青蛙描述大海的神秘广阔，变化无穷，是小小的井圈所无法相比的。"住在海里，才真正是享受呀！"乌龟这么说。

　　听完乌龟的话，青蛙十分惊讶，才知道井外还有海。青蛙惭愧极了，觉得自己目光太短浅了，从此之后，青蛙再也不敢孤芳自赏了。

　　（5）任意选择下面的一个题目，完成口头作文练习。
　　①我的一家人
　　②我对中国的看法
　　③我最向往的工作和理由
　　④我对学校食堂工作的评论和建议

第二节　看图作文

学习重点

1. 看图作文
2. 汉语常见标点符号

范 文

给别人一个微笑

杰克先生家的院子里栽着苹果树，树上结着全镇最好的苹果。但是，大家都知道，他家的苹果可摘不得，哪怕是掉在地上的也不能去捡。因为杰克先生是个脾气非常古怪的人，在这个镇子上没有朋友。据说，如果他看见你偷摘或捡他的苹果，会端着枪来赶你走。

（燕子青绘图）

一个星期五的下午，小姑娘珍妮特和她的好朋友艾米从杰克先生家旁经过。当她们看见杰克先生正在自家院子门口打扫卫生时，珍妮特建议走马路的另一边。

艾米却说："放心吧，杰克先生不会伤害任何人的。"珍妮特还是非常害怕，每向杰克先生的房子走近一步，她就紧张得心跳加快一分。当她们走到杰克先生的门前时，杰克先生下意识地抬起了头，像往常一样紧锁着眉头，注视着眼前的不速之客。当他看到是艾米时，原本紧绷着的脸顿时绽开了灿烂的笑容。"哦，你好啊，艾米小姐，"他说，"今天有位小朋友和你一起走啊。"

艾米也对他报以微笑，并告诉他：她们是一起去珍妮特家玩，将在一起听音乐、做游戏。杰克先生说这听起来真是不错，并给了她们每人一个刚从树上摘下来的苹果。两个小姑娘接过又大又红的苹果，心里高兴极了，杰克先生的苹果可是全镇最好的苹果啊！

和杰克先生告别之后，艾米解释说，在她第一次从杰克先生家门前经过的时候，他就像人们传说的那样，一点儿也不友好，让她感到非常害怕。但是，她却假装他是面带微笑的，只不过那微笑隐藏起来了，别人看不见而已。所以，只要看到杰克先生，艾米都会对他报以微笑。终于有一天，杰克先生也对艾米露出了一丝微笑。又过了一段时间，他真的开始对艾米微笑了，那是一种发自内心的笑容，不仅如此，他还开始和艾米说话了。随着时间的推移，他们谈的话也就越来越多了。

"隐藏起来的微笑？"听完艾米的叙述，珍妮特很困惑地问道。

"是的，"艾米答道，"我妈妈曾经告诉过我说，所有人都会微笑，只不过有些人把笑容隐藏起来而已。因此，我对杰克先生微笑，他就会对我微笑。微笑是可以互相感染的。"

生活中，我们总是忙忙碌碌，常常陷入日常生活与工作的琐碎之中，心情变得不好了，就容易把自己的微笑隐藏起来，忘记或者忽略了把快乐带给别人和自己。其实，给别人一个微笑就是给自己一个微笑。艾米说得对，微笑是可以相互感染的，别再隐藏它了。

（编译：暮秋，有删改）

kùn huò 困惑	感到疑难，不知所措。
yǐn cáng 隐藏	躲避，掩饰。
gǎn rǎn 感染	通过语言或行为引起别人相同的思想感情。

摘花和画花

　　春天到了。这是大自然苏醒的季节，到处百花盛开、蝴蝶飞舞、小鸟唱歌。小冬是个小画家，可喜欢画画了，而且画得特别好。这天是星期日，他打算到公园去画花。小冬带着画架、画笔，到了公园。他选择了一个非常美丽的小花圃，里面的花又大又香，他对着一朵最美的花画了起来。这时，跑来了一个小男孩。小冬仔细观察花的时候，看见那个小男孩正要摘花呢。小冬连忙上前制止："不能摘！"那小男孩一惊，放下了手。

　　小男孩抬起头，奇怪地问他："你干吗不让我摘花？这又不是你的。"小冬听了这话，闪开身，露出了身旁那块牌子——"爱护花木"，指着它解释道："花木是公园的，我们不能摘。再说，花木种在这里是给人欣赏的。要是你也摘，我也摘，花都摘光了，那让公园里的游客欣赏什么呢？种这些花的园丁们的汗不就白流了吗？"小男孩听着听着，脸红了。可是他又为难地说："我太喜欢花了，怎么办？"小冬灵机一动，说："这样吧！我画一朵送给你，怎么样？"

小男孩听了又蹦又跳，高兴地拍起手来。不一会儿，小冬画好了。小男孩捧着画连声称赞："好！好！大哥哥，你画得太好了。回家我就把它挂在床头上，做个纪念。我还要叫别的小朋友也不摘公园里的花。"

教 师 节

9 月 10 日是中国的教师节。

小明和小红放学总是一起回家。教师节前一天，在回家的路上，小明说："明天就是教师节了，这是老师们的快乐节日。"小红说："我们要给老师送一点节日礼物，表示我们感谢老师辛勤教育的心意才对呀！"于是他们开动脑筋想办法，要送一件最有意义的礼物。

小红回到家，拿起剪刀和彩纸，准备给张老师做一朵又大又美的花。她一边做，一边想：张老师带我们劳动课，教我们做花，今天我要把花做得非常出色，张老师看到了一定会说："我教小红做花，她学得非常认真，你看，这花不就是我教她做的吗？这是她学习的成绩，看到这朵花，我就知道小红心灵手巧，听老师讲课一丝不苟，她真是我的好学生。"

小明回到家，拿出笔和纸，打算写一封慰问信。他一边写一边想：张老师教我们语文，他要求我们好好学习，天天向上，他教得那样认真，我们都有了很大进步。我就把今年以来我的进步写在纸上，他一定非常高兴。他会说："当教师虽然辛苦，但是看到学生的成绩，我们就把什么辛苦都忘记了。"

　　小红和小明做好了礼物，就去向张老师献礼。小红首先拿出身后的大红花，要给张老师戴上。张老师笑了，笑脸就像一朵大红花。张老师刚想说"谢谢"，冷不防，小明从背后拿出了一封"慰问信"，他说："这是我向您汇报的成绩。您看了这封信，会知道我已经改掉了不少缺点，今后您对我更加严格要求吧！"张老师接过慰问信，欣慰极了。

一丝不苟（yī sī bù gǒu）　　形容办事认真，连最细微的地方也毫不马虎。

慰问（wèi wèn）　　安慰，问候。

欣慰（xīn wèi）　　喜悦而宽慰。

学习重点说明

◇ 看图作文

看图作文，顾名思义，就是要看图画或照片来写文章。

　　要使文章能准确地反映图意，看清画面是不可忽视的。要看清画面，一是要总观全面，看全貌，并有步骤地进行观察。二是要观察背景和人物，如画面的背景反映了什么，近景和远景怎样配合，它们和画面上的人物有什么关系，还有人物的外观、年龄、活动情况等。三是观察细节（如人物表情、服饰、用具等）。四是体会作者的创作意图。对一幅画的主题抓得准，看图作文才能写得好。这样，我们就要细心体会作者的创作意图：他（她）在画中提倡什么，反对什么，他要说明什么，又是怎样把自己的意图融化在画面之中的。

　　图画所描绘的只是生活中的"瞬间"情景，比如《给别人一个微笑》就只有一幅图，表达一个"瞬间"。要想写好看图作文，就要展开合理的想象，从静态引出动态，从"瞬间"写出过程，让画面活动起来，让画中的人活动起来，让画中的物也活动起来，最终形成一个完整的故事。

◇ 句子成分

汉语的基本成分以及它们在句子中的位置：

　　汉语有六种句子成分：主语、谓语、宾语和定语、状语、补语。它们的基本位置和组合方式如下表：

主语部分		谓语部分				
（定语）	主语	（状语）	谓语	（补语）	（定语）	宾语
	春天		到了			
	他		选择了		一个漂亮的	小花圃
	小男孩	奇怪地	问			他
	你		画得	太好了		
我的	朋友	每天	打	两次		太极拳
挨打的	孩子	拼命	哭			
这条	路		高低不平			
他的	父母	退休后	生活得	很悠闲		

◇ **汉语常用的标点符号**

（1）逗号（，）

逗号表示句子内部的一般性的停顿。有的表示单句里边的停顿；有的表示复句里边分句之间的停顿。例如：

①对这个问题，小王有不同的看法。

②我一直想去看他，可是不知道他的新地址。

③于是他再也不去田里劳动了，每天只是守在树根旁边，等着兔子到来。

（2）句号（。）

用于陈述句末尾。例如：

①我不知道你的电话号码。

②他在朋友的帮助下，终于又回到了家乡。

③于是，这人再也答不上话来了。

（3）问号（？）

用在疑问句末尾，包括特殊疑问句、反问句末尾。例如：

①你今天去不去医院？

②你是哪国人？

③你怎么连这个字也不会写？

（4）顿号（、）

用来表示句子内部并列词语之间的停顿。例如：

①这件事使小花、明明和祥子都受到了教育。

②我一到广州就去了中山纪念堂、越秀公园和陈家祠。

③我这次来中国的目的是学习汉语、游览名城、搜集论文资料。

（5）叹号（！）

用在感叹句末尾，也可以用在祈使句末尾。例如：

①我多么想念家乡的亲人啊！

②这真是令人难忘的美好时刻！

③快去打电话报警！

（6）分号（；）

用来表示复句内部并列分句之间的停顿。例如：

①如果你先到达约定地点，就给他的办公室打个电话；如果他先到那里，他就会到入口处等你。

②农民们又急急忙忙地赶到山上，他们发现这个孩子又在骗他们，都非常生气；而这个放羊的孩子觉得挺好玩，一点儿也不在乎。

（7）冒号（：）

用在提示性话语的后面，用来提起下文。例如：

①展览会时间：2006 年 4 月 5 日—4 月 20 日。

②今天我打算讲以下三个问题：第一……

（8）引号（""）

用来标明直接引用的话或标明具有特殊含义的词语。例如：

①孔子说："三人行，必有我师。"

②异国他乡，我们这些"老外"语言不通，真有点紧张。

③这种只顾"自家人"的做法，未免有些"小家子气"。

（9）省略号（……）

标志于行文中，表明该处有省略了的话。例如：

①我小时候最爱念的童谣是"小老鼠，上灯台，偷油吃，下不来……"

②他用这架小小的照相机照下了许多美丽的风景名胜，像太原的晋祠、应县的木塔、大同的云冈石窟……

（10）书名号（《》）

标明书刊名、篇名等。例如：

①《红楼梦》是我最喜欢的一部古典小说。

②《中国教育报》的订户大部分是教育工作者。

③《关于留学生入学的规定》已经寄给各地的申请人了。

（11）破折号（——）

表示下文是对上文的解释、说明。例如：

①这件事在提醒大家，不能用任何简单的方式对待一个人——一个有生命、有思想、有感情的人。

②你不要生气了——不值得为这点小事生气！

思考练习

（1）用所给的词语组句，注意语序。

例： 每天　我　晚上　录音　半　听　个　小时

组句： 我每天晚上听半个小时录音。

① 朋友　跟　一起　操场　我　羽毛球　打　去

② 老师　我们　唱　歌　中国　教　首　几　请

③ 同学　个　从　欧洲　的　来　生日　过　今天　那

④ 她　整整　还　看　完　这　书　本　三天　没　了

⑤ 暨南大学　中山大学　坐　从　地铁　公共汽车　到　乘　比　方便

⑥ 急急忙忙　教室　进　跑　了　来　他

⑦ 人　在　跑　我　同学　的　小学　前面　是

⑧ 问题　班　同学　一起　讨论　我们　的　在　汉语

⑨ 被　撞　位　倒　自行车　那　了　行人

⑩ 地　生气　书　放　桌子　到　上　走　了　她　把　就

⑪ 明年　去四川　他们　秋天　要　旅游

⑫ 他　来　这个　读书　一直　希望　国家

⑬ 在　时候　晚上　的　她　总　想念　是　家乡

⑭ 有　一个　问　路人　小明

⑮ 读写　中心　能力　是　教育　一个　的　目标

（2）给下列段落加上标点符号。

① 昨天下午我从天河城坐车回学校（　）上了一辆拥挤的公共汽车（　）一位老人焦急地说（　）我的东西落在站台上了（　）刚刚开动的汽车停下来（　）老人边下车边对售票员说（　）您先走吧（　）我等下一趟车（　）售票员微笑着回答（　）您快去拿东西吧（　）我们等您（　）老人快步取回了东西（　）她对车厢里的乘客们抱歉地说（　）耽误大家的时间了（　）真对不起（　）有人对她会心地笑了笑（　）有人赶紧给她让座（　）

② 我两眼看着那水灵灵的鲜红的樱桃（　）摊主见了笑着问（　）小妹妹，要买樱桃吗（　）这是刚进的（　）可甜哪（　）我便问（　）阿姨（　）这多少钱一斤呀（　）（　）呵（　）不贵不贵（　）她微笑着伸出手指（　）左手两根（　）右手一根（　）（　）一块二（　）（　）嘿（　）开什么玩笑呀（　）是十二块（　）我的天呀（　）十二块钱一斤（　）最终（　）还是抵挡不住樱桃的诱惑（　）管他的（　）买吧（　）

③有一棵高大潇洒的杉树（　）显眼地立在草地上（　）附近的人们只要走出家门（　）或是从窗口向外看（　）总会赞扬它几句（　）可它身边那低矮丑陋的小草却无人理睬（　）

在冬天的一个傍晚（　）天下起了鹅毛大雪（　）但在大杉树眼里（　）它只不过是一粒粒细小的尘埃（　）它轻蔑地对雪花说（　）瞧你（　）这么小（　）简直可以说是一事无成（　）这年的雪下得比以往任何一次都要大（　）小雪花瞪了它一眼（　）无言地飘落在它身上（　）就这样（　）一片（　）二片（　）三片（　）越积越厚（　）越来越沉（　）终于杉树忍不住了（　）不多久（　）静谧的夜空中（　）传来了一阵沉闷的拗断声（　）

早晨（　）人们打开窗户（　）再也看不见高傲挺立的大杉树了（　）走出门（　）一看（　）原来它被积雪压断了（　）而再看看它脚边（　）一根青草却破雪而出（　）

（3）改正下列句子中用错的标点符号。

①我不知道那个人是不是他姐姐？

②他才学了三个月的汉语，就能很流利地用汉语谈话了，真了不起啊。

③这是一座巨大的，古老的，美丽的古代建筑。

④我欢笑，回声也欢笑，我哭泣，回声也哭泣，我唱起山歌，回声也唱起山歌。

⑤你为什么总是不给我写信。

⑥这本广东经济很有用。

⑦小红告诉我："她的哥哥在北京读大学。"

（4）看图写故事。

①题目为"送伞"，要求：内容正确、具体，叙述条理清楚，语句通顺，标点正确，字数在 200 字以上。

②题目按图意自拟。要求：符合图意，内容具体，条理清楚，语句通顺，标点正确。字数在 150 字以上。

③全面分析四幅图的图意，连贯起来，写成一篇记叙文，并加上一个题目。

图一

图二

图三

图四

第三节　编写型作文

学习重点

1. 编写型作文训练
2. 汉语句子中的定语

范　文

刻舟求剑

扩写前：

楚国有个渡江的人，他的剑从船上掉到水里。他马上在船帮上刻了一个记号，说："这是我的剑掉下去的地方。"等船停下来，他从刻记号的地方下水去寻找那把剑。船早已经走远了，而剑却不能走。像这样找剑，不是太糊涂了吗？

扩写后：

从前，有个乘船横渡长江的楚国人。船到江心，猛然刮起一阵大风，浪涛冲过来，差点没把小船掀翻。这个楚国人一慌，竟把随身佩带的宝剑掉进江里。他急中生"智"，赶快在船帮上刻了一个记号，并默默地说："这里就是我的宝剑掉下去的地方。"船到对岸停下来，他看准自己在船上刻的那个记号，"扑通"一声跳下江去。恰好那里的江水并不太深，使他能够弯着腰在那里摸来摸去。可是他摸了半天，也没有摸着他的剑。他感到奇怪，自言自语地说："我的剑分明是在刻记号的地方掉下去的，怎么找不到呢？"说着，又仔细看了看那个记号，再次跳进水里找他的剑。他几乎摸遍了那里的每一粒泥沙，还是没有找到。他终于沮丧起来，并且无可奈何地说："可惜我不能把水淘干，要是能，还怕我的剑从这里飞走吗？"

剑掉到江心，怎么能跑到江边去找呢？船可以在江面来回行走，可掉在江里的剑却不会随船走动呀！像这样找剑不是太糊涂、太愚蠢了吗？这事说起来实在可笑，然而世界上类似的事情难道还算少吗？那些不顾实际情况、只按老规矩办事的人，和这位刻舟求剑的楚国人又有什么区别呢？

jǔ sàng
沮丧　　　　　情绪很不好，灰心失望。

wú kě nài hé
无可奈何 　　　　没有办法。

táo
淘 　　　　　　把水舀出去。

yú chǔn
愚蠢 　　　　　傻笨、不聪明。

lǎo guī ju
老规矩 　　　　以前的旧方法。

回　家

扩写前：

有一天放学，爷爷没有来接我，我就和同学郑羽一起回家去了。

扩写后：

　　一天下午，我们小学放学比较早，爷爷还没有来接我，我在学校等了好久，也没有等来爷爷，脸上都渗出了汗。接着，我来到学校外面等，等了好久还是没见到爷爷，我急得差点哭起来。我向四周望望，看见郑羽一个人在那儿慢慢地走，我连忙跑过去，对他说："郑羽，我们一起回家吧。""好啊。"郑羽说。

　　我和郑羽走在回家的路上，我们高兴地一边走，一边跳，我想，有个伙伴和我在一起，就不用担心过马路了。等我到了家，爷爷、奶奶肯定会吓一大跳。该过马路了，道路上的车子不多，我们向前走。忽然郑羽大喊："有汽车！"我连忙躲起来，还好没撞到汽车上去，不然，我们就得被送进医院，这样家人就着急了！我们小心翼翼地穿过马路，到了我家，我和郑羽分手。按响门铃，奶奶打开门，吓了一大跳，说："你怎么自己回来啦？"我说："不是我自己回来的，我是和我们班同学郑羽一起走回来的。"我想：我已经这么大了，很多事情应该可以自理了。

zhuàng dào
撞 到 　　　　运动着的物体和别的物体猛然碰上。

xiǎo xīn yì yì
小心翼翼 　　　形容举动十分谨慎，丝毫不敢疏忽。

zì lǐ
自理 　　　　　自己承担，自己料理。

月　光　曲

缩写前：

　　有一年秋天，贝多芬去各地旅行演出，来到莱茵河边的一个小镇上。一天夜晚，他在小路上散步，听到断断续续的钢琴声从一所茅屋里传出来，弹的正是他的曲子。

　　贝多芬走近茅屋，琴声忽然停住了，屋子里有人在谈话。一个姑娘说："这首曲子多难弹啊！我只听别人弹过几遍，总是记不住该怎样弹。要是能听一听贝多芬自己是怎样弹的，那该有多好啊！"一个男的说："是啊，可是音乐会的入场券太贵了，咱们又太穷。"姑娘说："哥哥，你别难过，我不过随便说说罢了。"贝多芬听到这里，就推开门，轻轻地走了进去。茅屋里点着一支蜡烛，在微弱的烛光下，男的正在做皮鞋。窗前有架旧钢琴，前面坐着一个十六七岁的姑娘，脸很清秀，可是眼睛瞎了。皮鞋匠看见进来个陌生人，站起来问："先生，你找谁？走错门了吧？"贝多芬说："不，我是来弹一首曲子给这位姑娘听的。"姑娘连忙站起来让座。贝多芬坐在钢琴前面，弹起盲姑娘刚才弹的那首曲子来。盲姑娘听得入了神，一曲弹完了，她激动地说："弹得多纯熟啊！感情多深啊！你，你就是贝多芬先生吧！"贝多芬没有回答，他问盲姑娘："您爱听吗？我再给您弹一首吧。"

　　一阵风把蜡烛吹灭了。月光照进窗子里，茅屋里的一切好像披上了银纱，显得格外清幽。贝多芬望了望站在他身旁的穷苦的兄妹俩，借着月光，按起琴键来。

　　皮鞋匠静静地听着。他好像面对着大海，月亮正在水天相接的地方升起来。微波粼粼的海面上，霎时间洒满了银光。月亮越升越高，穿过一缕一缕轻纱似的微云。忽然海面上刮起了大风，卷起了巨浪。被月亮照得雪亮的浪花，一个连一个朝着岸边涌过来……皮鞋匠看着妹妹，月光正照在她那恬静的脸上，照着她睁得大大的眼睛，她仿佛也看到了——看到了她从来没有看到过的景象，在月光照耀下的波涛汹涌的大海。兄妹俩沉醉在这如梦似幻的钢琴曲中……

　　等他们苏醒过来，贝多芬早已离开了茅屋。他飞奔回客店，花了一夜工夫，把刚才弹的曲子——《月光曲》记录了下来。

缩写后：

　　有一次，贝多芬到一个小镇上旅行演出。夜晚，他在小路上散步时，听到有人在弹他的曲子，原来是路旁茅屋里的一位盲人姑娘在练习弹奏。姑娘和鞋匠哥哥相依为命，虽然贫苦，但她非常热爱音乐，努力自学钢琴。贝多芬被这兄妹俩深深感动了，不但为他们演奏了自己的曲子，还即兴创作了一首新旋律——《月光曲》。

wēiruò 微弱	小而弱。
qīngyōu 清幽	风景秀丽而幽静。
wēi bō lín lín 微波粼粼	风吹得水面泛起细小的波纹，闪闪发光，形容水面十分美丽。
tiánjìng 恬静	安静，宁静。
bō tāo xiōng yǒng 波涛汹涌	水猛烈地向上涌。

草船借箭

缩写前：

周瑜看到诸葛亮挺有才干，心里很妒忌。

有一天，周瑜请诸葛亮商议军事，说："我们就要跟曹军交战。水上交战，用什么兵器最好？"诸葛亮说："用弓箭最好。"周瑜说："对，先生跟我想的一样。现在军中缺少箭，想请先生负责赶造十万支。这是公事，希望先生不要推却。"诸葛亮说："都督委托，当然照办。不知道这十万支箭什么时候用？"周瑜问："十天造得好吗？"诸葛亮说："既然就要交战，十天造好，必然误了大事。"周瑜问："先生预计几天可以造好？"诸葛亮说："只要三天。"周瑜说："军情紧急，可不能开玩笑。"诸葛亮说："怎么敢跟都督开玩笑？我愿意立下军令状，三天造不好，甘受惩罚。"周瑜很高兴，叫诸葛亮当面立下军令状，又摆好了酒席招待他。诸葛亮说："今天来不及了。从明天起，到第三天，请派五百个军士到江边来搬箭。"诸葛亮喝了几杯酒就走了。

鲁肃对周瑜说："十万支箭，三天怎么造得成呢？诸葛亮说的是假话吧？"周瑜说："是他自己说的，我可没逼他。我得吩咐军匠们，叫他们故意延迟，造箭用的材料，不给他准备齐全。到时候造不成，定他的罪，他就没话可说了。你去探听探听，看他怎么打算，回来报告我。"

鲁肃见了诸葛亮。诸葛亮说："三天之内要造十万支箭，得请你帮帮我的忙。"鲁肃说："都是你自找的，我怎么帮得了你的忙？"诸葛亮说："你借给我二十条船，每条船上要三十名军士。船用青布幔子遮起来，还要一千多个草靶子，排在船的两边。我自有妙用，第三天管保有十万支箭。不过不能让都督知道。他要是知道了，我的计划就完了。"

鲁肃答应了。他不知道诸葛亮借了船有什么用，回来报告周瑜，果然不提借船的事，只说诸葛亮不用竹子、翎毛、胶漆这些材料。周瑜疑惑起来，说："到了第三天，看他怎么办！"

鲁肃私自拨了二十条快船，每条船上配三十名军士，照诸葛亮说的，布置好青布幔子和草靶子，等诸葛亮调度。第一天，不见诸葛亮有什么动静；第二天，仍然不见诸葛亮有什么动静；直到第三天四更时候，诸葛亮秘密地把鲁肃请到船里。鲁肃问他："你叫我来做什么？"诸葛亮说："请你一起去取箭。"鲁肃问："哪里去取？"诸葛亮说："不用问，去了就知道。"诸葛亮吩咐把二十条船用绳索连接起来，朝北岸开去。

这时候大雾漫天，江上连面对面都看不清人。天还没亮，船已经靠近曹军的水寨。诸葛亮下令把船头朝西，船尾朝东，一字摆开，又叫船上的军士一边擂鼓，一边大声呐喊。鲁肃吃惊地说："如果曹兵出来，怎么办？"诸葛亮笑着说："雾这样大，曹操一定不敢派兵出来。我们只管饮酒取乐，天亮了就回去。"

曹操听到鼓声和呐喊声，就下令说："江上雾很大，敌人忽然来袭，我们看不清虚实，不要轻易出动。只叫弓弩手朝他们射箭，不让他们近前。"他派人去旱寨调来六千名弓弩手，到江边支援水军。一万多名弓弩手一齐朝江中放箭，箭好像下雨一样。诸葛亮又下令把船调个方向，船头朝东，船尾朝西，仍旧擂鼓呐喊，逼近曹军水寨去受箭。

天渐渐亮了，雾还没有散。这时候，船两边的草靶子上都插满了箭。诸葛亮吩咐军士齐声高喊："谢谢曹丞相的箭！"接着叫二十条船驶回南岸。曹操知道上了当，可是那边的船顺风顺水，已经飞一样地驶出二十多里，要追也来不及了。

二十条船靠岸的时候，周瑜派来的五百个军士正好来到江边搬箭。每条船大约有五六千支箭，二十条船总共有十万多支。鲁肃见了周瑜，告诉他借箭的经过。周瑜长叹一声，说："诸葛亮神机妙算，我真比不上他！"

缩写后：

周瑜十分妒忌诸葛亮的才干。一天周瑜在商议军事时提出让诸葛亮赶制十万支箭，并要求他不要推却。诸葛亮愿意照办，并答应三天造好，还立下了军令状，完不成任务情愿受罚。诸葛亮请鲁肃帮他借船、军士和草靶子。准备妥当以后，第三天，诸葛亮请鲁肃一起去取箭。这天，大雾漫天，江面上什么都看不清。天还不亮，诸葛亮下令开船，并让士兵擂鼓呐喊。敌方统帅曹操下令，雾太大了，看不清虚实，不要轻易出动，只叫弓弩手朝来船射箭。太阳出来了，雾还没散。船两边都插满了箭。诸葛亮下令回师，这时曹操想追也来不及了。十万支箭就这样"借"到了手。周瑜得知借箭的经过后长叹："我真不如诸葛亮呀！"

<small>dù jì</small> 妒忌	忌妒。对才能、名誉、地位等比自己好的人心怀怨恨。
<small>tuī què</small> 推却	拒绝。
<small>wěi tuō</small> 委托	将自己的事务嘱托他人代为处理。
<small>chéng fá</small> 惩罚	处罚。
<small>dū dū</small> 都督	古时的军事长官。
<small>diào dù</small> 调度	管理并安排（工作、人力、车辆等）。
<small>sì gēng</small> 四更	指凌晨一时至三时。
<small>shén jī miàosuàn</small> 神机妙算	惊人的机智，巧妙的计谋。形容人智慧多谋，有预见性，善于估计复杂的变化形势以决定策略。

学习重点说明

编写型作文就是要求学生对已有的材料进行编辑处理，如扩写、缩写、改写、仿写、续写等。需要掌握的主要形式有扩写、缩写。

◇ 扩写

扩写是一种写作训练方式，是把一篇短文、一份材料或一段概括的话加以补充、扩展，使文章变得更加详细和完整。

扩写要在不改变中心思想和基本情节的前提下，对原文进行扩充和深化，使内容更加丰富、充实，思想更加鲜明、深刻，语言更加生动、形象，因而扩写后的文章就能更充分地表达主题思想，更富有说服力和感染力。

扩写要以原文为依据，所以在动笔之前首先要认真阅读原文。在反复分析原文、把握文章中心思想的基础上，确定哪里应该充实，哪里应该扩展，然后展开丰富的想象，重新进行构思。扩写时可以按以下的方法进行：

（1）对原文中欠明确、不够具体的地方多提出一些疑问，然后按原文的需要和自己的理解，把要补充、扩展的内容用恰当的语言和表达方式充实到文章中去。例如《回家》就把两个小学生自己回家的过程扩写得较为具体明确。

（2）对原文抽象叙述的地方要多着笔墨，尽量把内容写得充实、具体，把情节写得生动一些。原文中比较简单、概括的段落和语句，要着力进行补充、扩展，写得尽可能丰富、详尽。例如《刻舟求剑》的扩写就使原故事生动丰富起来。

◇ 缩写

缩写就是把一篇长文章压缩、提炼成短文章。这种写作方式应用范围广，在实际工作和学习中常常会用到。比如要把某些知识或信息用最简练的文字和语言告诉别人；对情节复杂的电影或故事作简略的剧情介绍等，都需要缩写这种手段。进行缩写训练，一方面可以在阅读文章时抓住要点、明确中心，提高阅读、分析的能力；另一方面，缩写是书面表达的一种基本训练，可以使学生学习运用剪裁取舍的方法，提高概括、综合的写作能力。

缩写的方法主要有以下两种：

（1）根据原文的中心和要点，摘录原文语句，基本摄取原文的重点段落，不做大的改动。写作时，首先在原文上标出要保留的字词句段，删去不必要的句子，然后把保留的文字通过照应、过渡等手法连缀成文。缩写时必须注意段与段、句与句的衔接和逻辑关系。

（2）抓住文章重点，对原文重新进行组织安排。写作时，在原文中选择重点，重新组织材料，取其原意，进行概括。常常是某部分保留原文，某部分用自己的话来总括、过渡。确定了取用哪些、舍弃哪些、何处多写、何处少写，要列出提纲。根据提纲组织材料进行缩写，不再翻阅原文，缩写时可适当地增减或更换词语，甚至变更一些句式或段落。缩写时必须注意语言的概括性和准确性，所以需要写作者拥有较高的语言运用能力。

运用以上两种缩写方法时可根据文章的体裁、内容和自己的实际水平而决定。

◇改写

改写是一种变换表达方式的作文方法。改写在思想内容基本不变的情况下，有的改变人称，有的改变语体，有的改变体裁，有的改变结构，主要是训练学生掌握各种写作的表达方式。

从广义上看，扩写和缩写都可以看成是改写，但改写对原文改变的幅度较大。缩写着眼于紧缩内容，需用各种手段对内容进行概括；改写不仅要调整内容，也要求形式上创新。扩写要求大胆想象，增添内容，改写则不要求增添内容，只需要变换形式。

◇仿写

仿写就是根据题目要求，模仿给定的材料写作文。仿写的关键是搞清样本的特点，这样，模仿时才不会走样。

◇续写

续写是将一篇未完的文章继续写完。有的可能只开个头，大致提供了时间、地点、人物，让你靠想象发展完成；有的只是缺结尾，要求补齐最后的情节；也有的已是一个完整的故事，要求将其继续发展下去。

◇定语

（1）一般说来，名词性中心语前头的修饰语是定语。汉语的定语一定要放在中心语之前。定语的作用是限制或描写中心语。例如：

你的手机

图书馆的书

汉语课

一本体育杂志

美丽的玫瑰

看书的人

妈妈买的毛衣

限制性定语的作用在于给中心语所代表的事物分类，如昨天的报纸、老虎的尾巴。描写性定语的作用在于描写中心语所指事物的情况和状态，如长长的头发、金灿灿的阳光等。

（2）复杂定语是指定语位置上有两个或两个以上的并列成分，并列成分的排列顺序一般是：表示领属关系的词语→表示时间、处所的词语→指示代词或量词短语→名词性词语→表示性质、类别或范围的名词、动词。

复杂定语的排列还遵循以下的规律：带"的"的定语一般放在不带"的"的定语之前；结构复杂的定语一般放在结构简单的定语之前。例如：

①我的那三个老同学。

②爸爸的这两张年轻时的照片。

③他们的这些好成绩是在教练的严格训练下取得的。

④华文学院的一位有20多年教学经验的优秀的汉语女教师。

思考练习

（1）修改下面的病句。

①路那边有一片水田很大的。

②我想去旅行，看更多中国别的地方。

③在这个学校里有一个大，长满花草的花园。

④我们一边谈话关于中国和外国的文化一边喝茶。

⑤泰国是一个国家在世界上很有名的生产大米的。

⑥我想有的他的意见现在还是很新鲜的。

⑦她的眼中流露出神情真诚的善意的。

⑧小红买了米色便宜的毛衣一件。

⑨在一个广东海边的城市，我们看见渔民一个，他在卖他的鱼。

⑩这个活动在加拿大的一个城市叫温哥华市举行一周。

（2）下面是一位同学的作文，存在许多问题，请为其作些修改。

①小强同学学习勤奋，却善于动脑子。②他的成绩提高很快，学习非常刻苦。③他在学习上有不少值得称道的做法。④早晨，他总是起得很早，穿好衣服，就到操场跑步。⑤豆大汗珠从脸上滚下来，衣服也被汗水湿透了，但他全然不顾，坚持跑完五圈。⑥锻炼之后，他抓紧时间读语文、背英语，一年四季，从不间断。⑦老师要求背诵的课文，他总是倒背如流。⑧晚上，他经常做大量的数理化习题，所以，一般的题目都难不倒他。⑨老师布置的作业，他总是认真完成，做作业一点也不马虎。⑩遇到疑难问题，他不耻下问，请教老师，或者与同学讨论，直到弄懂为止。⑪他还常常帮助同学克服学习上的困难，从不嫌麻烦，有一次给一位生病的同学补课，一直到晚

上十点钟才回家。⑫辛勤的耕耘换来了可喜的收获。⑬刚进初中时，他的成绩一般，到了初二，成绩已在班里名列前茅了。⑭老师和同学都夸他是个好学、会学、成绩优秀的学生。

A. 并联词语使用不当的句子是第（　　）句，应当把句中的（　　）改为（　　）。

B. 语意重复的句子是第（　　）句，可以删去（　　）。

C. 前后句顺序不合理的句子是第（　　）句，应当调整为（　　）。

D. 用语不得体的句子是第（　　）句，句中不得体的词语是（　　）。

E. 文中有两处内容与中心无关，应当删去，分别是第（　　）句和第（　　）句。

F. 从完整地表现中心考虑，本文还应当补写有关小强同学在学习上如何（　　）方面的内容。

（3）阅读下面的材料，扩写成一篇短文。

以前有个愚蠢的富翁，看到别的富翁住在好看的三层楼上，他也想住，就找来工匠说："给我盖一幢三层楼。"工匠动工后，富翁看见他们都在地面上打地基、垒砖，生气地训斥道："我要的是第三层楼，不要底下的！"

要求：根据材料，合理想象，以"一个愚蠢的富翁"为题，扩写成一篇文句连贯，故事完整的记叙文，字数250字左右。

（4）仔细阅读下面的材料，根据材料提供的情况，自拟题目，扩写文章。

肖邦初到巴黎时，还是个没有名气的青年，生活十分困难，而当时匈牙利钢琴家李斯特已誉满全球。一天晚上，李斯特举行公演。按照当时开办音乐会的习惯，演奏过程中灯火全熄，以使听众在黑暗中全神贯注地欣赏音乐家的演奏。这天的钢琴演奏深沉淳郁，听众如醉如痴，赞叹李斯特的演奏又进入了一个新的境界。演奏结束，灯火重明，在听众狂热的喝彩声中，立在钢琴旁答谢的，却是一位陌生的青年——原来是李斯特在灯火熄灭之际，悄悄换上了肖邦。肖邦被用这种方式介绍给巴黎听众，从而一鸣惊人，被誉为"钢琴家中的第一人"。

（5）阅读下面的材料，按要求写一篇作文。

有一只老虎，看见曾打败过自己的水牛被农民吆喝着耕地，便去问牛为什么怕农民，牛说因为人有"智慧"。老虎向农民要求看看他的"智慧"。农民说把"智慧"忘在家里了，可以去拿，但要先把老虎捆起来，免得他走后老虎把牛吃掉。老虎听从了。农民回村叫来村民，把老虎装进了铁笼，农民对老虎说，这就是"智慧"。

要求：①把上面的材料扩写成一篇不少于500字的文章。②以记叙为主。合理想象，适当充实情节。③注意运用外貌、语言、心理、环境和细节描写。④以简短的议论结尾。

第二章　记叙文

第一节　记叙文概述

学习重点

1. 记叙文的要素
2. 汉语句子中的状语

范　文

无动于"哀"

当我的同学朋友大多结婚成家后，我还沉浸在一个人的书本世界里。他们很热心地帮我牵线搭桥，希望我能尽快结束一个人的生活。在众多的相亲约会活动中，有一个女孩子留给了我较深的印象，虽然我和她的全部交往也不过就是那么片刻工夫，而且我连她的芳名都没记住。

那天有一个同学约我去越秀公园走走。到了公园我才发现，他带来了一个陌生的漂亮女孩儿。我马上就明白了他的用心。

这女孩长得真好看，我还能说什么呢？

同学装模作样陪我们走了一会儿，就借故溜了。

我和女孩子顺着小径继续走。好半天我们都不说话，就是一个劲儿往里走。她的鞋跟一下一下点在石子路上，声音挺好听。

"我们去哪儿？"这类的蠢话毫无疑问是我说的。

"你说呢？"她把脸儿微微往我这儿一偏。似乎是为了和我那蠢话作对，她的反问让我觉得要多聪明有多聪明。我只好什么也不说。

"听说，你喜欢写作。"她轻声说。

"啊，写着玩儿。"我一听别人说我写作就有点儿难为情。

"我从小就爱好文学。"她说。

开始了，只是有点儿平庸，我想。

"可我光是会看，不会写。"

这一句倒博得我的几分敬意。幸好她不是那种光写什么也不看的家伙。我知道我也该说点什么，于是问：

"你喜欢谁的作品？"

"谁的？可多呢！"她像看一个外行那样瞥了我一眼，"小时候我喜欢安徒生的。后来越看越多，就分不清到底喜欢谁的了。哎，不过，最近我特别爱看琼瑶。她的书找到一本我就读一本。我发誓要读完她所有的小说。你也喜欢吧？看她的书感动不？"

我忽然不那么难为情了："我读过一两本。我对她那些故事无动于哀。"

这句话一送出口，我就后悔了。我们在学校时养成了几个坏习惯，常常故意念错那些容易读错的字，比如"别墅"读成"别野"之类的。同学们一块儿这么闹的确挺开心，可想不到我在这儿让它滑了出来。

"你说什么？"她立刻站住，笑吟吟地瞪圆了眼睛，"刚才最后那句，你说什么来着？"

"我说我对琼瑶无动于哀。"我觉得我要改过来可能更糟。

"无动于……"她冲我笑着。

"哀！"我郑重其事地补充了。

"你在大学念了几年？"

"四年。"

"本科，而且是中文系？"

"对了。"

她又笑了笑。应该承认，她笑起来实在是好看。

"哦……"她抬起头，带着一种优越感望了望天，"谢谢你陪我这么久，我们再会吧。"

"我送你到公园门口。"

"不必了。"她眉毛轻轻一挑，转身走了。

我知道我在她心目中成了一个彻头彻尾的傻瓜。可这也没什么不好。我奇怪自己竟然一点儿不想破坏这个形象。

我在公园里又走了一会儿，觉得无聊了，就独自回了单身宿舍。

这天夜里，我没有像往常那样看书，躺在床上也失眠了。事实上我想着那女孩儿。我心里挺不好受的。

（作者：白小易，有删改）

zhuāng mú zuò yàng
装 模 作 样　　故意做样子给人看。

píngyōng
平 庸   寻常而不突出，没有作为。

wú dòng yú zhōng
无 动 于 衷   内心没有丝毫触动，一点也不动心。

故都的秋

　　秋天，无论在什么地方的秋天，总是好的；可是啊，北国的秋，却特别地来得清，来得静，来得悲凉。我的不远千里，要从杭州赶上青岛，更要从青岛赶上北平来的理由，也不过想饱尝一尝这"秋"，这故都的秋味。

　　江南，秋当然也是有的，但草木凋得慢，空气来得润，天的颜色显得淡，并且又时常多雨而少风；一个人夹在苏州上海杭州，或厦门香港广州的市民中间，混混沌沌地过去，只能感到一点点清凉，秋的味，秋的色，秋的意境与姿态，总看不饱，尝不透，赏玩不到十足。秋并不是名花，也并不是美酒，那一种半开、半醉的状态，在领略秋的过程上，是不合适的。

　　不逢北国之秋，已将近十余年了。在南方每年到了秋天，总要想起陶然亭的芦花，钓鱼台的柳影，西山的虫唱，玉泉的夜月，潭柘寺的钟声。在北平即使不出门去吧，就是在皇城人海之中，租人家一椽破屋来住着，早晨起来，泡一碗浓茶，向院子一坐，你也能看得到很高很高的碧绿的天色，听得到青天下驯鸽的飞声。从槐树叶底，朝东细数着一丝一丝漏下来的日光，或在破壁腰中，静对着像喇叭似的牵牛花（朝荣）的蓝朵，自然而然地也能够感觉到十分的秋意。说到了牵牛花，我以为以蓝色或白色者为佳，紫黑色次之，淡红色最下。最好，还要在牵牛花底，叫长着几根疏疏落落的尖细且长的秋草，使作陪衬。

　　北国的槐树，也是一种能使人联想起秋来的点缀。像花而又不是花的那一种落蕊，早晨起来，会铺得满地。脚踏上去，声音也没有，气味也没有，只能感出一点点极微细极柔软的触觉。扫街的在树影下一阵扫后，灰土上留下来的一条条扫帚的丝纹，看起来既觉得细腻，又觉得清闲，潜意识下并且还觉得有点儿落寞，古人所说的梧桐一叶而天下知秋的遥想，大约也就在这些深沉的地方。

　　秋蝉的衰弱的残声，更是北国的特产，因为北平处处全长着树，屋子又低，所以无论在什么地方，都听得见它们的啼唱。在南方是非要上郊外或山上去才听得到的。这秋蝉的嘶叫，在北平可和蟋蟀耗子一样，简直像是家家户户都养在家里的家虫。

　　还有秋雨哩，北方的秋雨，也似乎比南方的下得奇，下得有味，下得更像样。

　　在灰沉沉的天底下，忽而来一阵凉风，便息列索落地下起雨来了。一层雨过，云渐渐地卷向了西去，天又青了，太阳又露出脸来了；着着很厚的青布单衣或夹袄的都市闲人，咬着烟管，在雨后的斜桥影里，上桥头树底下去一立，遇见熟人，便会用了缓慢悠闲的声调，微叹着互答着地说：

"唉，天可真凉了——"（这"了"字念得很高，拖得很长）

"可不是么？一层秋雨一层凉了！"

北方人念"阵"字，总老像是"层"字，平平仄仄起来，这念错的歧韵，倒来得正好。

北方的果树，到秋来，也是一种奇景。第一是枣子树，屋角，墙头，茅房边上，灶房门口，它都会一株株地长大起来。像橄榄又像鸽蛋似的这枣子颗儿，在小椭圆形的细叶中间，显出淡绿微黄的颜色的时候，正是秋的全盛时期，等枣树叶落，枣子红完，西北风就要起来了，北方便是尘沙灰土的世界，只有这枣子、柿子、葡萄，成熟到八九分的七八月之交，是北国的清秋的佳日，是一年之中最好也没有的 Golden Days。

南国之秋，当然是也有它的特异的地方的，比如廿四桥的明月，钱塘江的秋潮，普陀山的凉雾，荔枝湾的残荷等等，可是色彩不浓，回味不永。比起北国的秋来，正像是黄酒之与白干，稀饭之与馍馍，鲈鱼之与大蟹，黄犬之与骆驼。

秋天，这北国的秋天，若留得住的话，我愿把寿命的三分之二折去，换得一个三分之一的零头。

（作者：郁达夫，有删改）

hùnhùndùndùn 混混沌沌	形容迷糊，不清醒。
yī chuán 一椽	一条椽子。亦借指一间小屋。
shū shū luò luò 疏疏落落	稀疏零落。
diǎnzhuì 点缀	加以衬托或装饰，使原有事物更加美好。
hánxuān 寒暄	问寒问暖。多指见面时谈天气冷暖之类的应酬话。

我的母亲

每天天刚亮时，我母亲便把我喊醒，叫我披衣坐起。我从不知道她醒来坐了多久了，她看我清醒了，便对我说昨天我做错了什么事，说错了什么话，要我认错，要我用功读书。有时候她对我说父亲的种种好处，她说："你总要踏上你老子的脚步。我一生只晓得这一个完全的人，你要学他，不要跌他的股。"（跌股便是丢脸，出丑）她说到伤心处，往往掉下泪来，到天大明时，她才把我的衣服穿好，催我去上早学。学堂门上的锁匙放在先生家里；我先到学堂门口一望，便跑到先生家里去敲门。先生家里有人把锁匙从门缝里递出来，我拿了跑回去，开了门，坐下念生书，十天之中，总有八九天我是第一个去开学堂门的。等到先生来了，我背了生书，才回家吃早饭。

　　我母亲管束我最严，她是慈母兼任严父。但她从来不在别人面前骂我一句，打我一下。我做错了事，她只对我一望，我看见了她的严厉眼光，便吓住了。犯的事小，她等到第二天早晨我睡醒时才教训我。犯的事大，她等人静时，关了房门，先责备我，然后行罚，或罚跪，或拧我的肉，无论怎样重罚，总不许我哭出声音来，她教训儿子不是借此出气叫别人听的。

　　有一个初秋的傍晚，我吃了晚饭，在门口玩，身上只穿着一件单背心。这时候我母亲的妹子玉英姨母在我家住，她怕我冷了，拿了一件小衫出来叫我穿上。我不肯穿，她说："穿上吧，凉了。"我随口回答："娘（凉）什么！老子都不老子呀。"我刚说了这句话，一抬头，看见母亲从家里走出，我赶快把小衫穿上。但她已听见这句轻薄的话了。晚上人静后，她罚我跪下，重重地责罚了一顿。她说："你没了老子，是多么得意的事！好用来说嘴！"她气得坐着发抖，也不许我上床去睡。

　　这是我的严师，我的慈母。我母亲待人最仁慈，最温和，从来没有一句伤人感情的话；但她有时候也很有刚气，不受一点人格上的侮辱。我家五叔是个无正业的浪人，有一天在烟馆里发牢骚，说我母亲家中有事请某人帮忙，大概总有什么好处给他。这句话传到了我母亲耳朵里，她气得大哭，请了几位本家来，把五叔喊来，她当面质问他，她给了某人什么好处。直到五叔当众认错赔罪，她才罢休。

　　我在我母亲的教训之下住了九年，受了她的极大极深的影响。我十四岁（其实只有十二零两三个月）便离开她了，在这广漠的人海里独自摸混了二十多年，没有一个人管束过我。如果我学得了一丝一毫的好脾气，如果我学得了一点点待人接物的和气，如果我能宽恕人，体谅人——我都得感谢我的慈母。

（作者：胡适，有删改）

shēngshū 生书	未读过的书，也就是指新课。
guǎnshù 管束	加以约束，使人不越轨。
xíng fá 行罚	进行惩罚。
qīng bó 轻薄	轻视鄙薄，不尊重。
běn jiā 本家	同宗族的人。

第一次打猎

　　这是一个庄严的日子，年少的杰里米要第一次打猎了。他和父亲的眼前是一望无垠的沼泽、水面和天空。要是在平时，杰里米会摆弄自己的照相机，把景物收进镜头，不过今天不行。

其实，他并不喜欢打猎。自从父亲给他买了支猎枪，教他瞄着泥鸽子射击，并说要带他来海湾这个小岛打猎，他就不高兴。但他决定要把这件事对付过去，因为他爱父亲，世上他最希望得到的就是父亲的赞扬。今天早上如果一切顺利，他知道他会受到赞扬的。

来到面海的埋伏点，里面很窄，只放着一张长凳和一个弹药架。杰里米紧张地等待着。

天已大亮。在海湾的远处，一长串野鸭在冉冉上升的旭日的背景下一掠而过。

为了缓和一下情绪，他以水银色的水面为背景给他父亲拍了一张侧面照片。接着他匆忙把照相机放在架子上，拿起枪。

"上子弹吧，有时它们会一下子就飞到你的头顶上的。"父亲看着儿子把枪扳开，装上子弹，把枪还原，也给自己的枪装上子弹，快活地说："我让你先打。啊，我盼望今天已经盼了很久了……"他突然中止说话，向前倾身，眯缝着眼睛说："有一小群正向这边飞来。低下你的头。到时我会叫你。"

在他们的背后，地平线上的太阳把整个沼泽地映照成黄褐色，杰里米把一切都看得清清楚楚：他父亲紧张而热切的表情；枪筒上微白的霜。他的心跳得厉害，他心里在期望：不要来，野鸭都不要往这边飞。

不过它们不断向这边飞来。"四只黑的。"他父亲说。他听到空中鸭翅振动的呼啸声。野鸭张大翅膀，开始兜圈子。他父亲低语："准备。"

它们来了，警惕地昂着头，翅膀优雅地成弯形。有一只大鸭正在降落。现在，它放下那双橘黄色的腿，准备降到水面。来了，来了……

"好！"杰里米的父亲喊道。他握着枪站了起来，"打吧！"

杰里米机械地服从着命令。他站起来，像父亲曾教他那样俯身瞄准。这时，野鸭群已发现有人，纷纷四散飞走。那只大鸭好像有线在牵引一样，一下子又飞了起来。它在空中逗留了一秒钟。杰里米想扣扳机，结果没有动手指，那只野鸭此时已乘着气流，一下子飞得无影无踪。

"怎么啦？"父亲问。

杰里米双唇颤抖，没有回答。"怎么不开枪？"父亲又问。杰里米关上保险，把枪小心地放在角落里。"它们这样活生生的……"他说着便哭了起来。

他坐着掩脸而哭，让父亲高兴的努力失败了。他失去了机会。

他父亲好一阵子没有说话，在杰里米身边蹲下，说："又来了一只，试试看吧。"

杰里米没有放下掩脸的手，"不行，爸爸，我不能。""快点，来，不然它会飞走的。"

杰里米感到一样硬东西触到他，一看，原来父亲递给他的不是枪，而是照相机。"快，"父亲和蔼地说，"它不会老停在那里的。"

杰里米在父亲的眼睛里并没有发现失望的表情，有的是自豪感、理解和爱意。

"没问题，孩子，我确实一直爱打猎，但你不一定要有这种爱好。决定不干一件事时也需要勇气。"

（作者：阿瑟·戈登翁，有删改）

<ruby>警惕<rt>jǐng tì</rt></ruby>

警惕　　　　注意力非常集中地戒备着。

<ruby>机械<rt>jī xiè</rt></ruby>

机械　　　　原指各种物理装置，这里比喻方式拘泥死板，没有变化。

<ruby>和蔼<rt>hé ǎi</rt></ruby>

和蔼　　　　态度温和，容易接近。

学习重点说明

◇ 记叙

写作的表达方式主要有记叙、描写、抒情、说明、议论。

记叙（叙述）就是把人物的经历、言行和事物发展的过程交代出来。这是写作中一种最常用的表达方式。

记叙文当然以记叙为主，不过也可以有描写、抒情、说明、议论等成分。记叙文根据写作内容的不同，常常又划分为写事记叙文、写人记叙文、景物记叙文等。《无动于"哀"》、《第一次打猎》虽然也涉及了一些人物，但主要还是在记事。《我的母亲》是一篇典型的写人记叙文。《故都的秋》则是比较明显的景物记叙文。

掌握记叙文是学习写作其他各类文章的基础，不管写什么样的记叙文，都要注意掌握并运用记叙的如下要素：

（1）时间：事情发生在什么时候？时间有现在、过去和将来的区别，叙述时要交代清楚。

（2）地点：事情发生在什么地方？地点包括事件发生的环境、状况和气氛。

（3）人物：事件涉及哪些人物？因为人物是主角，所以要写得有血有肉，个性突出。

（4）事件的起因、经过和结果：事情是怎么发生的？事件的经过如何？结果如何？这些是记叙文的重要环节。好的记叙文，起因和结果更要紧密配合，以使事件不违背情理。事件的经过要写得有起有伏，曲折动人，并且能圆满地把事件因果连贯起来。

◇ 状语

状语是修饰、限制动词或形容词的词语，在句子中是谓语部分的修饰成分，被修饰的词语为中心语。状语可以表示中心语的时间、处所、程度、情态等等。状语一定要放在中心语前面。

（1）根据状语的功能，可以分为两类：限制性状语和描写性状语。

限制性状语主要从时间、处所、范围、对象、目的等方面对中心语加以限制。描写性状语则描写动作或动作发出者的方式、情态。限制性状语后一般不能加"地"；而描写性状语后经常要加"地"。

例如：

①早上差10分7点，小山的闹钟就响起来了。（表示时间）

②他们是在一次舞会上认识并相爱的。（表处所）

③我们给他打了几次电话。（表示对象）

④王先生特别着急。（表示程度）

⑤她痛苦地喊起来了。（描写动作者的情态）

⑥王先生把东西一样一样地买齐了。（描写动作的方式）

（2）复杂状语的排列顺序：一个句子里有时出现几个词或词组作状语共同修饰谓语，这些并用的词语一般按下列顺序排列：

表示时间的词语→表示地点的词语→表示范围的词语→表示情态的词语→表示对象、工具、方向等的词语→中心语（动词或形容词谓语）

例如：

①我们上个星期在教室认真讨论了这件事。

②弟弟在机场兴奋地对我说："这里的变化太大了！"

③他从去年就在这个学校跟他的导师一起作这项调查。

思考练习

（1）找出下列句子中的状语并模仿造句。

①我明天早上八点在校门口等你。

②他的朋友从伦敦来到这座城市。

③我特别喜欢跳舞。

④莎拉上写作课的时候经常迟到。

⑤你对这个问题有什么看法？

⑥李老师跟他的学生一起一步一步往山顶上走。

⑦二班同学在教室里热烈地讨论着汉语语法问题。

⑧昨天晚上我舒舒服服地睡了一觉。

⑨我们终于按时到达了目的地。

⑩在旅途中他一直精心照顾我。

（2）依据主题，把下面的句子连成一段话，并正确使用标点符号。

语段一　我的志向

①念中学时，我觉得做伟人太辛苦了

②现在我知道做伟人妻子的机会实在太少

③一个学生问他的老师

④于是就把志向改成做伟人的妻子

⑤您为什么选择教师这个职业

⑥所以我又改变主意

⑦我小时候立志长大以后做伟人

⑧最后决定做伟人的老师

⑨老师笑着回答

语段二　换表还是换秘书

①有一天，秘书迟到了

②华盛顿轻声对他说

③秘书就对华盛顿说自己的手表坏了

④华盛顿总统有一个年轻的秘书

⑤我就得换一个秘书了

⑥一看到华盛顿在等他

⑦如果你不换一块手表的话

语段三　收稻子

①不知什么时候，天渐渐变阴了

②傍晚的天空乌云密布

③周大爷急急忙忙把场上的稻子收进袋子往家里运

④上午天气晴朗，无一丝云彩

⑤周大爷把稻子晒到场上

⑥当他刚把最后一袋稻子运到屋

⑦大雨倾盆而至

⑧眼看就要下雨

（3）每人选择下面所给的事件主题说一段话。要使句子之间关系明确，把整个事情说清楚。

①在商店挑选礼物

②在饭馆点菜

③在机场接朋友

④在陌生的城市问路

（4）以"生活中的一件事"为题，写一篇记叙文，字数不限。

（5）按下面提供的信息，以"罗经理买面包"为题，写一篇400字左右的记叙文。

时间：一天早晨。

地点：一个饮食服务公司门口。

主要人物：罗经理。

事件：罗经理排队买面包的时候，看到队排得很长，顾客很焦急，就直接走进饮食服务公司去了。人们以为他不排队，还走后门，就气愤地纷纷议论起来。不一会，罗经理和公司的几个服务员提了很多面包走出来，又开设了一个卖面包的摊点，使大家很快买上了面包。

要求：①根据提供的时间、地点、人物、事件等方面的材料，充分发挥自己的想象，要有细节描写，把这件事写得具体、完整。②中心明确，条理清楚，语句通顺，书写工整，注意不写错别字，正确运用标点符号。

第二节　景物记叙文

学习重点

1. 景物记叙文的写作
2. 汉语句子中的补语

范　文

春

盼望着，盼望着，东风来了，春天的脚步近了。

一切都像刚睡醒的样子，欣欣然张开了眼。山朗润起来了，水涨起来了，太阳的脸红起来了。

　　小草偷偷地从土里钻出来，嫩嫩的，绿绿的。园子里，田野里，瞧去，一大片一大片满是的。坐着，躺着，打两个滚，踢几脚球，赛几趟跑，捉几回迷藏。风轻悄悄的，草软绵绵的。

　　桃树、杏树、梨树，你不让我，我不让你，都开满了花赶趟儿。红的像火，粉的像霞，白的像雪。花里带着甜味儿，闭了眼，树上仿佛已经满是桃儿、杏儿、梨儿。花下成千成百的蜜蜂嗡嗡地闹着，大小的蝴蝶飞来飞去。野花遍地是：杂样儿，有名字的，没名字的，散在草丛里，像眼睛，像星星，还眨呀眨的。

　　"吹面不寒杨柳风"，不错的，像母亲的手抚摸着你。风里带来些新翻的泥土气息，混着青草味儿，还有各种花的香，都在微微润湿的空气里酝酿。鸟儿将巢安在繁花嫩叶当中，高兴起来了，呼朋引伴地卖弄清脆的喉咙，唱出宛转的曲子，与轻风流水应和着。牛背上牧童的短笛，这时候也成天嘹亮地响着。

　　雨是最寻常的，一下就是三两天。可别恼。看，像牛毛，像花针，像细丝，密密地斜织着，人家屋顶上全笼着一层薄烟。傍晚时候，上灯了，一点点黄晕的光，烘托出一片安静而和平的夜。在乡下，小路上，石桥边，有撑起伞慢慢走着的人；还有地里工作的农夫，披着蓑，戴着笠。他们的房屋，稀稀疏疏的，在雨里静默着。

　　天上风筝渐渐多了，地上孩子也多了。城里乡下，家家户户，老老小小，也赶趟儿似的，一个个都出来了。舒活舒活筋骨，抖擞抖擞精神，各做各的一份儿事去。"一年之计在于春"，刚起头儿，有的是工夫，有的是希望。

　　春天像刚落地的娃娃，从头到脚是新的，它生长着。

　　春天像小姑娘，花枝招展的，笑着，走着。

　　春天像健壮的青年，有铁一般的胳膊和腰脚，他领着我们上前去。

（作者：朱自清）

朗润 lǎng rùn	明亮润泽。
酝酿 yùn niàng	造酒的发酵过程，比喻做准备工作。
窠巢 kē cháo	动物栖身的地方。
稀稀疏疏 xī xī shū shū	不稠密。
抖擞 dǒu sǒu	振作。
花枝招展 huā zhī zhāo zhǎn	形容人、物打扮得十分艳丽。

江南的冬景

　　凡在北国过过冬天的人，总称道围炉煮茗，或吃涮羊肉，剥花生米，饮白干的滋味。而有地炉、暖炕等设备的人家，不管它门外面是雪深几尺，或风大若雷，而躲在屋里过活的两三个月的生活，却是一年之中最有劲的一段蛰居异境；老年人不必说，就是顶喜欢活动的小孩子们，总也是个个在怀恋的，因为当这中间，有的萝卜、雅儿梨等水果的闲食，还有大年夜，正月初一，元宵等热闹的节期。

但在江南，可又不同；冬至过后，大江以南的树叶，也不至于脱尽。寒风——西北风——间或吹来，至多也不过冷了一日两日。到得灰云扫尽，落叶满街，晨霜白得像黑女脸上的脂粉似的清早，太阳一上屋檐，鸟雀便又在吱叫，泥地里便又放出水蒸气来，老翁小孩就又可以上门前的隙地里去坐着曝背谈天，营屋外的生涯了；这一种江南的冬景，岂不也可爱得很么？

我生长江南，儿时所受的江南冬日的印象，铭刻特深；虽则渐入中年，又爱上了晚秋，以为秋天正是读读书，写写字的人的最惠节季，但对于江南的冬景，总觉得是可以抵得过北方夏夜的一种特殊情调，说得摩登些，便是一种明朗的情调。

我也曾到过闽粤，在那里过冬天，和暖原极和暖，有时候到了阴历的年边，说不定还不得不拿出纱衫来着；走过野人的篱落，更还看得见许多杂七杂八的秋花！一番阵雨雷鸣过后，凉冷一点；至多也只好换上一件夹衣，在闽粤之间，皮袍棉袄是绝对用不着的；这一种极南的气候异状，并不是我所说的江南的冬景，只能叫它作南国的长春，是春或秋的延长。

江南的地质丰腴而润泽，所以含得住热气，养得住植物；因而长江一带，芦花可以到冬至而不败，红时也有时候会保持得三个月以上的生命。像钱塘江两岸的乌桕树，则红叶落后，还有雪白的桕子着在枝头，一点一丛，用照相机照将出来，可以乱梅花之真。草色顶多成了赭色，根边总带点绿意，非但野火烧不尽，就是寒风也吹不倒的。若遇到风和日暖的午后，你一个人肯上冬郊去走走，则青天碧落之下，你不但感不到岁时的肃杀，并且还可以饱觉着一种莫名其妙的含蓄在那里的生气；"若是冬天来了，春天也总马上会来"的诗人的名句，只有在江南的山野里，最容易体会得出。

江南河港交流，且又地滨大海，湖沼特多，故空气里时含水分；到得冬天，不时也会下着微雨，而这微雨寒村里的冬霖景象，又是一种说不出的悠闲境界。你试想想，秋收过后，河流边三五家人家会聚在一道的一个小村子里，门对长桥，窗临远阜，这中间又多是树枝槎丫的杂木树林；在这一幅冬日农村的图上，再洒上一层细得同粉也似的白雨，加上一层淡得几不成墨的背景，你说还够不够悠闲？若再要点景致进去，则门前可以泊一只乌篷小船，茅屋里可以添几个喧哗的酒客，天垂暮了，还可以加一味红黄，在茅屋窗中画上一圈暗示着灯光的月晕。人到了这一个境界，自然会得胸襟洒脱起来，终至于得失俱亡，死生不同了；我们总该还记得唐朝那位诗人作的"暮雨潇潇江上树"的一首绝句吧？诗人到此，连对绿林豪客都客气起来了，这不是江南冬景的迷人又是什么？

一提到雨，也就必然地要想到雪："晚来天欲雪，能饮一杯无？"自然是江南日暮的雪景。"寒沙梅影路，微雪酒香村"，则雪月梅的冬宵三友，会合在一道，在调戏酒姑娘了。"柴门村犬吠，风雪夜归人"，是江南雪夜，更深人静后的景况。"前树深雪里，昨夜一枝开"又到了第二天的早晨，和狗一样喜欢弄雪的村童来报告村景了。诗人的诗句，也许不尽是在江南所写，而作这几句诗的诗人，也许不尽是江南人，但借了这几句诗来描写江南的雪景，岂不直截了当，比我这一支愚劣的笔所写的散文更美丽得多？

(作者：郁达夫，有删改)

zhé jū 蛰居	长期隐居在某个地方，不出头露面。
yīn lì 阴历	历法的一类，根据月球绕地球运行的周期而制定，通常所说的"阴历"指中国旧时用的历法，就是夏历。也说"农历"。
fēng yú 丰腴	形容人体态丰满。
sù shā 肃杀	形容秋冬天气寒冷，草木凋落。

海 燕

乌黑的一身羽毛，光滑漂亮，机灵伶俐，加上一双剪刀似的尾巴，一对劲俊轻快的翅膀，凑成了那样可爱的活泼的一只小燕子。当春间二三月，风轻微微地吹拂着，如毛的细雨无因地由天上洒落着，千条万条的柔柳，齐舒了它们的黄绿的眼，红的白的黄的花，绿的草，绿的树叶，皆如赶赴市集者似的奔聚而来，形成了烂漫无比的春天时，那些小燕子，那么伶俐可爱的小燕子，便也由南方飞来，加入了这个隽妙无比的春景的图画中，为春光平添了许多的生趣。小燕子带了它的双剪似的尾，在微风细雨中，或在阳光满地时，斜飞于旷亮无比的天空之上，卿的一声，已由这里稻田上，飞到了那边的高柳之下了。同几只却隽逸的在粼粼如纹的湖面横掠着，小燕子的剪尾或翼尖，偶沾了水面一下，那小圆晕便一圈一圈地荡漾了开去。那边还有飞倦了的几对，闲散地憩息于纤细的电线上，——嫩蓝的春天，几支木杆，几痕细线连于杆与杆间，线上是停着几个粗而有致的小黑点，那便是燕子，是多么有趣的一幅图画呀！还有一家家的快乐家庭，他们还特为我们的小燕子备了一个两个小巢，放在厅梁的最高处，假如这家有了一个匾额，那匾后便是小燕子最好的安巢之所。第一年，小燕子来往了，第二年，我们的小燕子，就是去年的一对，它们还要来住。

"燕子归来寻旧垒。"还是去年的主，还是去年的宾，他们宾主间是如何的融融泄泄呀！偶然的有几家，小燕子却不来光顾，那便很使主人忧戚，他们邀召不到那么隽逸的嘉宾，每以为自己命运的蹇劣呢。

这便是我们故乡的小燕子，可爱的活泼的小燕子，曾使几多的孩子们欢呼着，注意着，沉醉着，曾使几多的农人们市民们忧戚着，或舒怀地指点着，且曾平添了几多的春色，几多的生趣于我们的春天的小燕子！

如今，离家是几千里！离国是几千里！托身于浮宅之上，奔驰于万顷海涛之间，不料却见着我们的小燕子。这小燕子，便是我们故乡的那一对，两对么？便是我们今春在故乡所见的那一对，两对么？

见了它们，游子们能不引起了，至少是轻烟似的，一缕两缕的乡愁么？

海水是皎洁无比的蔚蓝色，海波是平稳得如春晨的西湖一样，偶有微风，只吹起了绝细绝细的千万个翻翻的小皱纹，这更使照晒于初夏之太阳光之下的、金光灿烂的水面显得温秀可喜。我没有见过那么美的海！天上也是皎洁无比的蔚蓝色，只有几片薄纱似的轻云，平贴于空中，就如一个女郎，穿了绝美的蓝色夏衣，而颈间却围绕着一段绝细绝轻的白纱巾。我没有见过那么美的天空！我们倚在青色的船栏上，默默地望着这绝美的海天；我们一点杂念也没有，我们是被沉醉了，我们是被带入晶天中了。

就在这时，我们的小燕子，二只，三只，四只，在海上出现了。它们仍是隽逸地从容地在海面上斜掠着，如在小湖面上一样；海水被它的似剪的尾与翼尖一打，也仍是连漾了好几圈圆晕。小小的燕子，浩莽的大海，飞着飞着，不会觉得倦么？不会遇着暴风疾雨么？我们真替它们担心呢！

小燕子却从容地憩着了。它们展开了双翼，身子一落，落在海面上了，双翼如浮圈似的支持着体重，活是一只乌黑的小水禽，在随波上下地浮着，又安闲，又舒适。海是它们那么安好的家，我们真是想不到。

在故乡，我们还会想象得到我们的小燕子是这样的一个海上英雄么？

海水仍是平贴无波，许多绝小绝小的海鱼，为我们的船所惊动，群向远处窜去；随了它们飞蹿着，水面起了一条条的长痕，正如我们当孩子时之用瓦片打水漂在水面所划起的长痕。这小鱼是我们小燕子的粮食么？

小燕子在海面上斜掠着，浮憩着。它们果是我们故乡的小燕子么？

啊，乡愁呀，如轻烟似的乡愁呀！

（作者：郑振铎，有改动）

jī línglíng lì	
机灵伶俐	形容十分灵活。
làn màn	
烂漫	色彩鲜丽。
juànmiào	
隽妙	美妙。
juàn yì	
隽逸	俊秀飘逸；超群拔俗。

qì xī

憩息　　　　　　休息。小息片刻。

biǎn é

匾额　　　　　　牌匾。中国古代建筑必有的组成部分，悬挂于门屏上作为装饰之用。

róngróng xiè xiè

融融泄泄　　　　形容大家非常高兴。

jiǎn liè

蹇劣　　　　　　困厄；境遇不好。

我所知道的康桥

　　我那时有的是闲暇，有的是自由，有的是绝对单独的机会。说也奇怪，竟像是第一次，我辨认了星月的光明，草的青，花的香，流水的殷勤。我能忘记那初春的睥睨吗？曾经有多少个清晨我独自冒着冷去薄霜铺地的林子里闲步——为听鸟语，为盼朝阳，为寻泥土里渐次苏醒的花草，为体会最微细最神妙的春信。啊，那是新来的画眉在那边调不尽的青枝上试它的新声！啊，这是第一朵小雪球花挣出了半冻的地面！啊，这不是新来的潮润沾上了寂寞的柳条？

　　静极了，这朝来水溶溶的大道，只远处牛奶车的铃声，点缀这周遭的沉默。顺着这大道走去，走到尽头，再转入林子里的小径，往烟雾浓密处走去，头顶是交枝的榆荫，透露着漠愣愣的曙色；再往前走去，走尽这林子，当前是平坦的原野，望见了村舍，初青的麦田，更远三两个馒形的小山掩住了一条通道。天边是雾茫茫的，尖尖的黑影是近村的教寺。听，那晓钟和缓的清音。这一带是此邦中部的平原，地形像是海里的轻波，默沉沉的起伏；山岭是望不见的，有的是常青的草原与沃腴的田壤。登那土阜上望去，康桥只是一带茂林，拥戴着几处娉婷的尖阁。妩媚的康河也望不见踪迹，你只能循着那锦带似的林木想象那一流清浅。村舍与树林是这地盘上的棋子，有村舍处有佳荫，有佳荫处有村舍。这早起是看炊烟的时辰：朝雾渐渐地升起，揭开了这灰苍苍的天幕（最好是微霞后的光景），远近的炊烟，成丝的，成缕的，成卷的，轻快的，迟重的，浓灰的，淡青的，惨白的，在静定的朝气里渐渐地上腾，渐渐地不见，仿佛是朝来人们的祈祷，参差地翳入了天听。朝阳是难得见的，这初春的天气。但它来时是起早人莫大的愉快。顷刻间这田野添深了颜色，一层轻纱似的金粉糁上了这草，这树，这通道，这庄舍。顷刻间这周遭弥漫了清晨富丽的温柔。顷刻间你的心怀也分润了白天诞生的光荣。"春！"这胜利的晴空仿佛在你的耳边私语。"春！"你那快活的灵魂也仿佛在那里回响。

　　伺候着河上的风光，这春来一天有一天的消息。关心石上的苔痕，关心败草里的花鲜，关心这水流的缓急，关心水草的滋长，关心天上的云霞，关心新来的鸟语。怯伶伶的小雪球是探春信的小使。铃兰与香草是欢喜的初声。窈窕的莲馨，玲珑的石水仙，爱热闹的克罗克斯，耐辛苦的蒲公英与雏菊——这时候春光已是烂漫在人间，更不需殷勤问讯。

瑰丽的春放。这是你野游的时期。可爱的路政，这里不比中国，哪一处不是坦荡荡的大道？徒步是一个愉快，但骑自转车是一个更大的愉快。在康桥骑车是普遍的技术；妇人，稚子，老翁，一致享受这双轮舞的快乐（在康桥听说自转车是不怕人偷的，就为人人都自己有车，没人要偷）。任你选一个方向，任你上一条通道，顺着这带草味的和风，放轮远去，保管你这半天的逍遥是你性灵的补剂。这道上有的是清荫与美草，随地都可以供你休憩。你如爱花，这里多的是锦绣似的草原。你如爱鸟，这里多的是巧啭的鸣禽。你如爱儿童，这乡间到处是可亲的稚子。你如爱人情，这里多的是不嫌远客的乡人，你到处可以"挂单"借宿，有酪浆与嫩薯供你饱餐，有夺目的果鲜恣你尝新。你如爱酒，这乡间每"望"都为你储有上好的新酿，黑啤如太浓，苹果酒，姜酒都是供你解渴润肺的。……带一卷书，走十里路，选一块清静地，看天，听鸟，读书，倦了时，和身在草绵绵处寻梦去——你能想象更适情更适性的消遣吗？

（作者：徐志摩，有删改）

bì nì 睥睨	斜着眼看，侧目而视，有厌恶或高傲之意。	
pīngtíng 娉婷	姿态美好的样子。	
cì hòu 伺候	在人身边照料生活；服侍。	
yǎo tiǎo 窈窕	娴静貌；美好貌。	
lào jiāng 酪浆	牛羊等动物的乳汁。	
xiāoqiǎn 消遣	寻找感兴趣的事来打发空闲；消闲解闷。	

学习重点说明

◇景物记叙文

景物记叙文就是以描写客观的自然景物为主要内容的记叙文。这类记叙文通过对山川河海、花草树木、日月星云、风霜雨雪、春夏秋冬等景物及其变化的描写，表达作者的某种感情，或是某种启示、道理。这类记叙文通过语言的陈述和描摹，把某一物体、景色的显著特点呈现在读者面前，给读者留下生动、具体、鲜明的印象，不仅给人以美感，还常借助比喻、象征，给人以奋发向上的力量。

怎样写好景物记叙文呢？

（1）立意高远，想象丰富。

很少有纯粹为写景而写景的文章，景物记叙文一般不是借景抒情就是以景明理。比如《春》一文，作家运用手中之笔，描绘了生机勃勃的春天图景，全文洋溢着对自然、生命的热爱，乐观积极的情感振奋人心。比如《江南的冬景》从江南的晚秋写到闽粤的暖冬，从鸟雀、冬雪到读书、写字，漫步郊外也是一种难得的福气。细碎的微雨中，村庄、长桥、远阜、树林就像是一幅淡墨的山水画，人的境界也仿佛得到了升华。江南的冬天，可以恣意享受。

写作景物记叙文也要求展开合理的、丰富的想象，才能使文章的内容更加丰满，表现形式更富有变化，表达的主题更加深刻。想象，对于写无生命物体的文章尤其显得重要，它往往能化呆板为生动，化拘谨为活泼，化浅显为深刻。如《我所知道的康桥》，以第一人称娓娓道来，一个大学的所在地就被赋予了神韵和生命。

展开丰富的想象，要注意以下几个方面：第一，多阅读。想象决不是空想、乱想，它必须以现实生活为基础，以正确的思想为指导。第二，多思考。要积极地投身于生活，在生活的洪流中，认真思考，认识生活，丰富自己的情感，把握事物间的内在联系。这样，才能做到想象合理。第三，多模仿。弄懂了别人是怎样合理地进行想象的，并不等于自己会展开想象，还必须多模仿，多实践，经常就某一物体的某一点模仿进行想象写作，才会逐渐达到"浮想联翩"的妙境。

另外，写景记叙文的中心当然是选取景物来写。但是，也可以写到人物的活动，或者交代一下事情的简单经过，如果这些事情都与中心密切相关的话。

（2）注意特点，抓住变化。

特点，就是一种事物不同于其他事物的地方。可以这样说，世上没有完全相同的两样物体。世间景物林林总总，千姿百态，各以其独特的面貌相区别。我们用文字写景物，就要把景物的特点描述出来，如布局、形态、色彩、声音等，只有抓住景物的特点，才能写得形象、逼真，使读者有身临其境之感。如《春》这篇文章，抓住了"春"这个时节，一切刚刚苏醒的独特之处。

为准确地把握特点，观察最为重要。观察的顺序一般是先整体再局部。整体观察的目的是获得对物体全面、完整的认识。在整体观察获得了对物体的总体认识后，还要进一步作局部观察，其目的是为了获得对物体各部分的具体了解，掌握其形态特征，以便描写时能详细地陈述和描摹其特点。如《春》一文，开始是对春天的整体观察——一切刚睡醒，接着从草、树、风、雨、人等各个部分，对春天这一季节作了更为细致的观察。

观察，还要善于进行比较。特点，是在相互比较中显示出来的。如《江南的冬景》，作者通过比较中国北方、南方多个地区的冬天，来突出江南的冬天别有一番滋味。

观察也要善于抓住景物的变化。景物不是一成不变的，而是处于不断的变化之中的。在不同的时间里，往往有不同的形态。注意到景物的变化，就能把握它的特点。

例如《海燕》一文，作者以自己的情感变化为线索，凭借对故乡的了解，用工笔的手法描绘在家乡春意盎然的景象中，由南方回来的逗人喜爱的小燕子，任情地飞翔，倦了就返回旧巢安身。在"离家是几千里，离国是几千里"的海路上，"不料却见着我们的小燕子"。通过家乡的燕子和旅途中的海燕进行动态描绘，作者抒发了浪迹天涯的游子对祖国和故乡魂牵梦萦的思念之情。

（3）词语精到，余味无穷。

文学巨匠高尔基说过："文学的第一个要素是语言……语言是文学的基本材料，文学是语言的艺术。"描写景物最要紧的是在动词和形容词上多下工夫。这是因为，动词和形容词（还有恰当的副词）表现力最强，如果运用得好，就能把景物的动态、状况和色彩描绘得栩栩如生，惟妙惟肖。

①先看动词用得准确生动的。

朝雾渐渐地升起，揭开了这灰苍苍的天幕（最好是微霭后的光景），远近的炊烟，成丝的，成缕的……在静定的朝气里渐渐地上腾，渐渐地不见，仿佛是朝来人们的祈祷，参差地翳入了天听。（《我所知道的康桥》）

用"升起"、"揭开"、"上腾"、"翳入"来写朝雾炊烟的状态，生动的意境全出。

②再看形容词用得准确生动的。

看，像牛毛，像花针，像细丝，密密地斜织着，人家屋顶上全笼着一层薄烟。（《春》）

连用了几个"像……"来描写春雨，"密密地"更是抓住了春雨细小缠绵的特点，无声无息却时时伴随着你的左右。

范文中还有很多用词准确精到的例子，希望读者好好去体会。

（4）线索分明，条理清晰。

在描写景物时，要合理地安排顺序，也就是说要确定文章的一条线索，写出景物的特征。这就好比一盘散乱的珍珠，只有用线穿在一起，才能成为一条闪光的珠链。具体的做法，可以从以下两个方面着手：

①以观察点为线索，随着观察点的移动、立足点的转换，变换描写的景物。例如在《春》一文中，作者从低往高，按着从微小处到宏大处的线索，有条不紊地依次向读者介绍春天里万物的姿态：脚下的草——身旁的树——空中的风雨——天地间的人，线路叙述清楚。

②以观察时间的推进、变换为线索来描写景物，表现出景物在不同时刻的不同特点。例如《江南的冬景》一文中，作者写到江南冬天多水多湿润时，按雨、雪等不同的时间状态，细细地描绘了冬天江南的美丽风韵，语言优美动人。

除了上述两种写作顺序外，我们还可以"以文章中心为线索"、"以景物特点为线索"、"以景物功能为线索"……在写作中，根据需要合理安排写作顺序，那么条理分明、层次清晰的佳作就一定能在你的笔下诞生。

（5）情景交融，托物言志。

写景物记叙文要处理好情与景的关系，做到情景交融。自然界的景物本身并不带感情色彩，但是一旦被写进作品，就会烙上作者感情的印记而表现出鲜明的倾向性。在写景的文章中，情是景的灵魂，景是情的依托，情与景自然交融，才能算作好文章。

文章中情与景的关系的处理，可以有两种方法，一是在写景的同时叙写作者的感受，即所谓借景抒情，借景言理；二是把作者的情思完全融入所描绘的景物中，表面看起来似乎是客观的写景，但字里行间蕴含着作者的深情，这叫做寓情于景。在《春》中，朱自清展现的是一个欣欣向荣、多姿多彩、全方位的春天。地上是大片大片嫩绿的小草，田野上是一棵一棵盛开的桃树、杏树、梨树，在成簇盛放的花团中，飞舞着成群的蜜蜂、蝴蝶；在晴朗高远的天空中，吹拂着暖和的杨柳风，氤氲着土香、草香、花香的气息，弥漫着各种鸟儿动听的乐曲，还有牧童嘹亮的笛声……作者在这里把大自然写活了、写足了、写透了，把大自然诗化了。在这一幅诗化的春景中，作者卸掉了一切的思想情感重负，一头扑入了这春的世界中，就像一个孩子投入了母亲的怀抱一样。他全身心地动用自己的视觉、嗅觉、听觉、想象、幻想，享受大自然的美好与爱抚。在这里，大自然是如此美好，人的生命也变得如此美好。在美的自然中，朱自清深切地体验到了生命的自由、活力和灿烂，展现了他赤子的情怀和纯朴真挚的个性。

春夏秋冬四季的变化，花草树木的繁茂和衰败，日月星辰的时空转换，江河湖海的变幻莫测，都能引发我们无穷的想象。善于发现、捕捉其中触动自己心灵的"亮点"，借其写出自己真切的感受，这就是我们平时所说的托物言志。当然，托物言志并不是在文章的结尾硬加上一个剪贴式的标记。无病呻吟、装腔作势的虚情是作文时应力求避免的。

◇补语

补语位于动词或形容词谓语后，对其进行补充说明。根据补语的不同功用，可以分为结果补语、程度补语、数量补语、趋向补语、可能补语等。

（1）结果补语：在动词谓语后面表示动作的结果。例如：

①我买来肉切<u>碎</u>喂它。

②良久，它才慢慢爬<u>动</u>。

③我们俩都估计<u>错了</u>。

（2）程度补语：在谓语后边表示动作的程度和动作进行时的情态。例如：

①蒸汽机车跑得<u>很慢</u>。

②声音尖得<u>吓人</u>，把附近的牲口吓得乱跑乱叫。

③车身震动得<u>很厉害</u>。

④听到这个消息，她高兴得<u>睡不着觉</u>。

（3）**数量补语**：在形容词或动词谓语后边，用来表示动作、行为持续的时间、频率和数量。例如：

①走<u>三分钟</u>就到了。

②值了<u>一个月</u>班。

③我一个星期教他们<u>一次</u>。

④给学生辅导<u>一个月</u>，才 300 块；而在水果店看大门看了<u>三十个晚上</u>，却拿到 600 块。

（4）**趋向补语**：在动词后面表示动作的趋向。例如：

①他看到许多个体户都富<u>起来了</u>，就离开学校摆水果摊<u>去了</u>。

②那条鱼并不游<u>开</u>。

③她急急忙忙地向车站跑<u>去</u>。

（5）**可能补语**：在谓语动词后面，补充说明动作达到某种结果或情况的可能性。例如：

①我生怕自己翻译<u>不完</u>那篇文章。

②我找<u>不到</u>合适的工作，只好去当临时工。

③你听<u>得懂</u>这个人的报告吗？

思考练习

（1）修改病句。

①我洗完衣服就到朋友家来。

②她来半年中国了。

③我听得不清楚他说的话。

④我借这本书不到。

⑤这里的电话号码你记得住记得不住。

⑥这些饺子被我们吃得完。

⑦我吃饭完就进城去。

⑧他的意思大家不听明白。

（2）给下面的句子填入适当的补语。

①听说儿子生病住院了，他急得（　　　　　　）。

②收到大学录取通知书的那天，她高兴得（　　　　　　）。

③夏天，车厢里热得（　　　　　　）。

④老人爬到山顶时，已经累得（　　　　　　）。

⑤看台上的球迷多得（　　　　　　）。

⑥云南的景色美得（　　　　　　　　　　）。

（3）理清下面排列错乱的句子顺序，在句子前面的括号里标上序号，再按正确顺序读一读。

（　　）每当夜幕降临，我总是在台灯下做作业。

（　　）我有一盏心爱的小台灯。

（　　）这是一盏很漂亮的台灯。椭圆形的灯斜插在灯座上，可以任意调整角度。

（　　）小台灯年复一年，默默地为我服务，奉献着光明。

（　　）琴式的灯座是用灰色和白色的塑料镶嵌而成的，十分美观。

（4）选用下列表示空间转换的词语写一段话。

①站在山脚下，抬头可以看见……；走到半山腰……；爬上了山顶，从上往下看去……

②我家的客厅里放着……，走进我的卧室……；正对着我的房间是……；走出后门，是一个小小的花园……

（5）先读例文，学习例文描写景物的方法，再进行以下活动。

①每人准备一张风景照片或图片，其他同学根据图片描述风景，要求恰当使用词语，安排句子。

②大家一起用适当的语句介绍自己的校园或住宅。

③任意选择一个自然景物，如云、雾、雨、太阳、月亮等，观察并写写它们的变化。

例文一

四季小河

我的家乡在江南，那里有一条美丽的小河。

阳春三月，微风吹拂绿水，如毛细雨由天上洒落着，千条万条的柔柳飘拂着，河面上已浮起荷叶片片。晚上，我和朋友们总爱静静地坐在河边，仰望那天上繁星点点，倾听小河里蛙声片片。每当这时，我们的心就会飞到很远很远……

盛夏时节，火辣辣的太阳把河水烤得滚烫，似乎会冒出缕缕青烟，这时也是小河最迷人的时候。河面上有荷，绿叶搭着绿叶，红花叠着白花，还不时蹦出几条小鱼来。看那荷叶挤挤挨挨，互不相让；那荷花朵朵秀丽，可又各不相同。看看这一朵很美，闻闻那一朵很香。夏日的小河，美得叫人流连忘返。

秋天的小河清澈见底，河里沙石粒粒在目。调皮的孩子在伞一样的荷叶下钻来钻去，采摘莲蓬，每当我吃莲蓬时，总是慢慢品尝，吃完了隔很久还能闻到淡淡的清香。

冬天是收获的季节，大人们带着铁锹，拿着竹篮，兴高采烈地来到河边，每当按住大人们扔上来的鱼时，心里特别快活！鱼捉光了，又挖起藕来，掀开泥土，顺着藕的走向一拽，一条条四五尺的圆滚滚的藕就被拖了出来，——真是"鲜鱼肥藕"啊！

我爱我的家乡，更爱那条给了人们欢乐的小河。

例文二

镰刀的自述

我的名字叫镰刀，是收割庄稼和割草的农具。你要问我长得什么样？嘿，我的头是一个像月牙儿似的刀片，身躯是一根光滑的二尺半左右长的木把儿。

别看我长得小巧玲珑，用处可大呢！无论春夏秋冬，或是在田间地头，你都会看见我忙碌的身影。尤其是夏天，我们一定会全家出动，帮助农民收割庄稼。望着那像波涛似的翻滚的麦浪或稻浪，我们一个个摩拳擦掌。我们的身影一闪过，成熟的庄稼就齐刷刷地倒下，它们被农民打成捆，装上车，运回家中。

现在，随着科学技术的发展，我们农具家族也不断壮大：播种机、收割机、脱粒机等机械化农具，都先后来到这个世界上。农民们搞起联合经营，大面积播种和收割，就会请他们来帮忙，我就要"退休"了。

尽管如此，我还能发挥"余热"。小面积的收割，我还能派上用场。农民挥舞着我，一棵棵玉米倒下，同时发出"喳喳喳"的声音，好像在为我的辛勤劳动伴奏呢。割完玉米，我又去割豆子，一天忙来忙去，但我很高兴，因为我作出了不小的贡献。

现在，你们了解我了吗？

（6）请你观察五种花草树木的叶子，然后从颜色、形状、质地和其他特点上对它们作一些描述。

（7）请用拟人的手法介绍一种日用品，要生动地展现它的外形特点及用途。

第三节　写人记叙文

学习重点

1. 写人记叙文的写作
2. 存现句的运用

范 文

鲁迅先生记

鲁迅先生家里的花瓶，好像画上所见的西洋女子用以取水的瓶子，灰蓝色，有点从瓷釉而自然堆起的纹痕，瓶口的两边，还有两个瓶耳，瓶里种的是几棵万年青。

我第一次看到这花的时候，我就问过：

"这叫什么名字？屋里不生火炉，也不冻死？"

第一次，走进鲁迅家里去，那是近黄昏的时节，而且是个冬天，所以那楼下室稍微有一点暗，同时鲁迅先生的纸烟，当它离开嘴边而停在桌角的地方，那烟纹的卷痕一直升腾到他有一些白丝的发梢那么高。而且再升腾就看不见了。

"这花，叫'万年青'，永久这样！"他在花瓶旁边的烟灰盒中，抖掉了纸烟上的灰烬，那红的烟火，就越红了，好像一朵小红花似的和他的袖口相距离着。

"这花不怕冻？"以后，我又问过，记不得是在什么时候了。

许先生（鲁迅先生的妻子）说："不怕的，最耐久！"而且她还拿着瓶口给我抓着。

我还看到了那花瓶的底边是一些圆石子，以后，因为熟识了的缘故，我就自己动手看过一两次，又加上这花瓶是常常摆在客厅的黑色长桌上；又加上自己是来自寒带的北方，对于这在四季里都不凋零的植物，总带着一点惊奇。

而现在这"万年青"依旧活着，每次到许先生家去，看到那花，有时仍站在那黑色的长桌子上，有时站在鲁迅先生照相的前面。

花瓶是换了，用一个玻璃瓶装着，看得到淡黄色的须根，站在瓶底。

有时候许先生一面和我们谈论着，一面检查着房中所有的花草。看一看叶子是不是黄了，该剪掉的剪掉；该洒水的洒水，因为不停地动作是她的习惯。有时候就检查着这"万年青"，有时候就谈鲁迅先生，就在他的照像前面谈着，但那感觉，却像谈着古人那么悠远了。

至于那花瓶呢？站在墓地的青草上面去了，而且瓶底已经丢失，虽然丢失了也就让它空空地站在墓边。我所看到的是从春天一直站到秋天；它一直站到邻旁墓头的石榴树开了花而后结成了石榴。

从开炮（战争开始）以后，只有许先生绕道去过一次，别人就没有去过。当然那墓草是长得很高了，而且荒了，还说什么花瓶，恐怕鲁迅先生的瓷半身像也要被荒了的草埋没到他的胸口。

我们在这边，只能写纪念鲁迅先生的文章，而谁去努力剪齐墓上的荒草？我们是越去越远了，但无论多远，那荒草是总要记在心上的。

（作者：萧红，上文为原题文章节选，有删改）

shēngténg
升腾　　　　上升。向高处迁移。

diāolíng
凋零　　　　多指草木花叶凋谢零落。

yōuyuǎn
悠远　　　　指空间距离的辽远。

背　影

　　我与父亲不相见已二年余了，我最不能忘记的是他的背影。那年冬天，祖母死了，父亲的差使也交卸了，正是祸不单行的日子，我从北京到徐州，打算跟着父亲奔丧回家。到徐州见着父亲，看见满院狼藉的东西，又想起祖母，不禁簌簌地流下眼泪。父亲说，"事已如此，不必难过，好在天无绝人之路！"回家变卖典质，父亲还了亏空；又借钱办了丧事。这些日子，家中光景很是惨淡，一半为了丧事，一半为了父亲赋闲。丧事完毕，父亲要到南京谋事，我也要回北京念书，我们便同行。

　　到南京时，有朋友约去游逛，勾留了一日；第二日上午便须渡江到浦口，下午上车北去。父亲因为事忙，本已说定不送我，叫旅馆里一个熟识的茶房陪我同去。他再三嘱咐茶房，甚是仔细。但他终于不放心，怕茶房不妥帖；颇踌躇了一会。其实我那年已二十岁，北京已来往过两三次，是没有什么要紧的了。他踌躇了一会，终于决定还是自己送我去。我两三回劝他不必去；他只说："不要紧，他们去不好！"

　　我们过了江，进了车站。我买票，他忙着照看行李。行李太多了，得向脚夫行些小费才可过去。他便又忙着和他们讲价钱。我那时真是聪明过分，总觉他说话不大漂亮，非自己插嘴不可。但他终于讲定了价钱；就送我上车。他给我拣定了靠车门的一张椅子；我将他给我做的紫毛大衣铺好座位。他嘱我路上小心，夜里警醒些，不要受凉。又嘱托茶房好好照应我。我心里暗笑他的迂；他们只认得钱，托他们只是白托！而且我这样大年纪的人，难道还不能料理自己么？唉，我现在想想，那时真是太聪明了！

　　我说道："爸爸，你走吧。"他望车外看了看，说："我买几个橘子去。你就在此地，不要走动。"我看那边月台的栅栏外有几个卖东西的等着顾客。走到那边月台，须穿过铁道，须跳下去又爬上去。父亲是一个胖子，走过去自然要费事些。我本来要去的，他不肯，只好让他去。我看见他戴着黑布小帽，穿着黑布大马褂，深青布棉袍，蹒跚地走到铁道边，慢慢探身下去，尚不大难。可是他穿过铁道，要爬上那边月台，就不容易了。他用两手攀着上面，两脚再向上缩；他肥胖的身子向左微倾，显出努力的样子。这时我看见他的背影，我的泪很快地流下来了。我赶紧拭干了泪，怕他看见，也怕别人看见。我再向外看时，他已抱了朱红的橘子往回走了。过铁道时，他先将橘子散放在地上，自己慢慢爬下，再抱起橘子走。到这边时，我赶紧去搀他。他和我走到车上，将橘子一股脑儿放在我的皮大衣上。于是扑扑衣上的泥土，心里很轻松似的，过一会说："我走了；到那边来信！"我望着他走出去。他走了几步，回过头看见我，说："进去吧，里边没人。"等他的背影混入来来往往的人里，再找不着了，我便进来坐下，我的眼泪又来了。

近几年来，父亲和我都是东奔西走，家中光景是一日不如一日。他少年出外谋生，独力支持，做了许多大事。哪知老境却如此颓唐！他触目伤怀，自然情不能自已。情郁于中，自然要发之于外；家庭琐屑便往往触他之怒。他待我渐渐不同往日。但最近两年的不见，他终于忘却我的不好，只是惦记着我，惦记着我的儿子。我北来后，他写了一信给我，信中说道："我身体平安，唯膀子疼痛厉害，举箸提笔，诸多不便，大约大去之期不远矣。"我读到此处，在晶莹的泪光中，又看见那肥胖的，青布棉袍、黑布马褂的背影。唉！我不知何时再能与他相见！

（作者：朱自清，有微改）

jiāo xiè	
交卸	卸去职务交付与后任。
láng jí	
狼藉	乱七八糟；杂乱不堪。也作狼籍。
diǎn zhì	
典质	用物品作抵押借钱；典当。
fù xián	
赋闲	没有职业在家闲着。
cháfáng	
茶房	专管整场事务的茶事。
tuǒ tiē	
妥帖	适当，合适；稳妥。
chóuchú	
踌躇	犹豫，迟疑不决。
zhà lan	
栅栏	用铁条或木条等做成的较坚固的类似篱笆的东西。
pánshān	
蹒跚	行步缓慢貌。
tuí táng	
颓唐	精神委靡。

坏 孩 子

拉普金和安娜是互相倾慕的一对年轻人，拉普金一直在寻找一个适当的机会向心爱的姑娘安娜表白。这一天，两人相约去钓鱼，他们走下陡峭的河岸，坐到一张长椅上。长椅临水而立，藏在密密的柳丛里。好一处绝妙的地方！您若往这儿一坐，您就与世隔绝了——能看见您的只有鱼儿！坐下放好渔具后，他们立即开始垂钓。

"我真高兴，咱俩总算能单独在一块儿了，"拉普金东张西望一会儿后，开始说，"我有许多话要告诉您，安娜……许多许多话……当我第一次见到您的时候……鱼咬您的钩了……我立即就明白：我为什么活着，我应当为谁献出我清白而勤劳的一生……咬钩的可能是一条大鱼……见着您后，我才第一次爱上一个人，爱得发狂！……等一会儿您再拉竿……请告诉我，我亲爱的，我向您发誓，我能否指望……您快拉竿呀！"

安娜提起握着的钓竿，用力一拉，尖叫一声，一条银绿色的鱼在空中闪亮。

"天哪，一条妙鱼！嗬，嗬……快！要脱钩了！"

鲈鱼挣脱钓钩，在草地上蹦跳着，本能地朝它的老家逃去，随即……扑通一声，落到了水里！

拉普金急忙去抓鱼，没有抓着鱼，不知怎么无意中抓住了安娜的手，无意中又把这手送到唇边……对方急忙抽手，但为时已晚：两人的嘴无意中贴在一起，接吻了。这事有点出乎意料。接吻之后接着还是接吻，之后山盟海誓，倾诉衷肠……好幸福的时刻！可是，话又说回来，这人世间的生活中没有绝对的幸福，与幸福同来的总还有些别的东西。这一次也是如此。当两个年轻人热烈拥吻的时候，突然响起了一阵笑声，他们朝河面上一看，两人都吓呆了：水里齐腰站着一个赤身露体的男孩。他叫科利亚，一个12岁的顽童，安娜的弟弟。他站在河里，瞧着两个年轻人，阴阳怪气地微笑着，"哎呀呀！……你们亲嘴呢？"他说，"好啊！我告诉妈妈去。"

"我希望，您，作为正派人……"拉普金涨红着脸开始嘟哝，"偷看别人的行为是卑鄙的，告密更是下流，可憎，可恶……我以为，像您这样正派而高尚的人……"

"给一卢布，我就不说！"高尚的人回答，"要不然，我告诉妈妈去。"

拉普金从衣袋里掏出一卢布，把它递给科利亚。对方把卢布捏在湿淋淋的手心里，一声唿哨，游走了。接下去一对恋人再也无心接吻了。

第二天，拉普金从城里给科利亚带来了各种玩具枪支和一个皮球。姐姐呢，先是把她心爱的图画书送给了他，后来又不得不送他一大堆糖果。这个坏孩子，显然很喜欢这一套，而且为了收到更多的礼物，他开始监视他们。拉普金和安娜走到哪儿，他就跟到哪儿，一分钟也不让他们单独待在一起。

"坏蛋！"拉普金咬牙切齿地说，"年纪这么小，就已经坏透了！他长大了会成什么样的人！"

整个六月份，科利亚不让这对可怜的恋人过上一天好日子。他扬言要去告密，不断跟梢，讨要各种各样的礼物。他总觉得礼送轻了，最后便时时提起昂贵的怀表来。唉，有什么办法呢？只好答应送他一块。

在这种处境下这对年轻人一直捱到八月底，捱到拉普金终于向安娜求婚的那一天。啊，这是多么幸福的日子！拉普金同安娜的双亲谈过话，征得了同意后，要做的第一件事就是跑进花园去找科利亚。找到他后，拉普金快活得放声大笑。他一把揪住坏孩子的耳朵。安娜也跑来了，也来找科利亚，揪住了他的另一只耳朵。现在轮到科利亚哭着央求他们：

"亲爱的，好人哪，亲人哪，我再也不干啦！哎哟，哎哟，饶了我吧！"

"看你以后还敢做坏事！"这对恋人脸上不约而同出现的是——洋洋得意的表情。

（作者：契诃夫，有删改）

qīng mù 倾慕	倾心爱慕。
yǔ shì gé jué 与世隔绝	常形容隐居或指人迹不至的极偏僻的地方。
shān méng hǎi shì 山盟海誓	形容盟誓像山、海一样永世不变。多表示对爱情的坚贞。
yīn yáng guài qì 阴阳怪气	形容态度怪癖，言语冷淡刻薄，不可捉摸。
dū nong 嘟哝	不断地、含混地自言自语。多表示不满。
gēn shāo 跟梢	跟随在后面（监视人的行动）。

差不多先生传

你知道中国最有名的人是谁？

提起此人，人人皆晓，处处闻名。他姓差，名不多，是各省各县各村人氏。你一定见过他，一定听过别人谈起他。差不多先生的名字天天挂在大家的口头，因为他是中国全国人的代表。

差不多先生的相貌跟你和我都差不多。他有一双眼睛，但看得不很清楚；有两只耳朵，但听得不很分明；有鼻子和嘴，但他对于气味和口味都不很讲究。他的脑子也不小，但他的记性却不很精明，他的思想也不很细密。

他常常说："凡事只要差不多，就好了。何必太精明呢？"

他小的时候，他妈叫他去买红糖，他买了白糖回来。他妈骂他，他摇摇头说："红糖白糖不是差不多吗？"

他在学堂的时候，先生问他："直隶省的西边是哪一省？"

他说是陕西。先生说："错了。是山西，不是陕西。"他说："陕西同山西，不是差不多吗？"

后来他在一个钱铺里做伙计；他也会写，也会算，只是总不会精细。十字常常写成千字，千字常常写成十字。掌柜的生气了，常常骂他。他只是笑嘻嘻地赔小心道："千字比十字只多一小撇，不是差不多吗？"

有一天，他为了一件要紧的事，要搭火车到上海去。他从从容容地走到火车站，迟了两分钟，火车已开走了。他白瞪着眼，望着远远的火车上的煤烟，摇摇头道："只好明天再走了，今天走同明天走，也还差不多。可是火车公司未免太认真了。八点三十分开，同八点三十二分开，不是差不多吗？"

他一面说，一面慢慢地走回家，心里总不明白为什么火车不肯等他两分钟。

有一天，他忽然得了急病，赶快叫家人去请东街的汪医生。那家人急急忙忙地跑去，一时寻不着东街的汪大夫，却把西街牛医王大夫请来了。差不多先生病在床上，知道寻错了人；但病急了，身上痛苦，心里焦急，等不得了，心里想道："好在王大夫同汪大夫也差不多，让他试试看吧。"于是这位牛医王大夫走近床前，用医牛的法子给差不多先生治病。不上一点钟，差不多先生就一命呜呼了。

差不多先生差不多要死的时候，一口气断断续续地说道："活人同死人也差……差……差不多，……凡事只要……差……差……不多……就……好了，……何……何……必……太……太认真呢？"他说完了这句话，方才绝气了。

他死后，大家都很称赞差不多先生样样事情看得破，想得通；大家都说他一生不肯认真，不肯算账，不肯计较，真是一位有德行的人。于是大家给他取个死后的法号，叫他做圆通大师。

他的名誉越传越远，越久越大。无数无数的人都学他的榜样。于是人人都成了一个差不多先生。——然而中国从此就成为一个懒人国了。

（作者：胡适，有微改）

精明 jīngmíng	形容人精细明察。
伙计 huǒ ji	旧时指店员或长工。
掌柜 zhǎngguì	称店主或经理。
德行 dé xíng	道德品行的素质。

学习重点说明

◇写人记叙文

写人记叙文以记叙人物的活动、经历、事迹为主，如人物传记、人物通讯、人物轶事等等。写人的文章，最重要的就是写出人物的特点。人物的特点可以表现在性格上，表现在品质上，也可以表现在爱好上，表现在习惯上等等。把人物的特点写好了，就能写出这个人与那个人的区别来。一般来说，写人的记叙文最重要的是刻画人物的性格，并通过这种性格的刻画来反映生活，表达一个深刻的主题。

写人一般有如下几种方法：

（1）通过人物的肖像写人。

人物的肖像主要指人物的外貌，包括人物的容貌、服饰、姿态和神情等等。肖像描写可以写人物的静态，也可以写人物的动态。不仅要把人物的外貌特征用语言文字反映出来，还要把人物的性格、品质、情趣、习惯等内在的东西也反映出来。

例如《背影》中这样写父亲的外貌："他戴着黑布小帽，穿着黑布大马褂，深青布棉袍，蹒跚地走到铁道边，慢慢探身下去，尚不大难。"——父亲的窘境和老态跃然于字里行间。

（2）通过事件来写人。

人物的特点和品质，总是通过他们所做的事来反映的，写人和叙事不能截然分开。因此，写人必定要写与他们相关的事。另外，除了静态的人物外貌描写外，其他诸如人物的动作、语言、心理活动等也只有在事件的叙述中才能表现出来，所以以写好人物相关的代表性事件，是写人文章中最常见的方法，也是学习写人的基本功之一。

要把与人物相关的那件事的前因后果写清楚。要以真实的事，写出真实的人，表达出真情实感。选择最能反映人物特点或品质的事来写。如果是用几个事例，就要选择其中最能表现中心的一件或两件事作为重点，完整地写，详细地写；其他事可以简略写，甚至几笔带过。这样写来，文章就会有主次、详略，就会有变化，人物特点既突出，又鲜明。例如《坏孩子》里科利亚的表现主要集中在他对姐姐、姐夫"敲诈勒索"这一事件上，不但使得全文详略分明，而且人物性格愈加突出。

若是表现同一人物的不同特点，就要注意人物不同特点之间的内在联系，抓住了这一内在联系，也就抓住了文章的中心，选择材料和组织材料时才会有方向。

（3）人物的言行是由人物的特点所支配的。

"什么样的人说什么样的话，什么样的人干什么样的事"，这是一条普遍规律。因此，我们要把人物写好，就得学会细细地描写人物的言行。《差不多先生传》就描写了差不多先生的言行，通过这些内容，细致地、有代表性地、栩栩如生地表现出人物做事马虎的特点。

怎样才能写好人物的言行呢？

首先，要有明确的目的。在描写人物时，不能把人物的所有言行不加提炼、不加筛选地全部搬上去，应根据写作目的，根据要表现的人物的特点，认真地去听、去看、去想，在这些典型事件中，他是怎样说的，又是怎样做的。在合理地选择加工之后，以那些最能反映人物特点的语言和动作，着力展示他，表现他。

其次，要选取人物个性化的言行。由于人们的性别、年龄、生活环境、知识层次、社会地位等的不同，人的言语和行为就会有明显的差异。前面我们已经再三强调过，描写人物的主要目的，是为了反映人物的个性特点与思想感情，而各自不同的、个性化的言行最能反映一个人的内心世界和品质特点。因此，我们要善于发现人物间言语及行为的个性差异，着重描写表现人物个性化的言行，这是提高写人文章质量的根本保证。

（4）通过人物的心理写人。

人物的内心世界是很丰富的，心理描写就是要充分揭示出人物内心的喜、怒、哀、乐、爱慕、思念、苦闷、痛苦、怨恨、惊恐、嫉妒等等。写好一个人，仅限于叙事与言行描写是不够的，还必须深入人物的内心世界，把他们复杂的思想感情展示出来，显示出他们各不相同的特点。

心理描写主要有两种方式，一种是人物自己表白的内心活动，一般采取第一人称，比如《鲁迅先生记》中的"因为熟识了的缘故，我就自己动手看过一两次，又加上这花瓶是常常摆在客厅的黑色长桌上；又加上自己是来自寒带的北方，对于这在四季里都不凋零的植物，总带着一点惊奇"。

另一种是对他人的心理活动进行描写，一般采用第三人称。如《背影》中对父亲心理的描写："他触目伤怀，自然情不能自已。情郁于中，自然要发之于外；家庭琐屑便往往触他之怒。"在描写他人心理时，要设身处地去想象，这样才能写得合情合理、真实感人。

当然，除了以上两种直接描写心理活动的方法之外，还有间接的描写方式，即通过对人物的言行、神态等描写间接地把人物的内心世界表现出来，这种方法我们也要注意学习。

（5）通过人物的活动环境写人。

人总是生活在一定的社会环境中的，人物个性的形成与他所处的环境有关，写好环境对表现人物的性格极为有用。环境描写是指对人物活动的自然环境、社会环境和人物活动的时间、地点、当时情景等进行有目的的描绘，以起到烘托人物形象的作用。例如《鲁迅先生记》的背景环境是压抑黑暗的旧社会，《坏孩子》中人物的活动环境是温情融融的家庭，如此一来，这两个生活工作在不同环境里的人，也就有着截然不同的性格特点了。

怎样运用环境描写来烘托人物呢？

首先要以环境描写来交代人物活动的背景。人物活动离不开环境。人物活动在学校里，就应该有学校环境的描写；人物活动在暑天里，就应该有炎热环境的描写；人物活动在夜色里，就应该有相应的夜景的描写。如《鲁迅先生记》中的环境描写就有很好地突出主题的作用。

其次要注意环境描写与人物言行、心理描写相结合。在事情发展过程中，人物言行、心理描写要与环境描写相结合。人物所处的环境有了变化，人物的言行、心理必然会有变化，我们要注意把这些变化反映出来。注意了这一点，对推进故事情节的发展和表现人物的特点，都具有很好的作用。

另外，以恰当的环境描写来反映人物心情和烘托人物性格是写人文章常用的方法之一，这样写能使人物形象更具有感染力。

◇ 描写人物的词语

（1）描写人物外貌。

①弯弯的眉毛：她弯弯的眉毛下面长着一双会说话的眼睛。

②浓眉大眼：浓眉大眼的小伙子。

③高高的鼻梁：高高的鼻梁上架着一副眼镜。

④英俊：英俊的小伙子。这个年轻人长得英俊。

⑤清秀：这个女孩长得清秀可爱。

⑥苗条：身材苗条。苗条的姑娘。

⑦丰满：那位中年妇女体态丰满。

⑧圆圆的脸/瓜子脸：她长着一张圆圆的脸/瓜子脸。

（2）描写人物性格特点。

①聪明：这个姑娘又聪明又好学。

②诚实：我们应该做一个诚实的人。

③诚恳：他待人诚恳。他诚恳地对我说："我一定会帮助你的。"

④活泼：孩子们活泼可爱。

⑤热情：他待人热情真诚。这个服务员态度热情。

⑥文静：她性格文静。

⑦温柔：他有一个温柔的妻子。她是一个性格温柔的姑娘。

⑧坚强：我们都应该具有坚强的意志。

⑨刚毅：一看就知道他是个性格刚毅的人。

⑩风趣：他是一个很风趣的人。他的话语幽默风趣。

⑪幽默感：他很有幽默感。

⑫内向/外向：他性格内向/外向。

⑬随和：老夫妇俩随和的神态使我立刻消除了拘束感。

◇ 存现句的运用

存现句是表示什么地方存在、出现或消失了什么人或物的一种句型。句首有处所词语作主语（也可以隐去），宾语表示存现的主体。

（1）存现句的主要作用是描写客观环境。例如：

①桌子上放着一本《汉英词典》。

②树上长满了又大又红的苹果。

③靠墙放着一排高高的书架。

④夜空缀满了闪烁的星星。

⑤孩子们像泥鳅一样在河里洗澡、嬉戏，水面上溅起一朵朵雪白的浪花。

⑥北风吹过河面，雪花漫天飞舞，小河披上了白纱，两岸的土地上也盖上了厚厚的"棉被"。

⑦教室里坐着许多来听哲学讲座的学生。

⑧我的书架上放着几本刚买来的书。

（2）存现句也常用来叙述某个处所或时间有什么人或什么事物存在、出现或消失。例如：

①我们班又来了两个新同学。

②前面开来了一辆黑色的小汽车。

③昨天搬来了一个新邻居。

④去年这里毕业了 30 个同学。

⑤菜场北边有一个新建的图书馆。

⑥留学生食堂前面站着一些准备吃饭的学生。

（3）存现句还可以用来描述人物的穿着、打扮、表情、动作。例如：

①他上身总是穿着一件洗得发白的衣服。

②她圆圆的脸上挂着微笑。

③我的朋友左手拿着一本杂志，右手提着一个旅行袋。

④老师的脖子上围了一条漂亮的围巾。

⑤她手指上戴着一只漂亮的戒指。

思考练习题

（1）补充完成下列存现句。

①桌子上（　　　）他刚买来的书。

②校门外（　　　）几辆出租汽车。

③前面（　　　）一群小学生。

④花园里（　　　）五颜六色的鲜花。

⑤厨房里（　　　）一阵饭菜的香味。

⑥我家隔壁（　　　）一户新邻居。

⑦剧场里（　　　）观众。

⑧售票处门口（　　　）买足球票的球迷。

（2）仿照以下描写人物的语段，用几句话描述自己班里的某位同学或老师，写完后读给大家听，让大家评论你的描述是否准确到位。

①新学期的第一天，大家刚刚在座位上坐好，门外走进来一位年轻的女士。她三

十岁左右，中等身材。上身穿着一件白衬衣，下身穿着一条花裙子。她圆圆的脸上挂着温和的微笑。这就是我们学校新来的汉语老师王净。

②我们的地理老师姓刘，是一位年轻漂亮的女教师。瓜子脸，大眼睛，笑脸上还有两个浅浅的酒窝。她个子不高，长得很瘦，爱梳一条马尾辫，站在我们中间，就像我们的大姐姐。

③他是一名出租汽车司机，个子不高，眼睛里、嘴角边总是带着笑意。他的衣着整整齐齐，说话慢条斯理，总是给人不慌不忙的感觉。

（3）假设你的一位朋友要来，可是你有急事不能去接他（她），于是你请你的同学去接，仿照下例，向你的同学描述一下要接的这位朋友。

例子：刘名，请你帮我去车站接一下我的表弟，他坐 K35 次列车来，下午四点半到达。他高个子，戴着宽边眼镜，20 多岁，说话带湖北口音……

（4）仔细阅读下面的文章《父亲的扁担》，学习其写作技巧，然后从下面给定的题材中任选一个，自拟题目写作文。
①一个对我的生活有很大影响的人
②我的一位朋友、老师、邻居
③我喜欢的一个运动员、明星、作家等

父亲的扁担

我的父亲个头矮小，皮肤黝黑，花白的头发像没有干透的蒿花一样，头发有些稀，脖子上密密麻麻的皱纹好像一张撕不下来的网。古铜色的脸上，满腮是拉拉碴碴的短胡子。

父亲有一条陪伴他多年的扁担。进山，出山，刮风，下雨，它和父亲形影不离。扁担，就是父亲和全家人的命根子。我常常想，扁担挑着我们的生活，挑去了我的童年……

小时候，我常跟着父亲到山里去打柴，再担到山外去卖，换回些油盐，有时父亲也给我买些山外的小玩具。清晨，山林里雾腾腾的。大树静静地站立着，草地上洒满了水珠，没有鸟的鸣叫，一切非常寂静。父亲挽着我的手，走在林中踏平浅草的小路上。父亲扛着扁担，腰间扎着一根草绳，插着圆刃斧子和山刀。太阳出来的时候，我和父亲到了砍柴的地方。这时父亲弓了腰，像猫一样利索地上了树，抽出斧子，"嘭嘭"地砍起来。这声音打破了宁静，一群群被惊醒的鸟儿，"嘎吱吱——嘎吱吱——"地叫着，翅膀拍打着树梢飞向远处。我大叫着。各种声音在树林里回荡。这时，父亲在树上大声喊："牛牛，到远处去——干脆玩去吧。"树林间就响着"玩去吧——玩去吧——"的回音。我答应一声，光着脚丫，撒欢着跑开了。

玩累的时候，父亲的柴也就打好了。父亲放大嗓门喊着："牛牛，快回来啊，我们回家。"我老远答应着，兜起在林子里找来的野果子就跑。父亲把扁担放在两捆柴上，坐在上面正擦汗。我掏出果子塞进父亲嘴里，父亲咀嚼着，一把搂住我，用满腮胡子扎着："牛牛真乖，牛牛真乖。"我挣扎着，笑着，竟流出了眼泪。

父亲歇好了，捆好柴。于是，我就跟着父亲跑。可是，父亲挑着柴却走得那样轻快，扁担一闪一闪的，吱吱嘎嘎地响着，和父亲的脚步有节奏地配合着，非常和谐。父亲的背弯曲着，努力向前挺着，显出非常用力的样子。我撵得喘着粗气，脸上冒汗，终于跑不动了，于是一屁股坐在地上。

父亲放下扁担，走回来，他在草丛中用山刀刮了一会，两手轻轻一拢，就抱了一大抱软草，放在一面的柴上，用绳子捆平，再挑起担子闪了两下，说："来坐在草垫上，我担你走。"我毫不客气地坐在上面，父亲往担子下面一站，弓起腰，两腿一蹬，虎地站起来，然后又弓着背，闪了两闪，扁担又吱吱嘎嘎地响起来了。我坐在柴上，随着父亲的行走一上一下地摇曳着，舒适极了，竟像睡在妈妈的摇篮里一样。回到家里，我轻快地跳下来跑到妈妈身边给她说林中的事情。父亲放下柴，弓着腰走进屋里，好半天，他才直起身来，重重地吐了一口气。

父亲的扁担挑来了我的欢乐，挑去了我的童年，使我一步步走向成熟。

我开始上学了，可是妈妈这时竟一病不起。父亲的扁担闪得更欢了。有一回，我试探着问父亲："我不要念书了吧！"可是，父亲猛地把扁担往地上一搡："混账！我就是挣断筋，累断腰，你也要给我念书！"父亲的胸脯起伏着，那扁担在灯的照耀下发着光，父亲的眼睛比灯还要亮。这时，妈妈悄悄地哭了，我也哭了，父亲稍微弓起的脊背颤抖着，也流下泪来。第二天鸡刚叫，父亲提上扁担又进山去了。

在以后的日子里，父亲卖了一担柴后，总是默默地递给我一些钱，要我买书。现在，日子好过了，他也老了，然而他还是挑起了扁担进山。我终于懂得了，父亲的脊背就是那挣不断的扁担，搏斗在风里雨里……

（作者：毛少彬，有删改）

（5）下面是一个作文的开头，请你设想一下文中的那位女营业员可能表现出哪几种不同的服务态度，任选一种写下来。

我去街口的小店买一桶食用油。我奔到食品店，抬头看看钟，正好 21 时 25 分，离营业结束时间只差 5 分钟，店堂里一个顾客也没有。

一个女营业员正在电脑前结账……

（6）先阅读并品味下列语段，学习其对不同情态的描写手法，然后根据内容选择其描写的人物状态。

A. 疲累　　B. 羞怯　　C. 入迷　　D. 痴呆

（ ）因为已经熬过好多夜，此刻她只是想睡；整个身子跟房子塌了似的解了体，像蜡融了似的软咕勒唧。宿舍、床铺，一概都不要，只要人家撒手一撂，她坐在地上就能睡着。

（ ）我空着手走回家，路上自思自想，忽然想到一个大问题，就是"人生在世，究竟是为什么的?"……我一头想，一头走，想入了迷，就站在北河沿一棵柳树下，望着水里的树影子，足足站了两个钟头……

（ ）他仿佛被谁狠狠地推了一把，摇摇晃晃地往后退了两步，背靠住了墙，他眼睛发痴，耳朵里嗡嗡地响，什么也听不见。嘴唇动着想要说话，可是没有声音。

（ ）她越走，头越低，最后低到不能再低的程度，鬓发盖着通红的脸颊，睫毛遮住了发羞的眼睛，好像要用自己的头发和睫毛把自己藏起来似的。

第四节　写事记叙文

学习重点

1. 写事记叙文的写作
2. 表示时间的语句

范　文

海角的孤星

一走近舷边看浪花怒放的时候，便想起我有一个朋友曾从这样的花丛中隐藏他的形骸。这个印象，就是到世界的末日，我也忘不掉。

这桩事情离现在已经十年了，然而他在我的记忆里却不像那么久远。他是和我一同出海的。新婚的妻子和他同行，他很穷，自己买不起头等舱位。但因新人不惯旅行的缘故，他乐意把平生的蓄积尽量地倾泻出来，为他妻子订了一间头等舱。他在那头等船票的佣人格上填了自己的名字，为了要省些资财。

他在船上哪里像个新郎，简直是妻的奴隶！旁人的议论，他总是不理会的。他没有什么朋友，也不愿意在船上认识什么朋友，因为他觉得同舟中只有一个人配和他说话。这冷僻的情形，凡是带着妻子出门的人都是如此，何况他是个新婚者。

船向着赤道走，他们的热爱，也随着增长了。东方人的恋爱本带着几分爆发性，纵然遇着冷气，也不容易收缩。他们要去的地方是槟榔屿附近一个新辟的小埠。下了海船，改乘小舟进去，小河边满是椰子、棕枣和树胶林。轻舟载着一对新人在这神秘的绿阴底下经过，赤道下的阳光又送了他们许多热情、热觉、热血汗。他们更觉得身外无人。

他对新娘说："这样深茂的林中，正合我们幸运的居处。我愿意和你永远住在这里。"

新娘说："这绿得不见天日的林中，只作浪人的坟墓罢了……"

他赶快截住说："你老是要说不吉利的话！然而在新婚期间，所有不吉利的语言都要变成吉利的。你没念过书，哪里知道这林中的树木所代表的意思。书里说：'椰子是得子息的徽识树'，因为椰子就是'伢子'。棕枣是表明爱与和平。树胶要把我们的身体粘得非常牢固，至死分不开。你看我们在这林中，好像双星悬在鸿濛的穹苍下一般。双星有时被雷电吓得躲藏起来，而我们常要闻见许多歌禽的妙音和无量野花的香味。算来我们比双星快活多了。"

新娘笑说："你们念书人的能干只会在女人面前搬唇弄舌罢了。好听极了！听你的话语，也可以不用那发妙音的鸟儿了。有了别的声音，倒嫌嘈杂咧！……可是，我的人哪，设使我一旦死掉，你要怎么办呢？"

这一问，真个是平地起雷咧！但不晓得新婚的人何以常要发出这样的问？不错的，死的恐怖，本是和快乐的愿望一齐来的呀。他的眉不由得不皱起来了，酸楚的心却拥出一副笑脸说："那么，我也可以做个孤星。"

"咦，恐怕孤不了罢。"

"那么，我随着你去，如何？"他不忍看着他的新娘，掉头出去向着流水，两行热泪滴下来，正和船头激成的水珠结合起来。新娘见他如此，自然要后悔，但也不能对她丈夫忏悔，因为这种悲哀的霉菌，众生都曾由母亲的胎里传染下来，谁也没法医治的。她只能说："得啦，又伤心什么？你不是说我们在这时间里，凡有不吉利的话语，都是吉利的么？你何不当做一种吉利话听？"她笑着，举起丈夫的手，用他的袖口，帮助他擦眼泪。

他急得把妻子的手摔开说："我自己会擦。我的悲哀不是你所能擦，更不是你用我的手所能灭掉的，你容我哭一会罢。我自己知道很穷，将要养不起你，所以你……"

妻子忙煞了，急掩着他的口说："你又来了。谁有这样的心思？你要哭，哭你的，不许再往下说了。"

这对相对无言的新夫妇，在沉默中，随着流水湾行，一直驶入林阴深处。自然他们此后定要享受些安泰的生活。然而在那邮件难通的林中，我们何从知道他们的光景？

三年的工夫，一点消息也没有！我以为他们已在林中做了人外的人，也就渐渐把他们忘了。这时，我的旅期已到，买舟从槟榔屿回来。在二等舱上，我遇见一位很熟的旅客。我左右思量，总想不起他的名姓，幸而他还认识我，他一见我便叫我说："落君，我又和你同船回国了！你还记得我吗？我想我病得这样难看，你决不能想起我是谁。"他说我想不起，我倒想起来了。

我很惊讶，因为他实在是病得很厉害了。我看见他妻子不在身边，只有一个咿哑学舌的小婴孩躺在床上。不用问，也可断定那是他的子息。

他倒把别来的情形给我说了。他说："自从我们到那里，她就病起来。第二年，她生下这个女孩，就病得更厉害了。唉，幸运只许你空想的！你看她没有和我一同回来，就知道我现在确是成为孤星了。"

我看他憔悴的病容，委实不敢往下动问，但他好像很有精神，愿意把一切的情节都说给我听似的。他说话时，小孩子老不容他畅快地说。没有母亲的孩子，格外爱哭，他又不得不抚慰她。因此，我也不愿意扰他，只说："另日你精神清爽的时候，我再来和你谈罢。"我说完，就走出来。

那晚上，经过马来海峡，船震荡得很。满船的人，多犯了"海病"。第二天，浪平了。我见管舱的侍者，手忙脚乱地拿着一个麻袋，往他的舱里进去。一问，才知道他已经死了。侍者把他的尸洗净，用细台布裹好，拿了些废铁，几块煤炭，一同放入袋里，缝起来。他的小女儿还不知这是怎么一回事，只咿哑地说了一两句不相干的话。她会叫"爸爸"、"我要你抱"、"我要那个"等等简单的话。在这时，人们也没工夫理会她、调戏她了，她只独自说自己的。

黄昏一到，他的丧礼，也要预备举行了。侍者把麻袋拿到船后的舷边。烧了些楮钱，口中不晓得念了些什么，念完就把麻袋推入水里。那时船的推进机停了一会，隆隆之声一时也静默了。船中知道这事的人都远远站着看，虽和他没有什么情谊，然而在那时候却不免起敬的。这不是从友谊来的恭敬，本是非常难得，他竟然承受了！

他的海葬礼行过以后，就有许多人谈到他生平的历史和境遇。我也钻入队里去听人家怎样说他。有些人说他妻子怎样好，怎样可爱。他的病完全是因为他妻子的死，积哀所致的。照他的话，他妻子葬在万绿丛中，他却葬在不可测量的碧晶岩里了。

旁边有个印度人，捻着他那一大缕红胡子，笑着说："女人就是悲哀的萌蘖，谁叫他如此？我们要避掉悲哀，非先避掉女人的纠缠不可。我们常要把小女儿献给殑迦河神，一来可以得着神惠，二来省得她长大了，又成为一个使人悲哀的恶魔。"

我摇头说："这只有你们印度人办得到罢了。我们可不愿意这样办。诚然，女人是悲哀的萌蘖，可是我们宁愿悲哀和她同来，也不能不要她。我们宁愿她嫁了才死，虽然使她丈夫悲哀至于死亡，也是好的。要知道丧妻的悲哀是极神圣的悲哀。"

日落了，蔚蓝的天多半被淡薄的晚云涂成灰白色。在云缝中，隐约露出一两颗星星。金星从东边的海涯升起来，由薄云里射出它的光辉。小女孩还和平时一样，不懂得什么是可悲的事。她只顾抱住一个客人的腿，绵软的小手指着空外的金星，说：

"星！我要那个！"她那副嬉笑的面庞，迥不像个孤儿。

（作者：许地山，有微改）

xínghái
形骸　　　　人的躯体。

lěng pì
冷僻　　　　冷落怪僻。

huī zhì
徽识　　　　古代朝廷或军中用以识别的标志，形似小旌旗。泛指标志。

bān chún nòng shé
搬唇弄舌　　挑拨是非，卖弄口才。

méng niè
萌蘖　　　　植物的萌芽。比喻事物的开端。

一件小事

　　我从乡下跑到京城里，一转眼已经六年了。其间耳闻目睹的所谓国家大事，算起来也很不少；但在我心里，都不留什么痕迹。倘要我寻出这些事的影响来说，便只是增长了我的坏脾气，——老实说，便是教我一天比一天地看不起人。

　　但有一件小事，却于我有意义，将我从坏脾气里拖开，使我至今忘记不得。

　　这是民国六年的冬天，大北风刮得正猛，我因为生计关系，不得不一早在路上走。一路几乎遇不见人，好容易才雇定了一辆人力车，叫他拉到S门去。不一会，北风小了，路上浮尘早已刮净，剩下一条洁白的大道来，车夫也跑得更快。刚近S门，忽而车把上带着一个人，慢慢地倒了。

　　跌倒的是一个女人，花白头发，衣服都很破烂。伊（她）从马路上突然向车前横截过来；车夫已经让开道，但伊的破棉背心没有上扣，微风吹着，向外展开，所以终于兜着车把。幸而车夫早有点停步，否则伊定要栽一个大筋斗，跌到头破血出了。

　　伊伏在地上，车夫便也立住脚。我料定这老女人并没有伤，又没有别人看见，便很怪他多事，要自己惹出是非，也误了我的路。

　　我便对他说："没有什么的。走你的罢！"

　　车夫毫不理会，——或者并没有听到，——却放下车子，扶那老女人慢慢起来，搀着臂膊立定，问伊说：

　　"你怎么啦？"

　　"我摔坏了。"

　　我想，我眼见你慢慢倒地，怎么会摔坏呢，装腔作势罢了，这真可憎恶。车夫多事，也正是自讨苦吃，现在你自己想法去。

　　车夫听了这老女人的话，却毫不踌躇，仍然搀着伊的臂膊，便一步一步地向前走。我有些诧异，忙看前面，是一所巡警分驻所，大风之后，外面也不见人。这车夫扶着那老女人，便正是向那大门走去。

我这时突然感到一种异样的感觉，觉得他满身灰尘的后影，刹时高大了，而且愈走愈大，须仰视才见。而且他对于我，渐渐地又几乎变成一种威压，甚至于要榨出皮袍下面藏着的"小"来。

我的活力这时大约有些凝滞了，坐着没有动，也没有想，直到看见分驻所里走出一个巡警，才下了车。

巡警走近我说："你自己雇车罢，他不能拉你了。"

我没有思索地从外套袋里抓出一大把铜元，交给巡警，说："请你给他……"

风全住了，路上还很静。我走着，一面想，几乎怕敢想到自己。以前的事姑且搁起，这一大把铜元又是什么意思？奖他么？我还能裁判车夫么？我不能回答自己。

这事到了现在，还是时时记起。我因此也时时煞了苦痛，努力地要想到我自己。几年来的文治武力，在我早如幼小时候所读过的"子曰诗云"一般，背不上半句了。独有这一件小事，却总是浮在我眼前，有时反更分明，叫我惭愧，催我自新，并且增长我的勇气和希望。

（作者：鲁迅，有微改）

ěr wén mù dǔ 耳闻目睹	亲耳听到，亲眼看到。闻：听到；睹：看到。
dōuzhe 兜着	自己解决，负责的意思。
zhuāngqiāngzuò shì 装 腔 作势	故意装出一种腔调或姿态。用来比喻言谈举止十分做作。
chóuchú 踌 躇	犹豫不决的意思。
níng zhì 凝滞	拘泥；黏滞；停止流动。
cái pàn 裁判	泛指对事情的是非曲直进行评判。
wén zhì wǔ lì 文治武力	以文治国的盛绩与以武禁暴的伟力。

难忘的一堂课

从小到大，学过无法计数的各种课程，能够留有印象的并不多。大学里的一次哲学课却令人难忘，现在回想起来就像是在昨天发生的一样。

那是很平常的一天，胡教授走上讲台开始讲课的时候，除了教案书本，还带了一个大袋子。首先，他从袋子里拿出一个宽口玻璃瓶放在讲台桌子上，然后又从袋子里面拿了一些正好可以从瓶口放进瓶子里的鹅卵石。胡教授把石块放完后问我们："你们说这瓶子是不是满的?"

"是。"所有的学生异口同声地回答,心里都好奇老师究竟想干什么。

"真的吗?"胡教授笑着问。然后又拿出一小袋碎石子,把碎石子从瓶口倒下去,摇一摇,再加一些,再问我们:"你们说,这罐子现在是不是满的?"

这回大家不敢回答得太快,都感到老师的举动没那么简单。最后班上有位女同学怯生生地细声回答道:"也许没满。"

"很好!"胡教授说完后,又从桌下拿出一袋沙子,慢慢地倒进瓶子里。倒完后,于是再问班上的学生:"现在你们再告诉我,这个罐子是满的呢,还是没满?"

"没有满。"全班同学这下学乖了,大家很有信心地回答说。

"好极了!"胡教授再一次称赞我们这些"孺子可教"的学生。称赞完后,教授从桌底下拿出一大杯水,把水倒在看起来已经被鹅卵石、小碎石、沙子填满了的瓶子里。当这些事都做完之后,胡教授正色问同学们:"我们从上面这些事情中得到什么重要的启示呢?"

班上一阵沉默,然后一位常常积极回答问题的同学站了起来,自以为聪明地说:"无论我们的工作多忙,行程排得有多满,如果努力一下的话,还是可以挤出时间来多做些事情的。"

胡教授听到这样的回答后,点了点头,微笑道:"答案不错,但并不是我要告诉你们的重要信息。"

又有一位同学急急站起来说道:"眼见也不一定为实,很多时候我们容易被表面现象误导,所以确认一个事实最好多用几个标准。"

"不错,能够换个角度思考问题了。但这仍然不是我想讲的内容——"拖长声音说到这里,胡教授故意顿住,脸上露出狡黠的笑容,他用眼睛向全班同学扫了一遍才说:"我想告诉各位的最重要的信息是,如果你不先将大的鹅卵石放进瓶子里去,你也许以后永远也没机会把它们再放进去了。"

那节课原来是对哲学中的时间管理进行教学,老师教我们对于工作中林林总总的事件,应该按重要性和紧急性的不同组合,确定处理的先后顺序,做到鹅卵石、碎石子、沙子、水都能放到瓶子里去。对于人生旅途中出现的生活事件也应如此处理,好比春天应该播种,秋天应该收获一样,什么年龄阶段就要完成那个阶段的事情,否则,时过境迁,就很难有机会补救了。

每当想起这堂课,我也会记起中国的一句谚语:"善射者所以成名,不在其箭,而在其的。"

^{zhéxué} 哲学	是理论化、系统化的世界观,是自然知识、社会知识、思维知识的概括和总结。
^{rú zǐ kě jiào} 孺子可教	指年轻人可培养。

<ruby>狡黠<rt>jiǎoxiá</rt></ruby>　　　　指人既诡诈又机灵。

一个包厢服务员的报复

我是一个侦探迷，平素酷爱看侦探故事，可以说到了如痴如醉的地步。每当看了个惊险的开头，总试图着手弄他个水落石出，究竟谁是凶手，每一可疑、值得推敲的词句我都不放过，仔细咀嚼其弦外之音、言外之意。我总是凝神屏气，聚精会神地跟随着情节的发展，废寝忘食的同时我可以紧张到极点，心脏的跳动也会急剧加快。

有一次，我出差到 H 城，正逢当地的剧院首演一场侦探剧，据说是一位著名导演的新剧，可以用空前绝后、惊险绝伦来形容，剧中许多角色都由名演员担任。首场票几星期以前早就被抢购一空了。我想方设法找到黑市票贩子时，发现包厢的票价已经翻了整整 10 倍，我有点犹豫了。

票贩子巧舌如簧："要论惊险，那剧情才更叫人觉得够味。这不，全城男女老少谁甘愿坐失此良机？哪个不想先睹为快？可快至终场时，还没有人能弄明白究竟谁是谋杀者。当幕布徐徐落下的一刹那，也就是在您刚刚从那仿佛身临其境、叫人提心吊胆连大气都不敢出的紧张气氛中稍稍有所恢复的时刻，您才会恍然大悟，茅塞顿开。这无疑将是个您意料不到的答案。"

对我来说，一部编排得很好的惊险侦探片可以给我的生活带来无限的乐趣。我无法抵挡这种诱惑，无论如何，这场我是非看不可了！

终于我付了这笔钱，神情激动地踏进了剧院大门。因进场稍稍晚了点，观众席里已是漆黑一片。当服务员领着我来到我的包厢跟前时，舞台上的幕布正缓缓上启。

"先生，这座位还不错吧？"他将手伸了过来，我丝毫没有理会他的这一举动。

"噢，谢谢。"

"愿为您效劳，是否可以替您把衣帽交托到存衣处那儿？"

"不用了，谢谢。"

稍过片刻，我想他大概已经走了，谁知他根本就没离开，一直在我的座位后面站着。

"来杯什么喝的怎么样？"

"谢谢，不必了。"

"需要吃点什么来着？"他又重复了一遍。

演出已经开始了，我不耐烦地摆了摆手。

我通常在这个时刻早就静下心来了，但此刻我根本就无法静下来。

"散场后，您是否希望叫辆出租车呢？"

"不！"

"用不着叫车吗?"

"对!"

剧情似乎一开始就很扣人心弦,我生怕错过或是漏掉哪句台词,可这服务员的絮叨真使我有些恼火。

"场间休息时您要杯红茶或是来几块巧克力什么的,好吗?"

"不,不要,我什么都不要!见鬼,快滚远点!"我真的恼火了。

直到这会儿,他才似乎意识到在我这儿恐怕赚不到分文。

结果呢,我终于领教到了一个包厢服务员可怕的报复,原因是不言而喻的,因为我没有接受他的服务,使他失去了本可以从我身上赚得的一笔小费。他深深地向我鞠了一躬,然后伸手指着舞台上,凑近我的耳朵,压低了嗓音,深恶痛绝地说:

"瞧那个司机,他就是凶手!"

(翻译:戴宁加,有删改)

bào fù 报复	打击批评自己或损害自己利益的人。	
xiān dǔ wéi kuài 先睹为快	把先看到当做快乐的事。	
máo sè dùn kāi 茅塞顿开	形容闭塞的思路,由于得到了某种事物的启发,豁然开朗,明白了事物的内在含义。	
kòu rén xīn xián 扣人心弦	形容诗文、表演等有感染力,使人心情激动。	
shēn wù tòng jué 深恶痛绝	指对某人或某事物极端厌恶痛恨。	

学习重点说明

◇叙事记叙文

叙事记叙文以叙述事件为主,如事件通讯、事件特写、叙事散文,史传记载等等。叙事记叙文通过对事件的总体或局部的叙述和描写,来反映生活,表现一个深刻的主题。叙事记叙文虽然也离不开写人,但它写人主要是为了交代事件,而不是为了刻画人物。写好叙事记叙文要注意以下几点:

(1)叙事要写清"六要素"。

叙事就是以书面的形式把一件事情的来龙去脉说清楚。要述清事情发生的时间、地点、人物,事情的起因、经过和结果,这六者就是事情的"六要素"。一般来说,要写好一篇叙事为主的记叙文,写清这"六要素"是少不了的,但并不是每篇文章都要写明"六要素"。个别要素,有时可以在字面上不显示出来,但要隐含在文章中。

写作过程中怎样来安排"六要素"呢？可以说，没有统一的格式。较多的是先交代时间、人物、地点，再逐步写出起因、经过、结果。但有时也可以变化，应根据写作时的具体情况而定，不拘泥于一种格式。可以结合本节的范文看看作者是如何灵活处理"六要素"的。

（2）把事情的经过写具体。

在"六要素"中，"经过"是事情的主要部分，要分几步写清楚。每一件事的发展一定有它的先后顺序，在写作前，一定要考虑清楚事情的发展过程，有关内容要写得细致、清楚，把事情的发展过程写具体了，一件事就会清晰地呈现在读者面前，写作的目的才能真正达到。《一件小事》、《一个包厢服务员的报复》都把事情的经过写得非常清晰。

那么，怎样才能做到一步一步写清楚具体事情的经过呢？首先，可以找找事物的规律。虽然有些事物比较纷繁复杂，不容易认识清楚，但它总有一定的规律。了解了它内在的联系，知道了它的因果关系，写起来就比较得心应手，也容易写得具体。其次，观察要仔细。人们每做一件事，会有许多动作、神态、语言上的表现，我们要善于观察，了解特点，抓住特征来写。另外，在仔细观察的过程中加以适当的联想，使文章就像一株繁茂的大树，既有突出的主干，又有婆娑的旁枝。这样就能把事情的经过写具体了。

（3）叙事要有中心。

一篇好的叙事文，必定有一个明确的中心，也可以说是文章的立意。立意，就是明确写作意图，确定主题。确定文章的中心、主题，是叙事的根本。

怎样才能做到叙事有中心呢？首先，主题要明确集中，立意要深刻、鲜明、新颖。在叙事时，要善于从事件的表面揭示其蕴含的科学性、哲理性或社会意义。小中见大，平中见奇，从平凡、不显眼的事件中揭示其不寻常的思想意义。其次，记叙作文不是为记而记，而是有感而发，有悟所写。所感所悟就是叙事的中心，写作时要注意把它贯穿于全文之中。最后，在阐明观点时不要生搬硬套、削足适履，而应自然而然、水到渠成。一般来说，在文章的结尾点明中心的做法较多，因为从记叙事情到引出意义的写作顺序比较自然，有时会起到画龙点睛的作用，如《一件小事》、《难忘的一堂课》都是如此；有时，中心在文章开头，也就是在记事之前先点明题意，让读者有一个心理准备。两种方式各有所长。

文章的中心就像人的灵魂，在叙事时，一定要有明确的中心，要将中心主旨贯彻全文。如《海角的孤星》叙述了一个美丽哀婉的爱情故事，表达了作者对生活于苦难之中的贫困家庭夫妇的无限同情。小说构思精巧，情节生动，人物形象塑造鲜明，语言质朴优美，富于散文化的抒情色调，读来感人至深。

（4）要选择新颖的材料。

叙事的文章，选材是关键的一步。在生活中选取材料时要注重新颖而别致，意即选择新颖的材料。日常生活中，要注意观察，积累写作材料，因为生活是创作的源头。这个"新"字，即过去所没有的、新近才发生的变化，写文章时一般就从这个变化入手，再去探究这个变化的原因。也可以以小见大，以身边的小事反映时代大环境，可以从一种事物的现象、人物的言行看到事物的本质、人性等，还可以从不起眼的生活琐事中观察思考，产生新的发现、新的感受。

（5）注意"过渡"与"照应"。

"过渡"与"照应"都是作文中常见的技巧和方法。尤其在叙事类作文中，要格外注意"过渡"与"照应"。

所谓"过渡"，就是事物由一个阶段转入另一个阶段。为了使作文中各段落之间自然衔接，浑然一体，往往使用过渡技巧，写上过渡语。过渡语，可以是段落，也可以是句子，甚至是一个词语。

那么，怎样写过渡语呢？一般来说，可以用设问、反问的形式，或者用平铺直叙的语言，加上关联词语，串起上下文内容。这样，就能自然地从一个阶段转入另一阶段。可以结合范文看看具体如何进行过渡。

"照应"，就是指在文章的行文过程中，必要的、或明或暗的照顾、呼应和反映再现。"照应"，为的就是使文章首尾一体、融会贯通。

首尾照应的形式主要有三种：①开头与结尾相照应，《一件小事》就是运用了此种照应方式。②内容上的前后配合。作者前面写的事情，后面要有个圆满的交代；后面出现的事情，前面都要有根据。不能写得没有来由，使人感到突然；更不能漏洞百出，使人疑惑不解。③行文和标题相照应。一般说来，标题能在某种程度上揭示中心思想，因而在行文中注意与标题相照应，能起到突出中心思想的作用。如《海角的孤星》一文中，文尾与标题就有较好的照应效果。

（6）写好开头和结尾。

好的开头是成功的一半。

最常见的开头方法是——开门见山，直接入题。很多叙事的文章开头就点明事情的起因，或是直接说明文章所要叙述的事件，让人一目了然。

第二种开头方法是——设置疑问，引人入胜。这种开头方式，往往在第一段就提出疑问，巧设悬念，或把事情的结果交代在先，使读者产生急欲读下去的愿望。

还有一种叙事的开头方法是——描摹景物，渲染气氛。这种文章的开头多是从写景、写物入手，以此来烘托气氛、突出中心。

总之，叙事文章开头的方法是多种多样的，但绝非毫无章法，一般要遵循如下原则：要紧扣中心，突出主题，起笔不能太远，让人读了不知所云；要新颖活泼，令人有耳目一新之感，不能陈词滥调，生搬硬套；要有真情实感，不能空洞抒情，无病呻吟。

文章的结尾与开头一样，也是表现主题的重要环节。好的结尾能深化主题，突出中心，令人回味，具有"余音绕梁"的作用。结尾的方法同样多种多样。常见的有以下四种：①随着事情的发展自然收束。②首尾呼应。这种结尾方法是指在文章的结尾再强调一下开头部分的意思，以达到互相照应。③含蓄委婉，令人深思。这种结尾方法以暗示、旁衬或隐晦曲折的手法，让读者自己去体会，而不把文章的主题、作者的思想感情明明白白说出来。④饱含哲理，发人深省。用一段饱含哲理的话作结尾，可以使读者产生共鸣，甚至汲取力量，得到启迪。

（7）要选择恰当的叙述方式。

叙述是文章的表达方式之一。叙述要求把文章中要表现的人、事件交代明白，使文章线索清晰。叙述在记叙类文章中起着极为重要的作用。叙述的方式有多种，常见的如下：

①顺叙，即按照事物发生、发展、结局的自然顺叙行文。

②倒叙，即把事件的结局或某一个突出点先提到前面交代完，倒过来再写事件起因及来龙去脉。

③插叙，即暂时中断文章原来的行文线索，插进一段与之有关的文字，然后仍按原线索行文。

④分叙，又叫平叙，即对两个或两个以上于不同地点同时发生的事的表述。

一篇记叙文在采用一种主要叙述方式的基础上，也可以采用其他方式，使得文章灵活多变，引人注目。结合课文可以细细体会一下叙述方式的运用。

◇**常用表示时间的语句**

（1）点明具体的时间，例如：

一个星期六　　1989 年 3 月　　在那个吃不饱饭的年代　　当你回来的时候
三个小时以前　　晚饭后　　到了我该下车的路口时　　刚放暑假没几天

（2）表示时间的推移，例如：

后来　　第三年　　十个月过去了　　过了不久　　不知过了多久
从此（以后）　　考虑了一段时间以后　　日子一天天过去

（3）不直接使用时间词语，指出时间的推移变化，例如：

时钟敲了十二下，人们仍然焦急地等待着。

太阳下山了，小村子里家家户户升起了炊烟。

焦急地等到散会，他才发现她早就离开了会场。

他渐渐消瘦下去，医生们也开始对这种治疗方法失去了信心。

等到他们再次见面，已经认不出对方了。

翻了几页书，他仍然心烦意乱。

思考练习

（1）阅读例句，找出表示时间的内容，注意这些内容在叙事中的作用，并据其仿写 10 个表示时间的语句。

例句：

①我从乡下跑到京城里，一转眼已经六年了……

②一个小时前刚刚抵达此城的我……

③已是第七天了。这七天，三个人是靠吃野菜啃树皮活过来的。

（2）阅读短文，把下列词语填入句首的空白中去，注意时间词语的运用。

A. 从此　　B. 从前　　C. 后半夜　　D. 有天晚上　　E. 当太阳升起的时候

F. 沉闷了半夜

（　）有一个青年常常为失眠而苦恼。

（　）他在床上怎么也睡不着，因为他欠别人很多钱，他担心还不起这些钱。

（　）他忽然向自己提出一个问题："许多人都能轻松自如地生活在这个世界上，许多人都能自食其力，为什么我不能呢？"

（　）他开始分析自己，他把自己和境遇好的人作了比较。他发现，无论处于什么境况，他所欠缺的，别人也欠缺。他和所有的人一样生活，而自己唯一缺少的是自信心。

（　）他开始醒悟到自己应该怎样去对待生活，平时，他早晨起床的时候总是懒洋洋的样子。这一天，他一反常态，充满信心地开始新的一天。

（　）他的身上发生了奇迹，自信使他敢于面对生活的挑战，自信使他充分在生活、工作中显示自己的能力，施展自己的能力。一年后，他不仅有了可观的收入，事业上也有了成绩。

（3）口头作文：以小组为单位，模仿例子，每人讲一件日常生活中的小事，注意时间的表述。

扳　鱼

暑假的一天，我和爸爸准备了四支小竹竿和一块窗纱，做了一个简易的小网，还拿了一个小桶，准备到市北郊的流溪河公园去扳鱼。

到了公园，呀！扳鱼的人可真多！老人小孩都有，还有拿筐捞鱼的。此时正是雨季，河里的水几乎没到河岸，小鱼也多。看到这，我和爸爸也拿起网扳鱼，扳鱼时要有耐性，不能着急。爸爸在捞第一网时，轻轻地把网放进去。过了大约五分钟，爸爸才轻轻把网提上来，啊！小鱼可真不少！于是我用小碟把它们小心翼翼地放在小水桶里。就这样，一次又一次，小半天儿就扳了小半桶活蹦乱跳的小鱼。

太阳要下山了，我们也该回家了。头一次扳鱼就满载而归，我的心里美极了。我高兴地把小桶递给妈妈看，妈妈高兴地说："哦！真多。今天做一个最拿手的'炸鱼酱'让你们饱一饱口福。"菜做好了，我抢先尝了一口，真好吃。

这一天，过得真是有趣。

包 饺 子

这个春节里，我学会了包饺子。

除夕的那天晚上，妈妈拿出事先准备好的馅儿，准备包饺子。一边看着春节联欢晚会，爸爸妈妈一边开始包饺子了。看着他们熟练地包好那一个个胖乎乎的饺子，我觉得挺好玩，不由得也拿起一张皮儿，准备包一个。我用左手托着皮儿，右手夹上满满一筷子馅儿，放在皮儿中央，把饺子皮的两端往中间一合，使劲一捏，不料，馅儿像小虫一样从饺子皮侧面钻了出去。我一看，赶紧把馅儿堵住，可皮儿仍旧"张着大嘴"。弄了半天，皮儿就是合不拢"嘴"，我像泄了气的皮球，一屁股坐在沙发上。妈妈看到我灰心丧气的样子，走过来对我说："来，我教你！"我点了点头。说完，妈妈便给我做了示范，做完了，我明白多了，也有了信心，便振作起来。

我学着妈妈的样子，先把皮儿托在手心上，轻轻地夹起一小筷子馅儿，把皮儿的两端往外一揪，再往上一合，用虎口使劲一捏，一个小巧玲珑的饺子包好了。我按照这个方法连包了好几个。这时，妈妈说："开始煮饺子啦！"过了一会儿，饺子熟了，妈妈给我盛了一碗，我津津有味地吃着自己亲手包的饺子，心里有一种说不出的高兴。

（4）在写作时，文章的"六要素"必须像排队一样列清楚吗？请你找出所有范文中叙事的"六要素"。

（5）以"我的生日"为题，用顺叙、倒叙各写一个开头。

（6）仿照范文，任选一个题目写篇记叙文。要注意选用不同的方式来讲述，可以设计不同的开头和结尾，注意段落之间的衔接，恰当运用表示时间的词语。
①难忘的往事
②一件珍贵的礼物
③童年趣事
④……的故事

第五节　日记、随笔

学习重点

1. 了解文体常识
2. 关联词语运用

范　文

小学生日记两则

7 月 25 日　　　星期五　　　晴

　　今天，我在家里干了一件傻事。爸爸在房间里玩电脑，把手机放在客厅桌上，因为今天家里电话来得比较多，我看见桌上的手机，也想打个电话。打给谁呢？我想来想去，最后决定还是打给我自己家。于是，我就拿起手机拨了自家的电话号码，"铃铃……"爸爸一听到电话铃响，拿起电话就接："喂？"我听到爸爸的声音，忍不住哈哈大笑起来，爸爸知道是我，就把电话挂了，走出来说："你已经浪费了 4 角钱，不准吃雪糕了。"我边笑边说："你怎么知道是我还要接？"爸爸说："我没想到是你这个小调皮。"我以后再也不干这种傻事了。

8 月 2 日　　　星期日　　　晴

　　今天中午，天气很热，我在客厅的地上正睡得津津有味，爸爸把我叫醒说："快起来，要打炮了。"我问："打什么炮？"爸爸说："打让天上下雨的炮，就是人工降雨。"我又问："什么是人工降雨？"爸爸说："等会儿看了你就知道了。"我和爸爸就来到三楼平台上，爸爸把我抱到椅子上，我看到了河对面的空地上有四辆车，边上有一门大炮，炮筒朝着天空中的乌云，"轰，轰……"不一会儿就下起小雨来了，我知道了这就是"人工降雨"。我真希望雨下大一点，让地里的庄稼喝个饱，让农民伯伯高兴起来，也让天气凉爽些。

làng fèi
浪费　　　　　　对人力、财物、时间等利用得不当或没有节制地使用。

jīn jīn yǒu wèi
津津有味　　　形容很有滋味。

中学生日记一则

8 月 27 日　　星期六　　晴

　　还有几天就要开学了，今天特地到新华书店转一下，看看有没有新学期要用的书。书店里面人真多啊，特别是中小学生用书的书架前，挤满了人。有学生自己来的，也有父母带着小孩来的，我也挤到了中学高年级的书架前，翻找了起来。突然，我眼睛一亮，那不是《中学分类作文》丛书吗？我作文写得不怎么样，早就想买一套好的作文书作为借鉴了，我挤过去拿了一套，还有两套很快被别的人取走了。排到交款的柜台前，我看了一下书价，21 元，我不禁呆住了，我只带了 20 元啊。放回去吗？等我拿钱再来，书肯定没有了，可差 1 元钱怎么办呢？收款的阿姨催我快交钱，不要影响后面的人，我迟疑着，准备退出交款的队伍了。这时在我前面交完款的一位阿姨突然叫住我，问我是不是钱不够，我点了点头，阿姨又问我差多少，我告诉她差 1 元钱。谁知阿姨掏出 1 元钱递过来，我不肯要，阿姨却硬塞在我身上，转身走了。等我交完书款，走出书店大门时，却再也见不到阿姨的身影了，但她会永远留在我的记忆里的。

大学生日记一则

11 月 21 日　　星期二　　晴

　　今天，对我是重要的。

　　早晨六点起床，赶往上海市区的学校本部参加毕业论文开题，专为我一人而设的开题会议，因为某些原因，我不得不提前麻烦老师了。和若干年前新锐惊人的硕士论文选题相比，博士论文的开题只能用规矩平淡来概括了，即便如此，由于学力所限，要做好这个题目也是不容易的。学习上的还债期肯定不短，我有充足的心理准备和不断跟进的实际努力，并在今天看到了一丝微闪的光，但愿那就是前面的曙光。

　　我在下午等车回远郊新校区的空余时间里，开心地收获了一大堆日用品。

　　在夕阳下山前，和同学一起去附近的稻田里走了走，收割机正在那里忙着收拾最后几块金黄的"穗毯"，焚烧过的大地上有黑灰的痕迹，像是一个顽童的信手涂鸦。我们顺手拿了两捆干稻草回来，用来铺床。这让我蓦然想起下乡的那些年，每有新稻草入堆，就必有老乡给我们这些支教老师送草垫床。那些人的姓名音容都远淡了，但新鲜的略带泥土味的稻草香却深植于记忆中，永不能散去。

晚上和远方的家人通完电话之后，我决定早些休息。

每个今天都是重要的。你必须感觉到这种重要！

xīn ruì
新锐　　　　　指各个领域的后起之秀。

shǔguāng
曙光　　　　　指光明，希望。

xìnshǒu tú yā
信手涂鸦　　　形容字写得很潦草。也常用作自谦之词。

废墟上

不久以前敌人飞来过，不久以后又飞去了。在短短的时刻之间，凭空给这个不大的城市里留下了一大片颇为广阔的灾区。

对面粉白的残壁，近的远的，像低沉的云朵遮住眼界。焦黑的橡柱，槎交错着，折毁的电杆，还把它带着瓷瓶的肩背倾垂着，兀自孤立的危墙，仿佛是这片灾区里的唯一的表率者。

看不出一点巷里的痕迹，也想不出有多少家屋曾比栉为邻地占着这块广阔的地方。

踏着瓦砾，我知道在踏着比这瓦砾更多的更破碎的人们的心。

一匹狗，默然地伏在瓦砾上，从瓦砾的缝隙，依稀露着被烧毁了的门槛的木块。

狗伏着，他的鼻端紧靠着地。他嗅着它，或是嗅着他所熟嗅的气息，或是嗅着还有一种别的什么东西。

在人类求生存的意念以上，我想还有一种什么素质存在着，这素质并没有它的形骸，而仅只是一种脉脉的气息，它使有血有肉的东西温暖起来，它使每一个生物对另一个生物一呼一吸地相关系着；如同一道温温的交流，如同春夕里从到处吹拂来的阵阵的微风。

有血肉的生物，哪怕是一匹兽……都是在这种气息里受着重熏陶的。

我相信，这匹狗便在嗅着它，嗅着这求生存意念之上的一种气息。

心灵被踩躏了的，被凌辱了的，家产被摧毁了的，被烧残了的邻人们，回返到这废墟上来，废墟为我们保留着一种更浓的更可珍爱的气息。

去亲每一片瓦砾，去吻这一匹狗！

让敌人继续来"征服"，来"歼灭"罢，徒然的，这种气息是永远也不会丧亡！

（作者：缪从群，有微改）

fèi xū
废墟　　　　　城镇、市街或房舍遭破坏或灾害后变成的荒芜之地。

bǐ zhì
比栉 像梳篦的齿一样紧密相连。形容接连而来或密密地排列。

xūn táo
熏陶 比喻因为经常和某些人物或环境相接触，而使人在思想、性格、品德等方面受到好的影响。

róu lìn
蹂躏 践踏，比喻用暴力欺压、侵凌。

花

花！

许多人不管花有什么构造什么生理，也往往不管他叫什么花，只因为他们是美的，所以爱他，赏他。

花有肥嫩地娇养在富家园中的花，有精悍地成群在竞开的花，也有孤独地开在山间的花。被受过蹂躏者偏执地开在车轮滚过之处，气量小者贮藏养分年年开，恭维人家者开在温室棚里，不爱天时者开在严寒下雪之中。

花任人爱赏，任人爱憎，任人插在金银花瓶之中，任人弃在垃圾之中，任人践踏，他自己有他的苦恼，他自己有他的狂欢，自己有自己的憧憬，也有自己的光耀。

人们呀！

不要嫉视花的自由，你的天时，如果带雪来，那么腊梅会开，如果带春时，那么百花都开，如果有暴风来，那么花隐其花瓣，如果有洪水来，花开在水萍芽叶之下。你要看怎样的花，你可以给他开怎样的花。

人们呀！

不要嫉视花的美，美的是你自己，美是你心中，美是在你心中的。你的进军途上，你的头上云朵花，定不会说你是疯，他在赞你的思考判断力之超乎一切生物。

（作者：陶晶孙）

jīng hàn
精悍 精明能干；精锐强悍。

gōng wéi
恭维 出于讨好对方的目的而去称赞、颂扬。

jí shì
嫉视 仇视。

谈 吃

说起新年的行事，第一件在我脑中浮起的是吃。回忆幼时一到冬季就日日盼望过年，等到过年将届就乐不可支，因为过年的时候有种种乐趣，第一是吃的东西多。

中国人是全世界善吃的民族。普通人家，客人一到，男主人即上街办吃场，女主人即入厨罗酒浆，客人则坐在客堂里口嗑瓜子，耳听碗盏刀俎的声响，等候吃饭。吃完了饭，大事已毕，客人拔起步来说"叨扰"，主人说"没有什么好的待你"，有的还要苦留："吃了点心去"，"吃了夜饭去"。

遇到婚丧，庆吊只是虚文，果腹倒是实在。排场大的大吃七日五日，小的大吃三日一日。早饭、午饭、点心、夜饭、夜点心，吃了一顿又一顿，吃来不亦乐乎，真是酒可为池，肉可成林。

过年了，轮流吃年饭，送食物。新年了，彼此拜来拜去，讲吃局。端午要吃，中秋要吃，生日要吃，朋友相会要吃，相别要吃。只要取得出名词，就非吃不可，而且一吃就了事，此外不必有别的什么。

小孩子于三顿饭以外，每日好几次地向母亲讨铜板，买食吃。普通学生最大的消费不是学费，不是书籍费，乃是吃的用途。成人对于父母的孝敬，重要的就是奉甘旨。中馈自古占着女子教育上的主要部分。"食不厌精，脍不厌细"，"沽酒，市脯"，"割不正"，圣人不吃。梨子蒸得味道不好，贤人就可以出妻。家里的老婆如果弄得出好菜，就可以骄人。古来许多名士至于费尽苦心，别出心裁，考案出好几部特别的食谱来。

不但活着要吃，死了仍要吃。他民族的鬼只要香花就满足了，而中国的鬼仍旧非吃不可。死后的饭碗，也和活时的同样重要，或者还更重要。普通人为了死后的所谓"血食"，不辞广蓄姬妾，预置良田。道学家为了死后的冷猪肉，不辞假仁假义，拘束一世。朱竹宁不吃冷猪肉，不肯从其诗集中删去《风怀二百韵》的艳诗，至今犹传为难得的美谈，足见冷猪肉牺牲不掉的人之多了。

不但人要吃，鬼要吃，神也要吃，甚至连没嘴巴的山川也要吃。有的但吃猪头，有的要吃全猪，有的是专吃羊的，有的是专吃牛的，各有各的胃口，各有各的嗜好，古典中大都详有规定，一查就可知道。较之于他民族的对神只作礼拜，似乎他民族的神极端唯心，中国的神倒是极端唯物的。

梅村的诗道"十家三酒店"，街市里最多的是食物铺。俗语说"开门七件事"，家庭中最麻烦的不是教育或是什么，乃是料理食物。学校里最难处置的不是程度如何提高，教授如何改进，乃是饭厅风潮。

俗语说得好，只有"两脚的爷娘不吃，四脚的眠床不吃"。中国人吃的范围之广，真可使他国人为之吃惊。中国人于世界普通的食物之外，还吃着他国人所不吃的珍馐：吃西瓜的籽，吃鲨鱼的鳍，吃燕子的窠，吃狗，吃乌龟，吃狸猫，吃癞蛤蟆，吃癞头鼋，吃小老鼠。有的或竟至吃到小孩的胞衣以及直接从人身上取得的东西。如果能够，怕连天上的月亮也要挖下来尝尝哩。

至于吃的方法，更是五花八门，有烤，有炖，有蒸，有卤，有炸，有烩，有醉，有炙，有熘，有炒，有拌，真正一言难尽。古来尽有许多做菜的名厨师，其名字都和名卿相一样煊赫地留在青史上。不，他们之中有的并升到高位，老老实实就是名卿相。

如果中国有一件事可以向世界自豪的，那么这并不是历史之久，土地之大，人口之众，军队之多，战争之频繁，乃是善吃的一事。中国的肴菜已征服了全世界了。有人说中国人有三把刀为世界所不及，第一把就是厨刀。

不见到喜庆人家挂着的福禄寿三星图吗？福禄寿是中国民族生活上的理想。画上的排列是禄居中央，右是福，寿居左。禄也者，拆穿了说就是吃的东西。老子也曾说过："虚其心实其腹"，"圣人为腹不为目"。吃最要紧，其他可以不问。"嫖赌吃着"之中，普通人皆认吃最实惠。所谓"着威风，吃受用，赌对冲，嫖全空"，什么都假，只有吃在肚里是真的。

吃的重要更可于国人所用的言语上证之。在中国，吃字的意义特别复杂，什么都会带了"吃"字来说。被人欺负曰"吃亏"，打巴掌曰"吃耳光"，希求非分曰"想吃天鹅肉"，诉讼曰"吃官司"，中枪弹曰"吃卫生丸"，此外还有什么"吃生活"、"吃排头"等等。相见的寒暄，他民族说"早安"、"午安"、"晚安"，而中国人则说："吃了早饭没有？""吃了中饭没有？""吃了夜饭没有？"对于职业，普通也用吃字来表示，营什么职业就叫做吃什么饭。"吃赌饭"，"吃堂子饭"，"吃洋行饭"，"吃教书饭"，诸如此类，不必说了，甚至对于应以信仰为本的宗教者，应以保卫国家为职志的军士，也都加吃字于上。在中国，教徒不称信者，叫做"吃天主教的"，"吃耶稣教的"，从军的不称军人，叫做"吃粮的"。

衣食住行为生活四要素，人类原不能不吃。但吃字的意义如此复杂，吃的要求如此露骨，吃的方法如此麻烦，吃的范围如此广泛，好像除了吃以外就无别事也者，求之于全世界，这怕只有中国民族如此的了。

在中国，衣不妨污浊，居室不妨简陋，道路不妨泥泞，而独在吃上分毫不能马虎。衣食住行的四事之中，食的程度远高于其余一切，很不调和。中国民族的文化，可以说是口的文化。

（作者：夏丏尊，有微改）

乐不可支 lè bù kě zhī	形容快乐到极点。
刀俎 dāo zǔ	刀和砧板，原为宰割的工具，比喻宰割者或迫害者。
庆吊 qìng diào	庆贺与吊慰。亦指喜事与丧事。
甘旨 gān zhǐ	美味的食品。
假仁假义 jiǎ rén jiǎ yì	虚假的仁义道德。伪装仁慈善良。
珍馐 zhēn xiū	珍奇名贵的食物。
卿相 qīng xiàng	执政的大臣。

xuān hè
煊 赫　　　　　　显著，明亮。形容名声大、声势盛。

学习重点说明

◇文学文体常识

根据不同的标准，我们可以对文章进行不同的分类。比如，依据写作表达方式的不同，文章可以分为记叙文、说明文、议论文。依据有无审美性这一原则，可以将文章分为文学作品和非文学作品。

简单说来，文学作品（文体）是将人们的情感和思想凝聚在感性的、个别的艺术形象上所创作出的，让读者从中获得情感的愉悦和共鸣的审美类作品。

古今中外对文学作品的分类有很多种，现在人们常用的分类是自近现代以来的"四分法"。"四分法"的分类标准相对宽泛。它根据文学创作在形象塑造、体制结构、语言运用、写作方法等方面的不同，将文学创作的成品分为诗歌、小说、散文、戏剧文学。

诗歌：在文学写作过程中以抒发强烈情感为中心，通过丰富新奇的想象和富有节奏、韵律的语言（并分行排列），集中、精练地反映社会生活，这就是诗歌写作。

小说：以塑造人物为中心，通过描述特定的故事情节和具体的生活环境，深刻地、多方位地反映社会生活，这就是小说写作。

散文：充分利用各种题材，创造性地运用各种文学表现手段，自由地展现主体的个性风格，以抒情写意、反映社会生活为主要目的的文学文体。

戏剧文学：是供戏剧演出用的剧本，它是戏剧艺术的首要因素，是舞台演出的依据。一方面，它作为文学作品，应当符合一般叙事作品共同的要求，并具有独立的欣赏价值；另一方面，它作为戏剧演出的基础，只有通过演出，才能表现出自身的全部价值，因此它又要受到舞台演出的制约，必须符合舞台艺术的要求。另外，随着现代科技飞速发展，加上影视文学的兴起，戏剧文学多数表现为电影、电视的文学剧本。基本特征是视觉性、动作性和蒙太奇结构方式。

◇日记和随笔

日记，是一种把自己一天的所见所闻、所思所感以及自己的言行，简明地记录下来的文字形式。写日记是一种很好的习惯，以日记形式保存下来的记忆，可经常拿来回顾小结，用以鞭策自己。另外，对于一个初学写作者来说，写日记还能锻炼写作能力。

日记的格式是：一般要在第一行写明写作的具体年月日和星期几，一般还要加上当天的天气情况。然后另起一行，再写日记的正文。有的还可在正文前加上标题，点明日记的主旨。

写日记和写其他文章一样，也要注意材料的选择和剪裁，既要写得简洁，又要写得具体形象，写出新意来。写每一篇日记都要有一个中心，千万不能把日记写成一本流水账。写日记，要写出自己的感受，写出真情实感来。这样的日记读起来才会动人流畅。要及时捕捉住生活中的真情实感，用准确的语言把它们记录下来。要想创作日记时有内容写，一定要热爱生活，积极参加各项活动。写日记的最佳时机一般是在晚上，即一天的活动结束之前，也可以在第二天补记。

随笔，以其名称可知，是随手写来、不拘一格的文字（有些人也把这种体裁归入散文中）。它篇幅短小，表现形式灵活自由，涉及范围宽广宏阔，杂记见闻、借事抒情、事理说明、案例分析、实用文体、笔记小品等均可成文。它形式多样、短小活泼、笔调轻松、灵活方便。

在写法上，随笔这类文章往往旁征博引，而不作理论性太强的阐释，行文缜密而不失活泼，结构自由而不失谨严，因此，富有"理趣"是它们的突出特色。阅读这类文章，要整体把握文章的内容和风格，提炼作者的主要观点，品味妙语佳句，范文中的三篇随笔正是各有特色，阅毕令人不由得回味不已。

如果说随笔是散文的一种，写随笔就像与邻家谈心般轻松，没有任何的负担，不需堆砌华丽的辞藻，不需布置严密的结构。随笔的形式可以不受体裁的限制，灵活多样，不拘一格，可以观景抒情；可以睹物谈看法；可以读书谈感想；可以一事一议，也可以对同类事进行综合议论。随笔也不受字数的限制，短的几十字，长的几百几千字，篇幅长短皆由内容和写作的需要而定。

◇**常用关联词语的运用**

（1）先……后……；先……再……然后……最后……

可以用全部或一部分运用于叙述事情的过程中，常用来表示连贯的几个动作过程，在描述动作进行的过程中，使顺序更为清晰。例如：

①吃烤鸭时，先把烤熟的鸭子趁热切成薄片，然后蘸上甜面酱，加上葱段，用薄饼卷着吃。

②我们应该先准备材料，再去交费，然后到老师那儿领课本。

③先把黄瓜洗干净，再切成条，然后加上盐，拌匀，最后放上其他调味品。

（2）等……就……

表示到某一个时候，就作出什么行动。例如：

①等菜炒熟了，就放些酱油。

②等我妈妈来北京，我就带她去香山看红叶。

（3）一边……一边……

表示同时进行的动作。例如：

①老师来讲课的时候，他一边听，一边做笔记。

②她在厨房里一边做饭，一边听音乐。

③把菜倒进锅里，要一边翻炒，一边撒上少许盐。

（4）只有……才……

表示唯一的条件，非此不可。例如：

①只有经过长期的思考，大脑才会有高度的科学敏感性，才能一触即发，迸发出灵感的火花。

②只有经过自己的努力，才能获得事业的成功。

（5）只要……就……

表示必要条件。例如：

①只要发现运动员有使用兴奋剂的行为，就要给予严厉的处罚。

②这时候，他只要有一间房子，对他就已经是很大的满足了。

（6）不管……也……

表示在任何条件下结果或结论都不会改变。例如：

①中国人一般不管他们自己的工作和学习多忙，也要亲自照顾自己家里的老人。

②机器的功能不管设计得怎样完善，也要靠人来操纵。

（7）无论……都……

表示在任何条件下结果或结论均不改变。例如：

①如果他们有问题的话，无论是个人生活问题，还是关系到政治经济方面的问题，他们所在的单位组织或亲戚都会知道，并帮助他们解决。

②无论你采取什么措施，这种后果都无法避免。

（8）既……又……

表示同时具有两个方面的性质或情况。例如：

①对于我们来说，读书，读好书，是一种很好的活动，既能增长知识，又有趣味，有益于我们的身心健康。

②我希望假期能够到中国的南方去旅行，既能欣赏那里的美丽风景，参观那里的名胜古迹，又能利用这个机会……

（9）而

表示转折、连接等，也可表示互相补充。例如：

①用这种办法练习发音，时间用得不多，而效果非常明显。

②沉默会使别人对你有戒心，而交谈能缩短彼此的心理距离。

③大多数性格开朗的人，旅途中笑口常开，讨人喜欢，谁都愿意跟这种人结伴而行，因为乐观的情绪是解除疲乏的良药。而你性情孤僻，沉默寡言，同事们不愿跟你结伴而行，恐怕也就是这个原因吧！

（10）不但……而且……

表示除所说的意思之外，还有更进一层的意思。例如：

①这种自行车不但价格便宜，而且质量好。

②他们不但不接受我的意见，而且有几个人拥上来揪住我的衣领就要打人。

（11）不是……而是……

表示否定前者，肯定后者。例如：

①你的主要问题不是语法，而是发音。

②他们没有电视机，不是缺钱，而是因为他们讨厌电视。

③我这次来中国的目的不是做生意，而是学习、了解中国的传统文化。

（12）不是……就是……

表示两者中选择其一。例如：

①明天我们不是去长城，就是去香山。

②在旅途中，他不是去帮助年老体弱的游客，就是热心给大家介绍沿途景致。大家都为有这样一个善解人意的旅伴而高兴。

③最近我不是四处查找资料，就是准备毕业考试，以至于没有时间给你回信。

（13）虽然……但是……

表示让步，承认甲事为事实，但乙事并不因此而不成立。例如：

①虽然她没有出众的容貌，但是靠自己的表演才华，她主演的电影取得了很大的成功。

②虽然打工可以带来一些经济利益，但是要损失很多可以用来读书的时间。

（14）尽管……可是/但是/还是/仍然……

表示让步，类似"虽然"。例如：

①尽管这种工作工资不高，他还是选择了它。

②尽管困难很大，但是他不想放弃自己的努力。

（15）即使……也……

表示假设兼让步，同"就是"。例如：

①即使你去了，也没有办法解决那里的问题。

②即使我再给他打电话，他也不会同意来参加这个会议。

（16）宁愿……也不/也要……

表示在比较利害得失之后选取一种做法。例如：

①他们宁愿等下去，也不草率结婚。

②我宁愿不去旅游，也不放弃暑期工作的机会。

③她宁愿舍弃优裕的生活条件，也要去边远地区从事她热爱的考古工作。

思考练习

（1）用后面括号内所给的关联词语改写下列句子。

①我们每天都要早起锻炼身体，有的时候跑步，有的时候打篮球。（不是……就是……）

②他是一个很用功的学生，只要有机会，他就跟中国人谈话，练习口语；或者听广播、看电视，练习听力。（不是……就是……）

③这里除了有不少有名的古迹，同时也有不少现代化的娱乐场所，吸引了很多游客。（既……又……）

④我的弟弟是一名大学生，最近他利用课余时间在一家公司打工。我和妈妈劝他好好学习，不要只想到赚钱，他说："你们不理解我的想法，我到外资公司打工的目的是想在实际工作中锻炼自己，得到更多的实践知识，跟赚钱没有关系。"（不是……而是……）

⑤他为了给老人治病，花掉了所有的积蓄，还借了不少钱。老人非常过意不去。（不但……而且……）

⑥他们没有电视机，他们说看电视时是不用大脑的，是满足懒人的，所以他们不喜欢看电视，但对书籍，他们的态度就完全不同，两个人都爱书如命。（不是……而是……，而）

（2）填上适当的关联词语。

①我是一名青年观众，业余时间很喜爱看电视。这里针对电视中的广告谈点看法。广告应当是一门艺术，应该（　　　　）短小精悍，（　　　　）有联想的余地。（　　　　）富于特有的招徕性，而且具有独到的艺术魅力。可是现在的电视广告，缺乏精品。

②我认识一个大学生，他假期几乎从来不休息，（　　　　）写论文，（　　　　）去打工。我问他这样安排假期生活会不会觉得乏味。他笑着说："这样利用假期（　　　　）能争取在学业上有所提高，（　　　　）能在经济上有些收益，我觉得过得很有意思。"

③学习语言，重要的（　　　　）是记住一些语法规则，（　　　　）要多在实践中利用在书本上学到的语言知识。我们（　　　　）要在课堂上利用机会多说、多练，（　　　　）要在课外积极寻找练习的机会。这样才能使我们的语言能力有较大的提高。如果只注意语言知识的掌握，（　　　　）忽视语言能力的锻炼，就难以自如地运用所学的语言。

④小张是个球迷，国际足球比赛的时候，电视转播的时间常常安排在深夜，他

（　　　　　）不睡觉，（　　　　　　　）放过一场精彩的比赛。

⑤每个星期天，他都按时去公园找老朋友下棋，（　　　　　）最近他身体不太好，（　　　　　）没有间断。

⑥我的朋友马上要来北京，一个星期以后就要去西安，他很想看看北京的名胜古迹，（　　　　　）最近天气不好，我（　　　　　）打算陪他去各处参观游览。

⑦我的同屋学习很用功，（　　　　　）老师没有留作业，他（　　　　　）会做很多课外练习。

⑧去年夏天，我（　　　　　）更多地了解中国，独自到中国各地旅行。（　　　　　）有机会，我（　　　　　）跟中国人用汉语交谈，经过一个月的旅行，我（　　　　　）看到了许多中国的名胜古迹，（　　　　　）提高了我的汉语水平。

（3）改正下列句子中的错误。

①明天无论天气下雨，我都要去飞机场接我的朋友。他是第一次来广州，所以我很担心他会迷路。我说广州的路很整齐，我住在市中心，很容易找到。只有买一张广州交通图，才能找到我住的地方。

②我妹妹很喜欢看电视，这没有什么奇怪的，很多人都喜欢看电视。可是我妹妹特别喜欢看电视上的化妆品广告，无论这种广告没有意思，她都爱看。而且只要电视广告上有的化妆品，她想买来试一试。

（4）阅读下面关于日记的段落，讨论一下怎样才能写好日记或随笔，然后自己试着写写。

当我成功时，用日记尽可挥洒内心的喜悦；当我失败时，也可在日记中整顿低落的情绪；当我快乐时，日记是一片宽阔的天空，放飞一颗快乐的心；当我寂寞时，日记是一位真诚的友人，我可以敞开胸怀与她"神侃"；当我迷惘时，日记是一只执著的小船，载着我驶向真理的彼岸。

我越来越喜欢写日记的感觉。那种感情一旦像潮水般涌上心头，便任笔下"一泻千里"，仿佛是口渴的人饮足了甜美的甘泉。这甘泉及时雨般浇灭了我——处于青春叛逆期少年过多的火气，也滋润了我渴望被理解的干涸的心。日记已成为我生活中的一位忠实的倾听者。考试失利、家长斥骂、朋友背叛之类的事尽可诉说给她。不必担心她会反感，她永远都在一旁静静地听；也不必担心你的秘密会被告之于人，她会忠于职守地为你保密。对她，你没有什么可隐藏的，你可以一直写到自己心灵深处最隐蔽的地方。

第三章 说明文

第一节 事物说明文

学习重点

1. 事物说明文的写作
2. 把字句的运用

范 文

中华人民共和国

中华人民共和国，简称中国，位于亚洲的东部。中国是世界上面积最大的国家之一。陆地面积约有九百六十万平方公里，同整个欧洲的面积差不多。从东部坐火车到西部，大约要走三天三夜。

中国有接近14亿人口，是世界上人口最多的国家。中国的人口多数居住在东南地区。西北、西南地区人口较少。

中国的人口增长很快，新中国成立以来，增加了一倍多。人口太多了，吃饭、穿衣、住房、上学和工作都会发生问题，所以要计划生育。

中国有五十六个民族，汉族人口最多。其他民族的人口占全国人口的百分之八，叫做少数民族。少数民族主要居住在西南、西北和东北地区。很多少数民族有自己的风俗和生活习惯，有些少数民族长期同汉族居住在一起。现在，中国各族人民相互尊重，团结友爱，组成了一个和睦的大家庭。

水

水是什么样的物体呢？

先说状态。石块和木块有一定的形状，无论放在桌子上或者放在盒子里，它们的形状都不会改变，都是固体。水就不同，放在圆杯子里就成为圆形，放在方盒子里就成为方形，没有一定的形状，是一种液体。

再看颜色。有人说水是白色的，这话不对。拿水同豆浆比较就会知道，豆浆才是白色的，水却是什么颜色也没有。如果放一根筷子，可是不能透过豆浆看见筷子。这就说明了水是透明的，豆浆是不透明的。

烧酒也是没有颜色的透明的液体。凭眼睛没法区别烧酒和水，闻一闻、尝一尝就能区别了。烧酒有酒的气味和味道，水什么气味、什么味道都没有。

在一般情况下，水是没有颜色、没有气味、没有味道的透明的液体。

广州白云山

广州白云山，位于广州市的东北部，为南粤名山之一，国家重点风景名胜区。白云山山体宽阔，由三十多座山峰组成，为赣粤边界之九连山的支脉。面积 21 平方公里，主峰摩星岭高 382 米，峰峦重叠，溪涧纵横，登高可俯览广州全市，遥望珠江。每当雨后天晴或暮春时节，山间白云缭绕，蔚为奇观，白云山之名由此得来。

千百年来，白云山名胜古迹虽多，但历经沧桑，遗存很少。近几十年来，广州市市政府组织群众，广植林木，修筑水库，开辟公路沟通南北，修建山北、山顶公园及山庄、双溪旅舍，重现了白云山万木葱茏、生机勃勃的园林景观。目前白云山风景区从南至北共有七个游览区，区内有三个堪称闪亮全国的景点，分别是：园林式花园——云台花园、天然式鸟笼——鸣春谷、雕塑专类公园——雕塑公园。

白云山有丰富的自然资源。它地处我国南方，属亚热带气候区，植被种类相当丰富，拥有各种植物 800 多种，其中有五种国家保护的珍稀濒危植物。目前白云山的绿化覆盖率已达 95% 以上，据统计，白云山目前共有绿化面积 4.2 万亩，每天可吸收 2 800 吨二氧化碳，放出 2 100 吨氧气，可供近 300 万人正常呼吸之用，被称为广州的"市肺"（所谓"市肺"，就是指白云山位于城市中心，山上大面积绿化，是个天然蓄水的固态水库，是个抗御自然灾害的天然屏障，又是空气净化器和调节器）。

白云山有十分浓厚的文化沉淀，最早可追溯到山北黄婆洞的新石器时代史前文化遗址；秦末高士郑安期隐居在白云山采药济世；晋代江苏人葛洪曾在白云山炼丹，著有《抱朴子》这部道家名作；南梁时景泰禅师来此所建之寺，是白云山最早的寺庙，还留下"景泰僧归"一景，是羊城旧八景之一。唐宋以后，陆续有杜审言、李群玉、苏轼、韩愈等著名文人登山吟诗，他们的诗文寓情于物，成为岭南宝贵的历史精神财富。

随着城市规模的日益扩大，白云山已渐渐被市区所包围，完全融入城市中，成为人们闲时休憩的好去处，吸引着越来越多的游客前来参观，全年景区客流量近 500 万人次，日均客流量达 2~3 万人次，尤其是重要节假日全山最大客流量可达 10~20 万人次。例如，每逢九九重阳佳节，羊城人民就以登白云山为乐事，扶老携幼，人流熙熙攘攘的热闹场景便构成羊城一幅独特的风情画。

liáorào 缭绕	回环盘旋。曲折围绕。
yí cún 遗存	遗留下来，指保存下来的前代遗迹或遗物。
cōnglóng 葱茏	形容草木青翠而茂盛。
píngzhàng 屏障	保护，遮蔽。泛指遮蔽、阻挡之物。
xiū qì 休憩	休息。
fú lǎo xié yòu 扶老携幼	扶着老人，搀着小孩子，意为所有的人都出动了，老人、小孩也不例外，多形容如迎送、投奔、逃亡等场合人们成群结队而行的情况。
xī xī rǎngrǎng 熙熙攘攘	形容人来人往，喧闹纷杂。

荷　花

　　盛夏，当你漫步在荷花池畔的时候，很自然地会想到宋朝诗人杨万里那"接天莲叶无穷碧，映日荷花别样红"的诗句。你看，那碧波荡漾的水面上，亭亭玉立的荷花，散发出阵阵幽香，沁人肺腑；那托浮在水面上的荷叶，青翠欲滴；那滚动在荷叶上的水珠，犹如翠玉盘中的珍珠，明净柔润。一阵微风拂过，会使你有一种暑气全消之感。再吟诵周敦颐《爱莲说》中"出淤泥而不染，濯清涟而不妖"的佳句，就更觉心旷神怡了。

　　荷花全身是宝，用途很广，既是食品，又是药物，还可以供人观赏。它的地下茎——鲜藕，含有丰富的碳水化合物、各种维生素及矿物盐等，营养价值很高，是一种很好的水生蔬菜；鲜藕既可生食，又可熟食，还可加工成藕粉、蜜饯和糖藕片等，既有营养，又易消化，是妇幼老弱的良好补品。它的果实是莲子，鲜可生食，也可做汤菜、甜食或蜜饯；干莲子中，碳水化合物的含量高达 62%，蛋白质的含量高达 16.5%，钙、磷、铁质及维生素 B1、B2 和胡萝卜素的含量也相当丰富。荷梗、荷花、莲蕊、莲须中还含有各种生物碱，荷叶还是很好的包装材料。

　　如果说到荷花的药用价值，那就更大了。荷花的各部分都可入药。莲须，有固肾的功能；莲子，有收敛镇静之用；莲蕊，有清心、利尿、降压降烦之效；花托、花瓣，有活血祛痰之妙；花蒂（叶中央近叶柄部分）能清暑利尿……

荷花在我国的长江、珠江流域栽植较多，黄河流域也有分布。就品种而言，荷花约可分为三大类，四十余种。其中花藕和花香藕等品种是以向人们提供鲜藕著称；湘莲和向日葵莲等品种，则是以向人们提供莲子而闻名；而花中君子和水花魁等品种，则是专供人们观赏的。

荷梗
hé gěng
荷的枝或茎部。

蜜饯
mì jiàn
用浓糖浆浸渍果品等。

莲蕊
lián ruǐ
莲花的花蕊。

生物碱
shēng wù jiǎn
生物体内一类含氮的有机化合物。

利尿
lì niào
促进肾脏排尿。

祛痰
qū tán
祛除痰液。

中国太极拳

太极拳，是一种武术项目，也是体育运动和健身项目，在中国有着悠久的历史。它是一种符合人体结构、大自然运转规律的拳术。

太极拳并非一人、一时、一地所创，而是数百年来多代武术人不断总结、整理、创新、发展而来的。太极拳是中华民族辩证的理论思维与武术、艺术、引导术的完美结合，是高层次的人体文化。其拳理来源于中国传统哲学、医术、武术等经典著作，并在其长期的发展过程中又吸收了道、儒等文化的合理内容，故太极拳被称为中国的"国粹"。

太极拳有陈式、杨式、孙式、吴式以及武当、赵堡等多种流派。不管哪种流派，太极拳动如"行云流水，连绵不断"，自然又高雅，练习者可亲身体会到音乐的韵律、哲学的内涵、美的造型、诗的意境。

作为一种运动健身项目，太极拳有疗疾健身、修身养性、健美益智等多种作用。通俗的说法是，练习太极拳可以使形体力量和精神气质同时得到锻炼。它符合中西医学科学原理，至少从以下几个方面可以达到维持健康、提升气质、提高生活质量的目的。第一，改善神经系统。太极拳通过意念和呼吸与动作配合，促进大脑神经细胞的功能完善，使人体神经系统兴奋和抑制过程得到协调，对精神创伤、神经类疾病有较好的防治作用。第二，改善循环，扩大肺活量。太极拳动作舒展缓慢，全身肌肉放松，使心脏得到充足供血，但又不会加快心律，加重心脏的负担；太极拳通过缓慢、细长、均匀的腹式呼吸，使人体肺部的氧气充足，肠胃得到蠕动锻炼，增强消化和排泄机能。第三，提高人的平衡能力，具有健美作用。太极拳运动中，有一部分动作专门锻炼平衡能力。太极拳的顶悬、沉肩坠肘、含胸拔背等基本身法要求，加上在练习时的腰部旋转，使练习者的全身肌肉得到充分锻炼，保持良好的体型。

其实，太极拳也是一种别具一格的技击术。它要求以静制动，以柔克刚，避实就虚，借力发力，主张一切从客观出发，要准确地感觉和判断对方来势，以作出反应。当对方未发动前，自己不要冒进，可先以招法诱发对方，试其虚实。一旦对方发动，自己要迅速抢在前面，将对手引进，使其失重落空，或者分散转移对方力量，乘虚而入，全力还击。太极拳的这种技击原则，中国人俗称为"四两拨千斤"，它体现在推手训练和套路动作要领中，不仅可以训练人的反应能力、力量和速度等身体素质，而且在攻防格斗训练中也有十分重要的意义。

中华人民共和国成立后，在杨式太极拳的基础上创编了简化24式和88式太极拳，对太极拳的传播和普及起到了重要作用。卫生、教育、体育各部门都把太极拳列为重点项目来开展，出版了上百万册的太极拳书籍、挂图、光盘。不分男女老少，大批的爱好者遍及中国各地。

太极拳在国外，也受到普遍欢迎。欧美、东南亚、日韩等国家和地区，都有太极拳活动。据不完全统计，仅美国就已有30多种太极拳书籍出版，许多国家成立了太极拳协会等团体，积极与中国进行交流活动。太极拳作为中国特有的民族体育项目，已经引发越来越多的国际朋友的兴趣和爱好。

_{wǔ shù} 武术	打拳和使用传统兵器的技术，中国民族体育的主要内容之一。
_{biànzhèng} 辩证	辨析考证。
_{guócuì} 国粹	中国传统文化中的精华。
_{yì niàn} 意念	观念；念头；想法。
_{bié jù yī gé} 别具一格	具有独特的风格，赋予一种独特的格调和个性的。

学习重点说明

◇说明

说明是解说事物、言明事理的写作表达方式。它用言简意明的文字，把事物特征、状貌、功用，事物的内容（概念、结构、分类）和形式，以及与其他事物的关系等解说清楚，表述明白。

说明文是解说事物，阐明事理，使人得到关于事物和事理的知识的文章。说明文的使用范围极广，从自然到社会，从微观到宏观，都可以用到说明文。

1. 说明文分类

说明文按说明对象分，可以分为两大类：一类是说明物体的说明文，一类是说明事理的说明文。

说明物体的说明文，其目的是清楚地介绍事物。要能清楚地介绍事物，就必须抓住事物的特征，把事物的形状、性质、构造、用途等说清楚。要准确清楚地说明事物的特征，关键是对事物要有深刻的认识。比如《水》就是抓住水的基本特点来写的。

说明事理的说明文，其目的是清楚地说明事理，即说明清楚事物的原理、关系、变化、功能等。说明事理，关键是要把事物的内在联系揭示出来。

2. 说明方法和结构方式

无论是说明事物还是说明事理，写作说明文前，都必须掌握相应的结构方式和说明方法。

（1）常见的说明事物的方法如下：

①分类说明法，即根据事物的形状、性质、功能、成因等属性的差别，给事物分类，并对分出的若干类逐一加以说明。《荷花》一文中就用到了这种方法。它分别介绍了荷花的观赏价值、食用价值、药用价值及荷花的分布状况、品种。观赏价值方面突出其形体美、情态美。食用价值方面突出强调鲜藕、莲子，略写了荷梗、荷花、莲蕊、莲须。药用价值方面突出荷花的各个部分，因为这是我们读者所不了解的。全文语言平实，知识性很强。

②下定义，即给事物下定义。用简明扼要的话，突出事物的主要内容或主要问题。其特点是严密、科学，它既能揭示事物的本质特征，又能确定事物的范围和界限。《中国太极拳》就用了这种方法介绍了太极拳。

③举例子。举例是通过个别认识一般的一种说明方法。用这种说明方法说明事物，不仅具体，而且真切。《广州白云山》就是通过举几个例子来让读者了解白云山悠久文化历史的。

④作比较。通过不同事物的相互比较，来突出事物特征的一种方法。它能增强说明的效果。比较有几种方法：同类事物相比、不同类事物相比、同一事物的先后情况相比、完全对立的事物相比。《水》一文中，作者通过水和其他物体的比较，体现了水自身的特点。

⑤列数字。这是一种用数字来说明事物的方法。根据说明对象的特点，有时可以用确数，有时可以用约数，有时可以用倍数，有时可以用百分比。《中华人民共和国》、《荷花》、《广州白云山》都用到了这一方法。

⑥打比方。用比喻来说清楚物象以及抽象道理的一种方法。它能增强说明的形象性和生动性。《荷花》就用到了形象的比喻，使得被说明的事物生动而更具吸引力。

⑦配备图表。通过图表来说明事物，是一种最直观、形象的说明方法。

（2）常见的结构方式如下：

①方位式。有些说明对象是静止的事物，如建筑物一类，所以说明的结构常采用以空间转移为序的方式。或者由前到后，或者自上而下，或者由外及里，或者从大到小，或者由主要到次要，或者按东西南北方位等，采用这种移步换形、空间转移的结构方式，可以使局部与整体有机结合，给人以完整的感觉。

②程序式。有些说明文，要说明的是生产过程，采用的是"程序式"结构，即可以按照占有的时间和经过的程序把材料组织起来反映事物的实际情况，这样的结构方式既准确又顺理成章。

③主次式。对一些特征多、功能多的事物，就可以采用"主次式"说明结构，先写主要的，后写次要的。

④总分式。"总分式"的结构方式，即先说明事物的总体概况，然后分别说明组成总体的各个部分。

学习这部分内容时，可以结合范文看看它们分别是采用了什么样的结构方式来写作的。事物说明文，可以用平实的笔调写，即用朴实无华的语言介绍事物，通常称平实性说明文；也可以用文艺笔调写，即用富有文艺色彩的语言和手法介绍事物，通常称为文艺性说明文。

◇ "把"字句的运用

"把"字句是指在谓语动词前面用介词"把"引出受事、对受事加以处置的一种主动句。"把"字句具有表示对某事物处置的功能，写一些说明性的文字时，如产品的制作过程、使用方法等，"把"字句是很有实用性的。

运用这种句型要注意以下一些基本使用条件。

（1）"把"字句的基本语序是"施事主语＋'把'＋受事者＋动词＋其他成分"。例如：

我把那本中文书看完了。

人们把西红柿当做观赏植物。

（2）"把"字句的特点和使用注意事项。

谓语动词是及物动词，没有支配影响作用的动词，如"是、有、知道、希望、进、出"等，不能充当"把"字句的谓语。

"把"的宾语是动词谓语的受事者，一般是确指的事物。例如：

我把这本书翻译完了。

他把你的情况告诉我了。

（3）谓语动词后面应该有其他成分，如"了"、"过"或其他补语等。

（4）"在、到、给、成"作结果补语，后面带有表示处所、对象、结果的宾语时，一定要用"把"字句中。例如：

他把西红柿带到英国。

他把西红柿送给他的情人。

我把这些花放在桌子上。

老师把这些句子翻译成汉语。

（5）"把"字句谓语动词后可以用多种补语，但可能补语不能用于"把"字句中。例如：

我把那本书看完了。（结果补语）

她把书桌搬出去了。（趋向补语）

弟弟把课文念得很流利。（程度补语）

我把这本书看不/得懂。（不可以这样说）

思考练习

（1）找出下列段落中的"把"字句，并判断它们哪些可以换成不用"把"的句子，哪些不能。

①孩子们

父亲下班回家，他的孩子们围过来自按次序汇报自己在家干了什么。

"我把所有的碗都洗干净了。"老大说。

"我把碗都擦干了。"老二说。

"我把它们放到碗柜中去了。"老二说。

最后，轮到年纪最小的女孩，她小声说："我把碎片都收拾起来了。"

②找帽子

小明和他爸爸一起坐火车去探望奶奶。小明总是把头伸到窗外。于是，爸爸很快地拿掉小明的帽子，把它藏在身后，说："看，风把你的帽子吹掉了。"小明哭了，想找回帽子。

爸爸说："你吹一声口哨，你的帽子也许会回来。"小明吹了一声口哨，爸爸赶紧把帽子放在了小明的头上。

小明高兴了，他飞快地把爸爸的帽子丢到窗外。"爸爸，现在该你吹口哨了！"他得意地说。

（2）改正下列病句。

①我把脏衣服应该洗一洗。

②我把这些饺子吃不完。

③我每天把桌子上的东西整理。

④我的朋友把有些杂志还给我了。

⑤我的同屋放他的脏袜子在床底下。

⑥他昨天把那封信寄出去。

⑦我旅行的时候，总是忘我的东西在旅馆里。

⑧老师要我翻译一个句子成中文，我用汉语把这个句子说不出来。

⑨你把今天的作业应该做完。

⑩你放心，我把作业做不完就不睡觉。

（3）写作练习。

①按图案的方位说明一元硬币的正面图案。不超过150字。

②查找有关资料，搜集数据、事例等，参考例文，介绍自己熟悉的一种动物或植物。

紫荆花开

香港特区旗上盛开的紫荆花，在南方地区特别是岭南一带常常可以看到。这是一种常绿的乔木，花朵呈星形，有深紫、粉白等多种颜色，聚成伞状花序，秋天开花，花期可长到来年春天。重阳登高，能在香港岛的太平山上，欣赏到她的艳色。卵形的绿叶，顶端裂为两瓣，成偶蹄状，因此，人们给她取名为"羊蹄甲"。它花大而艳，花叶同在，常为南国诗人所咏赞。

中国北方也有一种暮春先开花、后长叶的灌木紫荆。那细细密密簇生于茎上的花蕾，像无数紫蕊穿起的珠条，孩子们常爱将它编成花冠，戴在头上做戏。这种紫荆性喜光照，有一定的耐寒性，早春叶前开放，无论枝、干布满紫色花朵，艳丽可爱。叶片心形，圆整而有光泽，光影相互掩映，颇为动人。

这两种花，我国通常都叫做"紫荆"，同为豆科植物，均长荚果，除可供绿化观赏之外，还都能入药；但是"同名异物"，常易混淆。紫荆的学名为"Cercis Chinensis Bunge"，羊蹄甲的学名为"Bauhinia Variegata L."。在分类上虽然亲缘关系较近，却是两种不同的植物。羊蹄甲最初是从东南亚引进我国南方的，古有人称"洋紫荆"，以别于原产中国的"紫荆"。

香港戴上这顶美丽的紫荆花冠回归祖国，确是显得容光焕发、喜气洋洋了。但是对这两种不同的紫荆，要能辨认清楚才好。

第二节 事理说明文

学习重点

1. 事理说明文的写作
2. 被动句的运用

范 文

健康每一天

每个人都渴望拥有一个健康的身体，然而健康通常只属于那些懂得爱护身体、会科学合理地安排每一天生活的人。

一天 24 小时的生活周期里，每个人要完成各种活动——从起床、洗漱、吃饭到上班、上学等。完成这些活动的方式方法，都同你的健康紧密关联着，如果得当就能促进健康，否则便容易损害健康。

占生命三分之一时光的睡眠休息大有学问。一个正常人，经过白天忙碌后，晚上总要睡觉，这是全身必要的休息和调整，生命的节奏就在于这样周而复始。俗语说："一夜无困，十夜不醒。"意思说，人一天不睡觉，就会搅得十天昏昏沉沉。这话虽有些夸张，但长时间不休息，对身体的确大有损害。有些人在加班或迎考的日子里，连续开夜车，造成注意力涣散，情绪不稳，焦虑不安，结果事倍功半，实在得不偿失。早睡比晚睡的质量要好，一般成年人每天至少应该睡 7 至 8 小时，青少年的时间应更久一些。

清晨的起床习惯也和健康有关，这一点可能很多人都没有意识到。有的人因为睡得太晚难以准时起床；有的人贪图舒服，爱睡懒觉，直到再躺下去要误事了，才无可奈何地起来穿衣。不管是哪种情况，都只能是匆匆漱洗、就餐，手忙脚乱，丢三落四，拎起东西就往家门外跑。从懒洋洋一下子进入高度紧张状态，容易造成人体生理心理反应的不适应，长此以往，会成为致病的根源。一个人如果起床习惯好，闹钟一响，即从容不迫地按时起床，有条不紊地搞好个人卫生，适当做做晨练，活跃了身心，可以精神饱满地迎接新的一天。实践证明，遵守科学的作息制度的人比睡懒觉者健康，学习和工作效率也更高。

一日三餐，直接关系到每个人的健康。很多人都挑食，也许因为食物不香；也许因为肚子很饱；也许因为饭菜没有很好的色泽。但不论怎样，挑食都是不好的习惯，因为每种食物中都有人体不可缺少的营养！体内产生的热量和供脑力、体力劳动的能量，主要来自食物中的碳水化合物和脂肪；强劲的肌肉，魁梧的身体，主要是由蛋白质和水分构成。此外，还有各种维生素、矿物质等营养物质参与全身错综复杂的生命运动，缺一样都不行。例如缺乏维生素A，会引起夜盲症、皮肤粗糙等；缺乏维生素B，就会患脚气病、神经炎等；还有我们常说的维生素C，缺少它会得坏血病，抵抗力也会下降。食品单调肯定无法保证体内有足够的营养供应。要使自己健康，要做到人们常说的"喜欢吃的少吃些，不爱吃的适当吃吃"。不偏食，不挑食，就不会因为营养比例失调而使身体受害。

　　行为举止，无不同健康有密切的联系。古人有训："坐如钟，立如松，卧如弓，行如风。"这种符合人体结构力学的要求可以有力避免颈椎病的发生，而一旦颈部椎体失衡，容易引起心脑血管等疾病，甚至还会压迫全身神经。坐要正，站要直，这对正在长身体的青少年而言尤其重要。青少年骨骼柔软，可塑性大，坐或立常处于歪歪扭扭的状态，就容易造成畸形发育，难以求得健美的体态。有的人长时间低头弯腰写字看书，脊柱变了形，长成"驼背"。驼背的人肺活量小，体质差，容易感染肺结核。总之，行为举止需要注意，每天要尽力抽出时间来参加适合自己体质的体育活动，让全身206块骨头和浑身上下无数块肌肉，经常获得锻炼的机会。

　　预防疾病，维护和促进健康，涉及生理卫生、心理卫生、环境卫生等许多方面。一个人如果能够养成良好的生活习惯，每天自觉自愿地实行，健康一定能够常伴你左右。

dé dàng 得当	谓得正当之道。适当、恰当，或符合道德、伦理或社会的标准的。
zhōu ér fù shǐ 周而复始	形容不断循环。
shì bèi gōng bàn 事倍功半	费力大而收效小。
dé bù cháng shī 得不偿失	所得到的不足以补偿所失去的。
wú kě nài hé 无可奈何	没有办法，无法可想。表示事已如此，再要挽回已是无能为力。
diū sān là sì 丢三落四	形容马虎或健忘，不是丢这样，就是丢那样。
cóng róng bù pò 从容不迫	不慌不忙，沉着镇静。
yǒu tiáo bù wěn 有条不紊	有条理，有次序，一点不乱。
yíng yǎng 营养	养分；养料。

植树节前话植树

冬去春来，一年一度的植树节又将来临，我们怎样才能提高树苗的成活率呢？

首先必须要掌握栽培技术。树苗栽培之前，要先根据树苗大小、枝丫多少进行修枝。把多余的细枝都剪去，这样就能减少树苗对营养的需求，便于生根。

然后是选择地形。栽树的地方一般是土壤肥沃、向阳通风、排水性能良好的"特区"。像地头、田边、道路两旁以及树隙间均可栽培，但不要把树苗栽在别的大树底下，否则它们就会因不能很好地进行光合作用而枯萎。

接着是挖坑。一般说来，坑越大越深越好。因为新挖的坑土壤松疏，有利于小树扎根。一般树坑，以直径 1 米，深 1.5 米为宜。

下一步是下肥。新挖的树坑土壤大多贫瘠，而新栽的树苗对养料需求量又高，因此下肥也不可缺少，有机肥不能施得太多，要在坑底施行"平均分配"。如果没有有机肥，也可用塘泥土，无机肥来代替。

最后是栽植。把准备好的树苗移入坑正中，并让它的根须舒展在有机肥上。一只手扶正树苗，另一只手持锹把挖出来的土铲入坑里，直至树苗站稳，再放开手，把其余的土铲入土坑，拍在树苗周围，如果所栽的是松、杉等树，要把坑踩结实；如果栽的是果树，如梨树、桃树，则只需压压即可。然后再浇水，让每株新苗都痛饮一顿，以固定树根。经过上述的一系列步骤，树就算栽成了。但日后管理——浇水、施肥、除草、捉虫等，也都是必不可少的。

（来源：紫荆文苑，有修改）

sōngshū
松疏　　　　　　事物间距离大，空隙大。

pín jí
贫瘠　　　　　　土地不肥沃。

与人类息息相关的气候

气候是地球上某一地区多年的天气和大气活动的综合状况，是该时段各种天气过程的综合表现。气象要素（温度、降水、风等）的各种统计量（均值、极值、概率等）是表述气候的基本依据，通常以冷、暖、干、湿等特征来衡量。气候与人类社会息息相关，许多国家很早就有关于气候现象的记载，如中国在两千多年前就有了二十四节气的划分。

人的高矮胖瘦、容貌肤色，不仅与人的遗传有关，与气候也有较大的关系。生活在赤道附近热带地区的人，由于光照强烈，气温又高，人的皮肤颜色黑黝黝的。为了适应酷热的气候，他们的脖子很短，头明显偏小，而鼻子较阔，这样有利于散发体内热量。在寒带、温带的高纬度地区，太阳常年不能直射，光照强度较弱，气温很低，严寒期又长，这里大多为白种人。为了抵御严寒，他们往往生有一个比较"勾"的鼻子，鼻梁较高，鼻内孔道较长。就头型而言，寒带和温带居民头大、头型圆，脸部比较平，这很有利于保温，减少散热量。为适应高山稀薄的空气，山区居民的胸部突出，呼吸功能发达，肺活量和最大换气量比沿海地区的居民明显偏多。气候对身高的影响更为明显，年日照时数越长，人体的平均身高越高，其原因是日光中的紫外线能使人体皮肤内的 T－脱氢胆固醇变成胆骨化醇，即内源性维生素 D_3 是人体内维生素 D 的主要来源，有促进骨骼钙化和生长的作用。

气候对人的健康和情绪有不可忽视的影响。在湿气重的日子里，人不但容易犯关节炎，有的也会得忧郁症；阴天和下雨前的低气压会使病幼人群坐立不安。阳光却对情绪有益处，尤其是在冬天阳光明媚的日子里，人们会心情愉快，乐于助人，但夏季的暑热晴天例外。在许多国家，如美国、瑞士和以色列，干热的风会增多精神失常现象，人们的办事效率会降低，反应迟钝并容易发怒。研究者认为这是因为这种风减少了空气中的负离子，负离子对人是有好处的，它们可以改善人的脑功能，提高情绪；而正电子却有相反的作用。极冷和极热的气候使人的心血管系统负担过重。冬季里死于心脏病的人会比其他季节要多，因为气温非常低时，体表温度同样降低，心脏要用力拍压血液以保持身体温暖。另一心脏病人死亡高峰是在夏天，暑热使心脏跳动加剧，使人排汗量增加，血压升高。极冷和极热的气候会使人的免疫系统负担过重，从而削弱人体的抵抗力，因此，在热天人很容易染上疟疾之类的传染病，感冒和呼吸道感染则在冬天更为常见。

人类文明的起源与气候同样关系密切。著称于世的古埃及、古巴比伦、古印度和古中国之所以成为四大文明发源地，就是因为四者率先利用了有利的气候环境和地理优势发展了农业生产，而发达的农业又带动了经济发展，从而推动整个社会的进步。例如，起源于黄河流域的中华文明，其主要地区属大陆性季风气候，年降水量为 600～650 毫米，且集中在夏季，7 月平均气温为 26℃，1 月平均气温为 –2℃，温度条件有利于作物的生长，自然降水可基本满足旱作农业的需要。古代农业种植的都是一年生的粟黍作物。粟黍比较耐旱，种植生长前期，干旱有利于扎根防倒伏，进入孕穗期以后，需水量逐渐增多，但必须适量。600～650 毫米降雨量正好满足其需要，雨量若超过 650 毫米就会影响产量。黄河中下游的气候环境为粟黍作物的种植和高产提供了得天独厚的条件，这是中华文明起源的重要客观因素。

地球气候在亿万年的波动变化中，不但孕育了人类，为人类文明的起源奠定了坚实的基础，而且还将一直影响人类世界的方方面面。

肺活量　fèi huóliàng　肺呼吸容量，在吸足后尽力呼出的空气量，以升或立方厘米数量来表示。

guān jié yán
关 节 炎　　　由感染性、代谢性或体质性原因而引起的关节的炎症。

yōu yù zhèng
忧郁 症　　　以极度意气消沉、身体不适、懒言少语以及常有幻觉和妄想为特征
　　　　　　　的一种精神病症。

fù lí zǐ
负离子　　　带负电荷的离子。

近视与阅读

　　近视是一种颇为神秘的现象，科学家们还不能确切地说出造成近视的原因。有关的遗传学研究表明，在近视比较严重的家庭里，近视确实能够遗传，可是谁都搞不清楚内在的原因。最近，又有美国的研究者重新提出一个老理论：过早阅读容易变成近视眼。

　　以前就有人对近视问题作过多方面的研究。有这样一个例子：芬兰北部的拉普人在 20 世纪 50 年代的时候，还生活在远离现代文明的纯朴环境中。他们捕鱼狩猎，只有在织补渔网和吃鱼的时候才会近距离地看某个物体，眼睛不需要经常地调节焦距，因而不易疲劳。那时候，芬兰北部的近视率只有 1%。后来，拉普人的孩子开始读书写字，到 1982 年的时候，这一地区的近视率已经上升到 12%。这就是最早提出的"阅读使人近视"的理论依据。

　　现在，美国学者再次提出这种看法："有关的新数据表明，小时候的视觉经历，眼睛所承受的负担，影响一个人眼睛的生长以及眼球的折射功能。"

　　很多戴眼镜的近视患者都说，在他们小的时候，父母是不让他们在光线昏暗的地方或者行驶的汽车上读书的，也不让他们把书拿得太近，可是他们照样得了近视。所以长时间的阅读和由此引起的视网膜模糊可以造成近视。

　　"阅读使人近视"的理论主要是基于视力很好的土著居民，他们在接受现代文明教育之后逐渐开始近视。而且人的受教育水平与近视的患病率及严重程度也有关系。譬如律师、记者、医生和经常使用显微镜工作的人就比农民更容易近视。

　　但是，这个理论也有不能让人信服之处：既然人们的生活方式使他们更容易近视，既然近视与眼睛的调节有关，那么该怎么解释在花同样多的时间看电视、读报纸和玩电脑的人群中，有的人近视了，而有的人却没有呢？

　　当然，近视还和遗传有关。有专家认为单卵双生儿比同卵双生儿更容易近视，而且父母眼球的折射疾患比较容易遗传给孩子。如果父母近视，即使他们的孩子年龄尚小，还未出现近视，可是比起那些父母不近视的孩子，他们的眼球纵轴已经被拉长了。

　　实际上，在生命孕育的最初阶段，一切就已经注定了。几乎在母亲怀胎不到三个月的时候，胎儿的眼睛就已经完成了它的生长过程。在这个发育阶段里，感染、早产

或不正常的光线等因素都有可能使胎儿的眼球纵轴过度拉长，从而埋下隐患。

迄今为止，科学家们还没有找到治疗近视眼的安全而有效的方法。或许这个问题可以在将来得到解决。（此文写作时间较早，现在已有准分子手术可以治疗。）

jìn shì 近视	视力缺陷的一种，看近处的东西清楚，看远处物体模糊。
jiāo jù 焦距	由透镜或凹面镜的主点到主焦点的距离。
zhéshè 折射	光线或能量波从一种介质（如空气）斜射入其速度不同的另一种介质（如水，玻璃等）时发生的对直线路径的偏离。
yí chuán 遗 传	通过细胞染色体由祖先向后代传递的品质。

学习重点说明

◇ 事理说明文

阐述内容偏向于抽象事理的说明文称为事理说明文。

抽象事理的说明主要包括阐释概念、特点、来源、结构、种类、异同、比较、联系和功能等。事理说明文的说明对象往往比较抽象，所以说明的重点应放在说明事物的内在联系上。由于事理比较抽象，用单一的说明方式不容易说清楚，这就需要综合运用叙述、描写、议论等表达方式，并适当地运用设问、比喻、拟人等修辞手法。

为了把事物发生的因果关系、内在规律等道理说得清楚明白，要特别重视说明的顺序。一般来说，说明的顺序有三种：

（1）时间顺序。时间顺序是以时间的先后为序来说明某一事物的形成、发展和演变的过程。比如《植树节前话植树》是按照植树过程的时间先后来写的。

（2）空间顺序。空间顺序是以一定的空间结构顺序来说明某一事物形状和构造的。

（3）逻辑顺序。逻辑顺序是以事物内部的必然联系来说明事物的。比如《健康每一天》、《近视与阅读》皆是依据因果关系来行文的。

事理说明文要注意客观、科学，作者的态度必须非常客观而立。事理说明文除了有平实性说明文之外，也有文艺性说明文。

◇ 被动句的运用

被动句常出现在不愿意说出或不需要说出施事者，或不知道施事者为何的句子中。被动句的基本句式有以下两种：

（1）有介词"被"的被动句：

结构一般为"受事主语＋被＋施事者＋动词＋其他成分"，例如：

①小桥被洪水冲走了。

②这个学生被学校开除了。

"被"后的宾语可以用表示泛指的"人"，这时发出动作的人往往是无须指明的。例如：

①我的自行车被人借走了。

②她不怕被人笑话。

"被"后也可不加宾语，例如：

①衣服被淋湿了。

②她被吓坏了。

（2）意义上的被动句：

汉语中，有被动意义的句子不一定用带"被"字的句子。如果受事主语不可能被理解为施事者时，就可以不用"被"字，而用意义上的被动句。例如：

①汽水喝光了。

②这篇文章改了三遍。

③鸭子燂了毛以后，要洗干净。

（3）使用被动句时，应该注意以下两点问题：

第一，没有支配或影响作用的动词如感觉、认为、愿意等心理动词，一般不能充当"被"字句中的谓语动词。

第二，"被"字句中的谓语动词后面一定要有其他成分，但可能补语不能出现在"被"字句动词谓语后。

思考练习

（1）指出下列句子中的被动句。

①她为这件事苦恼了很久。

②我的自行车借给同学了。

③汽水喝光了。

④我早就把他的名字忘了。

⑤他的意见没被重视。

⑥这篇文章已经写好了三分之二。

⑦我们都理解你的心情。

⑧那本书我看了两遍。

⑨窗户擦得干干净净的。

⑩闹钟的铃声把我吵醒了。

（2）把下列句子改为被动句。

①他把你的自行车修理好了。

②因为他的汉语很好，公司派他来中国开辟新的市场。

③我昨天就把那本杂志还给图书馆了。

④一位中国诗人早就把歌德的诗翻译成中文了。

⑤洪水把那座小桥冲垮了。

⑥他们把教室打扫得干干净净。

⑦大雨淋湿了他的衣服。

⑧警察抓住了那个小偷。

⑨我用坏了妈妈的钢笔。

⑩大火烧毁了那片树林。

（3）试写事理说明文。

①环境保护在当今世界变得越来越重要，试以"环保的生活方式"为题，写一篇说明文。

②从分析挑食的坏处入手，根据有关知识和科学原理，有针对性地解释不能挑食的原因。以"不要挑食"为题，写一篇说明文。

（4）分成小组，每人仿照例文做口头作文，介绍自己的拿手菜。

要求：①注意把字句、被动句的运用；②可以选用首先、然后、随后、最后、先……再……、一边……—边……等说明过程。

香菜味美待嘉宾

初冬，是南方大白菜的旺季。中国江南地区的人们喜欢利用大白菜加工制作成香辣可口、味道鲜美的"香菜"来招待客人。这种菜的制作方法已经有好几百年的历史了，是南方人特别喜爱吃的一种佳肴。如果你品尝了这种"香菜"的滋味，你一定想了解它的制作方法。

将大白菜洗净、晾干，从整棵菜中挑选大而嫩的梗子，用刀切（或用剪子剪）成一两寸长的细菜丝；用大竹匾或簸子，将切好的菜丝放在阳光下晒三四天。晒的天数过多，制成后嚼不烂，无鲜味；晒的时间过短，菜丝的水分过多，腌制后会发霉、变质，不便储存。

待菜丝的水分蒸发大半的时候，就可以用钵子加盐揉拌；要一边揉一边翻动菜丝，揉透后，用掌心将菜丝在钵里压实。两三天后，再用准备好的五香粉、辣椒粉

（或磨细的红大椒）和熬熟的菜油调拌；调拌要均匀，否则会影响质量。加入这些调味品后，再用大瓶、罐子或小坛装起来，用捣碎的老蒜和盐封口，用干荷叶或塑料纸将容器口扎紧。

搁置一星期左右，菜丝已基本回香。拆封闻到香味，就可以取出食用。加调味品，还可以适量地掺一些炒熟、捣碎的芝麻，增添香味。

制作香菜必须注意：菜梗要选嫩的，菜丝不能腌得过咸或过淡，香油要熬熟，揉拌要均匀，香菜在封口后不要过早拆封。

第四章 议论文

第一节 议论文概述

学习重点

1. 议论文的要素
2. 文章的开头和过渡

范 文

论 毅 力

天下古今成败之林，若是其莽然不一途也。要其何以成，何以败？曰：有毅力者成，反是者败。

盖人生历程，大抵逆境居十六七，顺境亦居十三四，而逆境又常相间以迭乘。无论事之大小，必有数次乃至十数次之阻力，其阻力虽或大或小，而要之必无可逃避者也。其在志力薄弱之士，始固曰吾欲云云，其意以为天下事固易易也，及骤尝焉而阻力猝来，颓然丧矣；其次弱者，乘一时之意气，透过此第一关，遇再挫而退；稍强者，遇三四挫而退；更稍强者，遇五六挫而退；其事愈大者，其遇挫愈多；其不退也愈难，非至强之人，未有能善于其终者也。

夫苟其挫而不退矣，则小逆之后，必有小顺。大逆之后，必有大顺。盘根错节之既经，而随有应刃而解之一日。旁观者徒艳美其功之成，以为是殆幸运儿，而天有以宠彼也，又以为我蹇于遭逢，故所就不彼若也。庸讵知所谓蹇焉、幸焉者，皆彼与我之相同，而其能征服此蹇焉，利用此幸焉与否，即彼成我败所由判也。更譬诸操舟，如以兼旬之期，行千里之地者，其间风潮之或顺或逆，常相参伍。彼以坚苦忍耐之力，冒其逆而突过之，而后得从容以进度其顺。我则或一日而返焉，或二三日而返焉，或五六日而返焉，故彼岸终不可达也。

孔子曰："譬如为山，未成一篑，止，吾止也；譬如平地，虽覆一篑，进，吾往也。"孟子曰："有为者，譬若掘井，掘井九仞，而不及泉，犹为弃井也。"成败之数，视此而已。

（作者：梁启超）

论毅力（现代汉语译文）

天下古往今来种种或成或败的人和事，它们所经历的道路是如此的纷繁不同。概括地推究：它们为什么成功，又为什么失败呢？回答是：有毅力的就成功，反之则失败。

人生的历程，大体逆境占了十分之六七，顺境也占了十分之三四，而顺逆这两种境遇又常常是相互交替着轮流出现的。无论事情是大是小，必然会遇到几次乃至十几次的阻力，这种阻力虽然有的大有的小，但总之必定是不可避免的。那些在意志和能力方面薄弱的人，开始的时候一定会说我想要如何如何，我要如何如何，他心里认为天下事本来就是很简单容易的，等到马上尝试，阻力突然来临，就颓然丧失了信心。那些意志和能力比较弱的人，凭着一时的意气，通过了这第一关，遇到第二次挫折就退缩了；意志和能力稍强的人，遇到三四次挫折才退缩；再坚强些的人，遇到五六次挫折才退缩。他所做的事情越大，遇到的挫折就越多，他能作出不退缩的决定也就越难。不是极其坚强的人，就没有能够善于达到它的终点的。

如果遇到挫折而不退缩，那么小的逆境之后，必定有小的顺境；大的逆境之后，必定会有大的顺境。经过了盘根错节的复杂情况以后，才会有迎刃而解的一天。旁观者只是非常美慕别人的成功，认为这个人大概是个幸运儿，而老天总是因为某种缘故宠爱他；又认为"我"遭遇不顺利，所以成就也比不上他。这种人哪里知道所谓的"不顺"啊，"幸运"啊，对于他和"我"都是相同的，而是否能征服这些"不顺"，同时又利用这些"幸运"，正是他成"我"败的区别所在。再用驾船来做个比方，如果用二十天的时间，来走一千里的路程，这期间风向潮流有时顺有时逆，常常交互错杂。他凭着艰苦忍耐的力量，迎着那逆风逆流冲了过去，然后能从容地前进，渡过顺风顺水的一段。但是我或者一天就退回来了，或者两三天就回来了，或者五六天就回来了，所以彼岸就始终不可能到达。

孔子说："比如造山，还差一筐土，如果停止下来，那是我自己停止的；又比如填平土地，即使只倒了一筐土，如果继续去填，那是我自己去填的。"孟子说："做事的人，比如挖井，挖了七八丈深，还没有挖到井水，还是废井。"成败的规律，在此而已。

tuí rán
颓然　　　　　寂静，寂然，衰老的样子。

pángēncuò jié	
盘根错节	树根盘曲，枝节交错。比喻繁难复杂、不易解决的事情。
yíngrèn ér jiě	
迎刃而解	比喻问题的顺利解决。

危险思想与言论自由

思想本身没有丝毫危险的性质，只有愚暗与虚伪是顶危险的东西，只有禁止思想是顶危险的行为。

近来——自古已然——有许多人听见几个未曾听过、未能了解的名词，便大惊小怪起来，说是危险思想。问他们这些思想有什么危险，为什么危险，他们认为危险思想的到底是些什么东西，他们都不能说出。像这种人，我们和他共同生活，真是危险万分。前些年科学的应用刚刚传入中国，一般愚暗的人都说是异端邪教。看待那些应用科学的发明的人，如同洪水猛兽一样。不晓得他们也是和我们同在一个世界上"一样生存"而且比我们进化的人类细胞，却说他们是"鬼子"，是"夷狄"。由此看来，到底是知识思想危险呢？还是愚暗无知危险呢？

听说日本有位议长，说俄国的布尔什维克是实行托尔斯泰的学说，彼邦有识的人已经惊为奇谈。现在又出了一位明白公使，说我国人鼓吹爱国是无政府主义。他自己果然是这样愚暗无知，这更是可怜可笑的话。有人说他这话不过是利用我们政府的愚暗无知和恐怖的心理，故意来开玩笑。哎呀！那更是我们莫大的耻辱！

原来恐怖和愚暗有密切的关系。青天白日，有眼的人在深池旁边走路，是一点也没有危险的。深池和走路的行为都不含着危险的性质。若是"盲人瞎马，夜半深池"，那就危险万分，那就是最可恐怖的事情。可见危险和恐怖，都是愚昧造出来的，都是黑暗造出来的。

人生第一要求，就是光明与真实。只要得了光明与真实，什么东西、什么境界都不危险。知识是引导人生到光明与真实境界的灯烛，愚暗是达到光明与真实境界的障碍，也就是人生发展的障碍。

思想自由与言论自由，都是为保障人生达于光明与真实的境界而设的。无论什么思想言论，只要能够容他的真实没有矫揉造作地尽量发露出来，都是于人生有益，绝无一点害处。

说某种主义、学说是异端邪说的人，第一要知道他自己所排斥的主义、学说是什么东西，然后把这种主义、学说的真相，尽量传播，使人人都能认识他是异端邪说，大家自然不去信他，不致受他的害。若是自己未曾认清，只是强行禁止，就犯了泯没真实的罪恶。假使一种学说确与情理相合，我们硬要禁止他，不许公然传布，那是绝对无效。因为他的元素仍然在情理之中，情理不灭，这种学说也终不灭。假使一种学说确与情理相背，我以为不可禁止，不必禁止。因为大背情理的学说，正应该让大家知道，大家才不去信。若是把他隐蔽起来，很有容易被人误信的危险。

禁止人研究一种学说的，犯了使人愚暗的罪恶。禁止人信仰一种学说的，犯了教人虚伪的罪恶。世间本来没有"天经地义"与"异端邪说"这样东西。就说是有，也要听人去自由知识，自由信仰。就是错知识了、错信仰了所谓邪说异端，只要他的知识与信仰，是本于他思想的自由、知念的真实，一则得了自信，二则免了欺人，都是有益于人生的，都比那无知的排斥、自欺的顺从远好得多。

禁止思想是绝对不可能的，因为思想有超越一切的力量。监狱、刑罚、苦痛、穷困，乃至死杀，思想都能自由去思想他们，超越他们。这些东西，都不能钳制思想，束缚思想，禁止思想。这些东西，在思想中全没有一点价值，没有一点权威。

思想是绝对的自由，是不能禁止的自由，禁止思想自由的，断断没有一点的效果。你要禁止他，他的力量便跟着你的禁止越发强大。你怎样禁止他、抑制他、绝灭他、摧残他，他便怎样生存、发展、传播、滋荣，因为思想的性质力量，本来如此。我奉劝禁遏言论思想自由的注意，要利用言论自由来破坏危险思想，不要借口危险思想来禁止言论自由。

（作者：李大钊，有微改）

hóngshuǐměngshòu	
洪水猛兽	用以比喻危害极大的事物。
yí dí	
夷狄	指边远少数民族地区。常用以泛称除华夏族以外的各族。
qián zhì	
钳制	强力控制。
jìn è	
禁遏	禁阻；遏止。

分头努力

我记得有一个时候，有人提出枪杆和笔杆对救国谁的力量强的问题。有些人对这个问题打了一顿笔墨官司，结果还是你说你的，我说我的，没有得到什么一定的结论。其实枪杆自有枪杆的效用，笔杆也自有笔杆的效用，只需用得其当，都可以有它的最大的贡献；真要救国，应该各就各的效用作最大限度的努力。当十九路军在淞沪英勇抗敌御侮的时候，我们亲眼看到枪杆对于保卫国土所贡献的伟大的力量，但是同时我们也亲眼看到民众被爱国言论和宣传所引起的异常深刻的感动，万众一心，同仇敌忾，有钱的出钱，有力的出力，妇孺老幼都奋发努力于后方的种种工作，军力和民力打成了一片。

救国的工作是要靠各种各样的分工配合而成的，是要各就自己所有的能力作最大限度的奋斗。

试再就军事上的作战说吧，有的担任前线的冲锋，有的卫护后方的辎重，各有各的任务，谁也少不了谁；你如果一定要使冲锋的队伍都到后方来卫护辎重，或一定要使辎重队都往前方去冲锋陷阵，那在军事的作战上都是损失。

不但枪杆和笔杆，不但军事上的作战，我们对于各种各样的工作，乃至似乎是很平凡的工作，都应作如是观。例如一个报馆里卷包报纸的社工，在表面上看来，他的工作似乎是很平凡的。但是只要这个报纸是热心参加救国运动的，在救国的任务上，他的工作也有着重要的意义。

稍稍有一点知识和良心的中国人，没有不时常想到中华民族解放，没有不殷切盼望中华民族解放的早日实现，所以也没有不想在这上面尽他的力量。这种心理的随处流露，在救国运动方面当然是一件可喜的事情。但是有许多人因此感到苦闷，总想跳出他所处的现实，跑到一个合于他的理想的环境中去努力。他没有想到我们应该各就各的能力，即在现实中随时随地做工夫；更没有想到环境若使真能合于我们的理想，那需要我们的努力也就不会怎样迫切的了。

也许我们自己还没有做到"最大限度"，那只有更奋勉地加工干去。也许别人还没有做到"最大限度"，那我们也不应轻视他，却要指示他，鼓励他，帮助他，做到"最大限度"。

让我们在民族解放的大目标下，分头努力干去！

（作者：邹韬奋）

同仇敌忾 tóng chóu dí kài
同仇：共同对敌；敌：对抗，抵拒；忾：愤怒。指全体一致痛恨敌人。

辎重 zī zhòng
行军时有运输部队携带的军械、粮草、被服等物资。

语言是沟通的桥梁

语言作为思想载体的形式，在这个越来越小的世界中变得尤为重要。

当今的社会，文化交流与商品流通已变得越来越频繁，也越来越重要了。于是，在国与国之间、民族与民族之间的交流中，语言成为最重要的沟通工具。

在当今这个社会，沟通的方式很多，但又有哪一种方式比用语言来得直接而迅速呢？是图像，还是动作？也许图像比语言形象，而动作会更有趣、生动。然而，用语言进行的面对面沟通会更加直接、迅速，更加亲切，更加能够营造出当时所想要的氛围。我们可以用语言来进行心与心的交流，让双方可以随时掌握情绪的变化，而让沟通进行得更加融洽和深入。

当然，由于世界上语言有千万种，而且即使同一语系也会因为方言而有着千差万别的口音，加上科技发达和交通便利，人口流动愈来愈频繁，因此，由语言交流不成功而引起的误解，甚至争吵的现象时有发生。但往往在这个时候，如果双方都有耐心，进行更深入的沟通，彼此交换心中的所思所想，那么，那些不愉快的结果是有可能避免发生的。

城市越来越多，楼房林立在城市的每个角落，钢筋水泥为人们筑起一间间寓所，但往往也筑起了人与人心灵与心灵之间的那堵墙。因此，不少城市中生活的人心灵感到孤寂，而愈来愈高节奏的生活也阻隔了人与人之间的沟通。

在城市中呆久了的人，寂寞已成为一种习惯。但是，请你学习倾听，倾听各种各样的声音之后，你会感觉到，其实人类的语言最能真正地让人倍感亲切。也许你还会记得《红楼梦》中的史湘云，她的那句"爱哥哥"听得让人觉得又可爱又可笑又亲切。也许这就是语言的魅力。它让人的心贴得更近，让文化的交流变得更融洽。

请你掌握好语言，用好语言，让语言发挥其最大的功用，切勿让语言成为你与他人之间燃起战火的火花。用好语言，让语言真正成为沟通的桥梁。

（2004 年广东省高考满分作文）

zài tǐ 载体	承载知识或信息的物质的形体。
liú tōng 流通	流转通行；不停滞。文章中特指商品、货币流转。
pín fán 频繁	频率很高，次数很多。

学习重点说明

◇议论

议论是评析、论理，直接阐明作者对事物的观点和意见的表达方式。议论文是一种以议论为主要表达方式的文章，通常以提出问题、分析问题、解决问题的形式来阐明自己的观点。

议论文要具备三要素：论点、论据和论证。论点是论述的中心，论据是证明论点的材料，论证是运用论据来证明论点的方法和过程。

（1）论点。

论点是作者对所议论的问题的看法和主张，它表示作者赞成什么，反对什么。论点要求鲜明、正确。鲜明就是态度明确，清楚地表明赞成什么，反对什么，不含糊其辞，不模棱两可。正确指符合客观规律。

一篇议论文一般只有一个中心论点，为了论述透彻、条理清楚，有时可以用分论点把文章分成几个部分，每一部分论述一个问题，为阐述中心论点服务。中心论点可在文章开头提出，也可在文章的中间或结尾提出，还可以在题目上点明。

另外，在选择论点时，题目不要定得太大，小一些，具体一点，就容易集中力量把道理讲清楚。《论毅力》一文的论点就十分集中而明确。

（2）论据。

提出论点，要想使论点站住脚，就必须举出足够的事实或道理来证明论点。用来证明论点的事实和道理就叫论据。常用的论据分事实论据和道理论据两大类。

①事实论据，包括古今中外的真人真事，各种统计数字和各种自然界的客观现象，这种材料要求真实、确凿、有代表性。

事实论据是议论文中用得最多的一类论据，常言道"事实胜于雄辩"。应该注意的是，列举的事实，要科学可靠，要处理好典型事实和一般事例的关系，要对事实作必要的分析说明。一般说来，例子不宜举得过多，而应有典型性。

②道理论据，包括经过实践证明的人们所公认的真理、公式、定律、科学道理以及名言、警句等。思考练习题中的文章《信他，抑或自己》就用到了两个非常重要的道理论据："走自己的路，让别人去说吧。""常问路的人不会迷失方向。"

写议论文时，必须重视论点和论据的一致性，论点必须从论据中引申出来，论据必须为论点服务。论据要真实可靠，论据不真实论点就站不住脚。论据要充分，论据不充分文章就显得干瘪，没有说服力。

（3）论证。

论证就是用论据证明论点的推理过程和方法。它反映了论据和论点之间的逻辑关系，使论点和论据有机地统一起来，并有力地为论点服务。论证方法选用得当，可以使文章有理有据，条理清楚，逻辑性强，有说服力。

下面简单介绍几种常用的论证方法：

①例证法：用具体事例作论据来说明论点的方法叫做"例证法"。事例包括历史和现实的事实，实践经验，统计数字等。《分头努力》成文于20世纪30年代战火纷飞的中国，文中采用了各行业军民抗战救国的事实来说明自己的观点。

②引证法：用道理作论据来证明论点的方法叫做引证法。所引用的道理一般包括名人的言论，众所周知的常理，科学原理等。

③对比法：通过两种不同事物，或者过去情况和当前情况的比较，明辨是非，有力地证明论点的方法叫对比法。《语言是沟通的桥梁》中，首先论述了语言是沟通最重要的工具，接着将沟通的各种方式进行比较，突出了语言这种沟通方式的优越性和特殊性。

④分析法：通过层层深入，合情合理地分析问题进行论证的方法叫分析法。运用这种方法可以使文章说理透彻、逻辑性强。《危险思想与言论自由》针对思想言论自由逐步分析，水到渠成地得出了自己的结论。

事物常常有两面性，问题常常会有不同的表现形式。分析议论时，如果只说了一面，而忘记了另一面，就会犯片面性的毛病，说理分析最忌这一点。要防止这个毛病，就必须掌握辩证方法。用辩证的方法说理分析，用联系的、发展的、全面的观点来分析和解决问题，对事物"一分为二"，既看到对立又看到统一。说话要留有余地，防止武断和偏激，防止片面性。当然，全面不等于平分秋色，应侧重主要的方面，次要的方面只是稍作补充。《信他，抑或自己》一文在此方面就处理得十分恰当。

总之，对于以上几种论证方法，在实际写作中，很少孤立使用，常常几种方法交错运用。我们在写文章时，要根据情况，选用恰当的论证方法。

◇**文章的开头和过渡**

（1）文章的开头。

文章的开头没有固定的格式，但一般文章都比较注意在开头就点出主要的内容。本节的范文有不同的开头，有些用了这种"开门见山"的方式，即文章的开头就点明主题。例如：

①思想本身没有丝毫危险的性质，只有愚暗与虚伪是顶危险的东西，只有禁止思想是顶危险的行为。（《危险思想与言论自由》）

②语言作为思想载体的形式，在这个越来越小的世界中变得尤为重要。（《语言是沟通的桥梁》）

除了上述例子那样直接切入正题，还可以从读者熟悉的类似的事情提起话头，再自然地谈到自己的话题。总之都是尽量明了、简洁地介绍中心内容。例如：

①所谓"无规矩，不成方圆"。这个圆使我想到了循规蹈矩、稳定、规范。也有人认为这样就是死板，不利于个性的张扬。

②中国人一到传统节日春节，家里人都要欢聚在一起；而我的国家，大家最重视的节日则是圣诞节。

有的文章用一段话、一个故事作为开头，引出正题。例如：

①我记得有一个时候，有人提出枪杆和笔杆对救国谁的力量强的问题。有些人对这个问题打了一顿笔墨官司，结果还是你说你的，我说我的，没有得到什么一定的结论。其实枪杆自有枪杆的效用，笔杆也自有笔杆的效用，只需用得其当，都可以有它的最大的贡献；真要救国，应该各就各的效用作最大限度的努力。（《分头努力》）

②裹身于这个物欲横流的社会，穿梭在信息交织如网的时代，面对每天如潮涌的声音，我们该相信谁呢？信他，抑或自己？（《信他，抑或自己》）

（2）段落之间的连接过渡。

每个段落的开始也应该注意到与上一段落的自然衔接，一篇文章从几个方面说明问题或记述事情，而每个段落的开始对各部分内容的衔接起着关键的作用。另外，每段开始的第一个句子，也像文章的起始句一样，点出这一段的主要内容；同时往往有完成两个内容之间的过渡作用。有时，那个段落本身就是用来连接上下文的。

例如《论毅力》（现代汉语译文）这篇文章中：

①天下古往今来种种或成或败的人和事，它们所经历的道路是如此的纷繁不同。概括地推究：它们为什么成功，又为什么失败呢？回答是：有毅力的就成功，反之则失败。（第一自然段）

②人生的历程，大体逆境占了十分之六七，顺境也占了十分之三四，而顺逆这两种境遇又常常是相互交替着轮流出现的。（第二自然段第一句）

③如果遇到挫折而不退缩，那么小的逆境之后，必定有小的顺境；大的逆境之后，必定会有大的顺境。（第三自然段第一句）

思考练习题

（1）为下面的文章题目写个开头。

①环境污染的主要原因

②我国的传统节日

③学习汉语的主要难点

④路边见闻

⑤读书的乐趣

⑥童年的故事

⑦难忘的一天

（2）下面是文章或段落的开头，说说接下来写的文章或段落应该是哪些方面的内容。

①在小学时，我就迷上了画画儿……

②每当春天樱花盛开的时候，我就会想起我在东京度过的一段美好时光……

③学习一门语言，不但要在课堂上积极练习，而且要利用一切机会，在实际生活中学习和运用，才能提高自己的语言能力。

④上中学时，老师和同学都认为我是一个既不聪明又不用功的学生，我自己也对自己没有多大的信心了，而新来的生物老师改变了我的看法……

⑤吸烟有害于健康，这是人人知道的道理，可是抽烟的年轻人还是很多，他们对这个问题又是怎么看的呢？

（3）选择适当的过渡语句填在短文的各个段落之间。

A. 在美好的微笑和轻声的祝福中，他感到生活真的充满了爱。

B. 看着这几行字，他心里感到温暖。

C. 妻子去世一个月来，他始终无法从痛苦中挣脱。

D. 于是，上班的时候，他开始观察自己的同事。

E. 他来到邮局。

F. 贺年卡的封面图案很简单，洁白的纸上画着一片绿色的叶子，叶子的上方印着五个字"默默的祝福"。

寄贺年卡的人

（　　）他冷漠地对待这个世界，消极地生活。新年将至，他却没有快乐。也就在这时，他收到了一张贺年卡。他感到意外。他不知道，有谁还会给他寄贺年卡。

（　　）打开贺年卡，他却没有找到寄卡人的签名，只在像封面一样洁白的纸上，发现钢笔写着的几行字："别去猜我是谁，也不必去寻找。只要你知道，这世界上有人在默默祝福你。生活依然美好，依然充满热情，依然充满爱。新年与你同在！"

（　　）是谁送来的这份温暖呢？他极力去辨认那钢笔字，但这隐去姓名的祝福者显然是要真正隐去他自己。字，一笔一画，横平竖直，是标准的宋体，根本看不出一点个人风格。谁呢？我一定要找出来。

（　　）他向他们微笑点头。妻子去世以来，这是他第一次露出微笑。同事们也分别向他回报以微笑。微笑里充满了温馨。他分辨不出，他觉得每个人都像是他的祝福者。

（　　）"别去猜我是谁，也不必去寻找……"他总是想起了这句写在贺年卡上的话。他多么希望找到这个给他带来生活的力量的人啊！突然，他看到信封上的邮戳——贺年卡是挂号寄来的，为什么不去问问邮局呢？

（　　）邮局的人说："噢，这个办挂号贺年卡的人我们记得非常清楚。两个月以前，来了一个女人，很瘦，因为病态，她的嘴唇几乎没有血色。她说她得了绝症，将不久于人世了。她请求我们代她在年前寄出这张贺年卡……我们知道她已经死了，因为，她临走时说，如果她能将生命熬到年底，她将亲自来寄这张贺年卡。"听完这些，他深深地，不知是向这个告诉他谜底的人，还是向他那已长眠的妻子，鞠了一个躬。

（作者：李致祥，有删改）

（4）阅读下面的文章，从以下题目中任选一个，做作文练习。

①生活中的一件事给我的启示

②年轻人喜爱的运动方式

③谈谈语言学习的环境

信他，抑或自己

裹身于这个物欲横流的社会，穿栖在信息交织如网的时代，面对每天如潮涌的声音，我们该相信谁呢？信他，抑或自己？

有人说，走自己的路，让别人去说吧！

有人说，应当耐心地听取别人的意见。

还有人说，常问路的人不会迷失方向。

俯首是春，仰首是秋；月圆是画，月缺是诗。每个人都有自己的道理。行走在岁月的流年中，我们应该相信自己，同时也要听取别人的意见。

相信自己，我们可以立一方碑基，在人生的行程中。相信自己，即使在风浪翻滚的怒涛中，我们仍然能把握自己生命的航船，准确驶向远方的港湾；相信自己，即使在山重水尽疑无路的境地，我们仍旧可以开启柳暗花明又一村的新门。"走自己的路，让别人去说吧。"但丁这句话告诉我们，要相信自己。人生风雨兼程，成功和失败同在，积极与消极共处。无论悲喜伤痛，都要坚守自己，相信自己。只有相信自己，方能在这信息高速发展的今天，准确地点击自己辉煌灿烂的明天之网页。

相信自己，并不意味着排斥别人；相反，相信自己，而是要善于听取别人的意见。波兰不是有句谚语：常问路的人不会迷失方向。

漆黑的海上，海轮不仅要遵循罗盘的指向，它还需要海上灯塔的导航。人生亦如此，没有谁可以一意孤行地走向成功的巅峰，他人的意见有时如登山的拐杖，支撑着你前进的脚步。

唐太宗虚怀若谷，善于纳谏，终成一代名君；齐王接受邹忌的进谏，听取群臣吏民的意见，于是才有"诸侯皆朝于齐"的国势；孙中山提出建设三峡的设想，岂不是因为善于听取别人的意见的结果？

听取别人的意见，方能集思广益，兼收并蓄，最后创造出辉煌灿烂的宏伟事业。

当然，听取别人的意见，绝非相信一切人。相信一切人和怀疑一切人，其错误是一样的。应当耐心地倾听他人的意见，认真考虑指责你的人是否有理，有则改之，无则加勉。

人生如秋风吹皱悠悠岁月，飘落几多惆怅，几多感叹。行走在斗转星移的人生之旅，切勿一意孤行，也勿相信一切人。相信自己，也能听取别人的意见，这才是风雨人生路，逍遥任我行的法宝。

相信自己，坐观庭前花开花落，闲看天上云卷云舒。

听取别人意见，坎坷人生道，多一份坦荡情怀。

相信自己，听取别人意见，方能在荣荣枯枯的岁月道路上，一路奔放，一马平川。

（2004 年河南省高考优秀作文）

第二节　读后感、评论

学习重点

1. 读后感、评论的写作
2. 连接句段

范　文

中国的人命

我在太平洋会议的许多废话中听到了一句警语。劳耳说："中国没有废掉的东西，如果有，只是人的生命!"

人的生命! 你在中国是耗费得太多了。垃圾堆里的破布烂棉花有老太婆们去追求，路边饿得半死的孩子没有人过问。花十来个铜板坐上人力车要人家拼命跑，跑得吐血倒地，望也怕望，便换了一部车儿走了。太太生孩子，得雇一个奶妈。自己的孩子白而胖，奶妈的孩子瘦且死。童养媳偷了一块糖吃要被婆婆逼得上吊。做徒弟好比是做奴隶，连夜壶也要给师傅倒，倒得不干净，一烟袋打得脑袋开花。煤矿里是五个人当中要残废一个。日本人来了，一杀是几百。大水一冲是几万。一年之中死的人要装满二十多个南京城（说得正确些，是每年死的人数等于首都人口之二十多倍）。当我写这篇短文的时候，每个字出世时有三个人进棺材。

"中国没有废掉的东西，如果有，只是人的生命!"

您却不可作片面的观察。一个孩子出天花，他的妈妈抱他在怀里七天七夜，毕竟因为卓绝的坚忍与慈爱她是救了他的小命。在这无废物而有废命的社会里，这伟大的母爱是同时存在着。如果有一线的希望，她是愿意为她的小孩的生命而奋斗，甚至于牺牲自己的生命，也是甘心情愿的。

这伟大的慈爱与冷酷的无情如何可以并立共存? 这矛盾的社会有什么解释? 他是我养的，我便爱他如同爱我，或者爱他甚于爱我自己。若不是我养的，虽死他几千万，与我何干? 这个态度解释了这奇怪的矛盾。

中国要到什么时候才能翻身? 要等到人命贵于财富，人命贵于机器，人命贵于安乐，人命贵于名誉，人命贵于权位，人命贵于一切，只有等到那时，中国才站得起来!

（作者：陶行知，有微改）

童养媳　tóngyǎng xí　从小被婆家领养、等长大再跟这家的儿子结婚的女孩子。

夜壶　yè hú　便壶。因多在夜间使用，故名。

卓绝　zhuó jué　超过一切，无与伦比。

关于女人

国难期间女人似乎也特别受难些。一些正人君子责备女人爱奢侈，不肯光顾国货。就是跳舞，肉感等等，凡是和女性有关的，都成了罪状。仿佛男人都成了苦行和尚，女人都进了修道院，国难就得救了似的。

其实那不是她的罪状，正是她的可怜。这社会制度，把她挤成了各种各式的奴隶，还要把种种罪名加在她头上。西汉末年，女人的眉毛画得歪歪斜斜，也说是败亡的预兆。其实亡汉的何尝是女人！总之，只要看有人出来唉声叹气地不满意女人，我们就知道高等阶级的地位有些不妙了。

奢侈和淫靡只是一种社会崩溃腐化的现象，决不是原因。私有制度的社会本来把女人也当做私产，当做商品。一切国家，一切宗教，都有许多稀奇古怪的规条，把女人当做什么不吉利的动物，威吓她，要她奴隶般地服从；同时又要她做高等阶级的玩具。正像正人君子骂女人奢侈，板着面孔维持风化，而同时正在偷偷地欣赏肉感的大腿文化。

阿拉伯一个古诗人说："地上的天堂是在圣贤的经典里，在马背上，在女人的胸脯上。"这句话倒是老实的供状。

自然，各种各式的卖淫总有女人的份。然而买卖是双方的。没有买淫的嫖男，哪里会有卖淫的娼女。所以问题还在卖淫的社会根源。这根源存在一天，淫靡和奢侈就一天不会消灭。女人的奢侈是怎么回事？男人是私有主，女人自己也不过是男人的所有品。她也许因此而变成了"败家精"。她爱惜家财的心要比较的差些。而现在，卖淫的机会那么多，家庭里的女人直觉地感觉到自己地位的危险。民国初年就听说上海的时髦总是从长三堂子传到姨太太之流，从姨太太之流再传到少奶奶，太太，小姐。这些"人家人"要和娼妓竞争——极大多数是不自觉的，——自然，她们就要竭力地修饰自己的身体，修饰拉得住男子的心的一切。这修饰的代价是很贵的，而且一天天地贵起来，不但是物质的代价，还有精神上的代价。

美国的一个百万富翁说："我们不怕……我们的老婆就要使我们破产，较工人来没收我们的财产要早得多呢，工人他们是来不及的了。"而中国也许是为着要使工人"来不及"，所以高等华人的男女这样赶紧地浪费着，享用着，畅快着，哪里还管得到国货不国货，风化不风化。然而口头上是必须维持风化，提倡节俭的。

（作者：瞿秋白，有微改）

shē chǐ
奢侈　　　　　挥霍浪费，过分追求享受。

yù zhào
预兆　　　　　事情发生前所显示出来的迹象。

yín mí
淫靡　　　　　淫荡、颓废；荒淫、颓废。

gòngzhuàng
供　状　　　　呈交书面供词；招供。泛指自陈事实的文字。

fēnghuà
风化　　　　　教育感化；风俗教育。

赏析卞之琳的《断章》

断　章

你站在桥上看风景，
看风景的人在楼上看你。

明月装饰了你的窗子，
你装饰了别人的梦。

　　《断章》写于 1935 年 10 月，原来是诗人卞之琳写的一首长诗中的片段，后将其独立成章，因此标题名之为"断章"。这是中国现代文学史上文字简短，然而意蕴丰富的著名短诗。

　　乍一看来，《断章》是用简短纯朴的手法，淡淡地描写出一段感情，一份倾恋。短短四行字中，没有一个"爱"字，幽幽的情思却仿佛在半空中悠悠地飘荡，画出一道让人心醉的彩虹。

　　诗的上节："你站在桥上看风景，看风景的人在楼上看你。"作者没有细致描写风景，但一幅江南水乡般的美好意境已映入读者眼帘。那山水画般的美，淡淡的，轻轻的，让人心醉。接着作者笔锋一转，写到了夜晚。"明月装饰了你的窗子，你装饰了别人的梦。"再一幅画面浮现，"你"静坐窗前，抬头看着明亮的月，它仿佛就是为了装点你的窗而存在的。纵使夜空中的月再美，也比不过那楼上人的情思。你并不知道的是，楼上人的梦乡中有一份对你的最真、最纯的思念。作者所用的角度巧妙绝伦，楼上的一看，梦中的一忆，浓浓的情思深印在心上。文字的运用简朴单纯，让读者感受到这份情没有任何杂质，是那样的纯洁。全诗富有节奏感，是一种温柔婉约的节奏，更好地表现了情意。

　　细细读来，这首短诗还超越了情诗的意境，通过诗人对"风景"的刹那间感悟，对"情思"的素描淡写，更深地涉及了"相对性"的哲理命题，富有内涵。

　　全诗的两节，恰似并置在一起的两组镜头。"你站在桥上看风景"和"看风景的人在楼上看你"这组镜头摄取的都是生活中常见的景象，第一个镜头中"你"是看风景的主体，到第二个镜头里，桥上的"你"就是楼上人眼中的风景，成为看的客体了，主客体位置不着痕迹的转换，暗示了宇宙中事物普遍存在的一种相对性。"明月装饰了你的窗子"和"你装饰了别人的梦"这两个镜头又构成了另一组并列蒙太奇，是对前一组镜头显示的哲学上的相对性的强化。在诗人看来，一切事物都不是孤立的存在，而是与其他事物相对关联而存在的。事物相对关联与运动的变化是永恒的规律。

　　在艺术上，这首诗所表现的主要是抽象而又复杂的观念与意绪，但是诗人并未进行直接的陈述与抒情，而是通过客观形象和意象的呈现，将诗意间接地加以表现。诗作有着突出的东方式的画面感与空间感，意境深邃悠远，又有着西方诗歌的暗示性，使得诗歌含蓄深沉，颇具情调。

_{yì yùn} 意蕴	所包含的意思。
_{wǎnyuē} 婉约	委婉含蓄。
_{zhǔ tǐ} 主体	事物的主要部分，哲学上指对客体有认识和实践能力的人。
_{kè tǐ} 客体	指次要的人或事物。指外界事物，是主体的认识对象和活动对象。
_{méng tài qí} 蒙太奇	是音译的法语词，原为建筑学术语，意为构成、装配。经常用于三种艺术领域，可解释为有意涵的时空拼贴剪辑手法。在电影艺术中，指剪接组合镜头，以形成完整的电影片。

一个女戏子的命运浮沉

——品《夜深沉》

　　夜深沉，情也深沉……

　　在哀婉流转的《夜深沉》二胡声中，一个生活在二十年代的北京女戏子的命运正如浮萍漂流于湍河般跌宕浮沉，她并非随波逐流，也曾依靠微弱力量与命运顽强抗争，却终究以失败告终。她，就是张恨水长篇小说《夜深沉》中的主人公月容。

　　翻开这本厚厚的小说，本出于无意。其实，我并不是很愿意看这类作品。每当看到在那个动荡年代里女性渴望冲破封建藩篱，独立自强地生存却又只能无能为力地任人摆布的生活状态时，我的内心总是波涛汹涌，所有关于对那个摧残人性的时代之愤怒不满的情绪便会一齐涌上心头。没有办法，一个时代有一个时代的无奈，"人在江湖，身不由己"，纵使有再多的愤慨和控诉，也无法逃脱时代和命运的束缚；纵然有穿过时代、遥望未来的长远眼光，也无法突破历史的局限。更何况是女性，那些在那样的年代中注定要依附于男人生存的可怜人，她们的声音是如此苍白无力，虚无缥缈，在深沉的夜里呜咽低回。

生命本应平等。每个人降临于世，皆赤条条地来，无等级之别，无贵贱之分，然而，命运却是不公。在呱呱坠地的那一刻，一个人的命运似乎便可预见。月容，一个孤苦无依的女子，没有疼爱自己的爹妈，更别说殷实的家底，身世已颇为凄凉，但庆幸的是，她天生拥有一副好模样和甜美嗓子，因而便有了谋生的手段，并不至于被饿死。或许，不应该是庆幸，而是不幸。没有唱戏的天赋，她也许仅是尘世中一个平平凡凡的女子，默默无闻地相夫教子，过着清贫而安宁的小日子。可就是她的年轻貌美和艺术才情，在帮助她以极快的速度被捧红为京剧名角后，也一步步将其推入了黑暗可怕的无底深渊。

"唱曲儿的总是需要人捧的。"简单实在的一句话，折射出了一个戏子的命运。再美的歌声也得要有人欣赏才能被传扬，况且是生活在20世纪20年代的北京城里的京剧角儿，地位是如此卑微，唯一的出路便是依托捧角者的力量，为自己谋求生存的资本。说到这里，我记起了很久以前看过的一部当代的长篇小说《亡魂鸟》，扉页上有一句话，至今让我记忆犹新："那些花样的女性，一旦和做官的有所关联，她们的命运就变得悲惨……"月容命运的坎坷，也是与有钱有势的人息息相关，从纨绔子弟到军阀，再到富商，她如花的生命被一次次无情地摧残。有过挣扎，也曾反抗，然而一个在等级制度森严的旧社会中的弱女子，有何资本及条件争取自由、保全自己呢？开始是由于少不更事，误入火坑，以致一步错，步步错，最终到达了万劫不复的地步。任何挣扎反抗的力量也被一点点消磨殆尽，终于变成一个卑微女戏子无奈的选择。

如果连自身的生存和自由都难以确保，那么爱情又如何能坚如磐石、天长地久呢？生活是现实的，没有面包，爱情也是虚无缥缈。所以，单纯天真的月容努力追求面包和理想爱情，这并没有错，也无可厚非。本来她可以"飞上枝头变凤凰"，命运却大大地耍了她一番，所有美好的幻想全部破灭，面包没了，爱情也随之烟消云散，落得人财两空。她几乎是被逼上绝境了，只好战战兢兢回头，寻找那一份没有面包基础却弥足珍贵的爱情，找回当初朴实温暖的依靠。这时候她终于明白，一切已是物是人非，空悲切。就算丁二和还是那个当初对她一往情深的丁二和，但相别一年，恍若一世，世界已是千变万化，他们之间的阻碍变得愈来愈大，不可逾越。经历了那么多，再次相见，他们有千言万语，却无可名状。

作为在那个昏乱的年代里社会底层的小人物，他们的爱情是如此的脆弱，没有与世俗抗争的力量，却蕴藏最深沉的情感。然而，力量的微乎其微导致月容的命运不可避免地陷入悲惨的漩涡。在任人摆布中失去自我的同时也失却了真爱，一切的苦痛，女戏子月容默默承受，丁二和痛心疾首，却无力回天。

寒夜深，情更沉，被时代和世俗的藩篱重重阻隔的爱情在彻骨的寒夜里沉重地叹息……

（作者：汤晓菲，有修改）

āi wǎn 哀婉	悲伤委婉。
diē dàng 跌宕	音调抑扬顿挫或文章富于变化。
fān lí 藩篱	也作"藩篱"，篱笆。比喻门户或屏障。
wū yè 呜咽	低声哭泣。亦指悲泣声。
yīn shí 殷实	充实；富裕。
wán kù 纨绔	用以指富贵子弟。多含贬义。
wàn jié bù fù 万劫不复	指永远不能恢复。
zhàn zhàn jīng jīng 战 战 兢 兢	小心谨慎的样子。

学习重点说明

◇读后感和评论

读后感和评论都属于议论文的范畴。

（1）读后感。

读一本书，一篇文章，一句话，一则报纸上的消息、通讯，在此基础上写一点感想、体会或有益的启示、教训，这样的文章称为读后感。

写读后感必须注意以下三点：首先，必须有一个明确的中心论点（或中心思想），不能杂乱无章，文意散漫。其次，这个中心论点（或中心思想）必须是从所读的材料中提炼、概括出来的，与所读的材料有着必然的、内在的联系。最后，写读后感必须是写自己的所读、所思、所感、所悟。可以写一点，也可以写几点，不求面面俱到，但所写的一定是自己独特的认识和理解。《一个女戏子的命运浮沉——品〈夜深沉〉》就是围绕着小说女主人公的坎坷命运，来发表自己的感触和思想的。

写读后感要注意避免以下几点：第一，"感"少"述"多。名为读后感，却很少有"感想"、"感慨"、"感悟"，大部分甚至通篇都是复述、引述所读的内容。第二，"感"得不新。文中虽有所感，却只是老调重弹，或人云亦云，写不出自己真切的独特的感受来。第三，"感"得不深。虽也能写出一点自己的感受来，但犹如蜻蜓点水，泛泛而谈，浅尝辄止。第四，"感"得走调。虽然写了很多的感想，但不知"感"从何来，与所读材料无丝毫关联；或者虽也是"感"从"读"来，但曲解了原作的意思，"感"得走了样。

观看影视作品、戏剧、展览之后写的感想，称为观后感，写法与读后感相同。思考练习中的文章《寻找心中的梦幻岛》是在观看了影片之后，紧密结合原电影，提出了保持童真、坚持梦想的论点，具有自己的特色。

（2）评论。

以议论为主要表达方式，对某问题或某事件发表自己意见的文章称为评论。就内容来说，评论可分成多种。常见的有两类：社会思想评论和文学评论。对日常工作、生活、学习中反映出来的社会思想问题发表的评论属于社会思想评论。

写社会思想评论要注意以下几点：第一，评论要有针对性。对所评论的思想，要有清楚、正确、充分的认识和理解，从而做到对症下药，有的放矢地解决问题。第二，评论要有客观性。要以事实说话，要以理服人，不能乱扣帽子。第三，评论要有艺术性。要评得深入浅出，评得入情入理，评得恰到好处。

《中国的人命》、《关于女人》都是 20 世纪 30 年代的作家，针对当时中国社会的黑暗现实生活而提出的批评意见，在一定程度上起到了促进社会变革的进步作用。这种积极针砭时政的传统，一直是中国文人爱国爱民精神的具体体现。

阅读文学作品，欣赏影视艺术，对作家、作品和其他文学现象所作的评论属于文学评论。写文学评论要注意科学性、见解的独创性，评论语言一般要求比较生动。

《赏析卞之琳的〈断章〉》是比较典型的文艺评论，用到不少文艺术语。它的评论视角是"现代白话诗歌欣赏"；主要集中从诗的表层、深层内涵、基本艺术手段等方面介绍了《断章》一诗的基调、思想感情、创作技巧。

应该注意到，文学评论与读后感有着明显的区别。文学评论是对作品作客观的评价，对象仅限于文学作品；读后感是写下读了作品之后的主观感受，对象包括所有体裁的作品。

◇连接句段的词语

有些词语不是关联词语，但它在文章中有连接句子，使句子之间的关系清晰明确的作用。在语段表达中，恰当使用这些词语，可以加强语义表达的统一性和完整性。

（1）我认为/依我看：说明自己的观点、看法；强调是自己的认识。例如：

①依我看，这件事情要多听听你家里人的意见。

②我认为，拍电视剧时，就该请一个语言专家当顾问。

（2）就……来说：以某个事物为基点来说明问题。例如：

①就今年的情况来说，毕业生大都愿意自己找工作，而不愿意学校统一分配工作。

②就语音练习来说，这种方法很有效。

列举事例或陈述道理时，可以用以下表示逐项列举的词语组合使层次更清楚。

（1）一是……二是……：连接表示原因或目的的小句。例如：

大学生利用假期去打工，确实有不少益处，一是使他们获得对社会生活的体验，为自己走向社会打下基础；二是可以增加一些经济收入，减轻父母的负担……

（2）第一……第二……：表示前后次序。例如：

使用毛笔应该注意以下几点：

第一，使用新毛笔时，……

第二，每次用完后，……

第三，……

（3）首先……其次……最后/第三：前后有序地列举事项。例如：

解决城市交通问题首先要加强基础建设，比如拓宽马路，增设立交桥；其次要多多开辟公共汽车线路，尤其是上下班的人流比较集中的地区；第三，……

（4）一方面……另一方面……：连接并列的两种相互关联的事物，或一个事物的两个方面。例如：

坚持进行体育锻炼一方面可以保持身体健康、增强体质，另一方面，也可以调整人的心理状态，保持乐观的情绪。

◇设问和反问

（1）设问。

设问指为了强调，故意先提出问题，明知故问，有问自答。可以提醒、启发读者进一步思考。有时用在一段或一节文章的开头或结尾，能起到引出话题或过渡的作用。例如：

①有人曾问我，什么事让你感动呢？我不敢说，因为也许那些让我感动的事你觉得不值一提。

②好主意是怎样产生的呢？

③为什么还不能真正解决问题呢？我认为是措施不严密造成的。

（2）反问。

反问只问不答，答案暗含在反问句中。其目的不是提问题，而是把要表达的意思包含在问话里，有加强语气的作用。例如：

①因为如果可以像动物那样匍匐着生存，人何必要直起躯干、昂起头颅？

②今天不上课，我们的学费不是白交了吗？

③读书，买书，写书，对于我来说，还有什么比这更快乐的呢？

思考练习

（1）谈谈你对下列问题的看法，用上表示列举的词语。

①怎样预防感冒？

②怎样保持身体的健康？

③学习汉语是不是一定要学习写汉字？

④网络的好处与坏处分别有哪些？

（2）口头作文

下面是一篇电影的观后感，读了以后选择自己喜爱的一部电影，也来谈谈感受。

寻找心中的梦幻岛

前些天看了约翰尼德普和凯特·温丝莱特主演的电影《寻找梦幻岛》。和大多数的好莱坞电影不同，这部电影既不商业，也不造作，带给观众的是一种很淳朴的感动。

影片改编自小飞侠彼得·潘的创造者——作家詹姆斯·巴利的真实经历。英王爱德华时代，剧作家詹姆斯·巴利小有成就，可他的新剧上演后却反响不佳，他意识到必须寻找新的创作灵感。这一天，巴利像往常一样到肯辛顿公园散步，在那里遇到了莱文利·戴维斯一家：四个刚刚失去父亲的孩子和他们美丽善良的母亲西维娅。尽管孩子的祖母艾玛和他的妻子百般阻挠，但巴利仍然坚持不懈地帮助莱文利一家。巴利和孩子们一起玩游戏、恶作剧、过家家，进入城堡和国王、牛仔和印第安人、海盗和漂流的世界。是他把小山坡变成帆船、把木棍削成宝剑、把风筝画成仙女，把四个小男孩装扮成"迷失的梦幻岛男孩"。

通过和这些天真无邪的孩子们的接触，巴利打开了想象力的大门，创作了一部后来家喻户晓的经典童话《小飞侠》。最初，巴利的剧团对这部童话剧的吸引力非常怀疑，就连一向支持他的制作人查尔斯也担忧不已。但是在巴利的坚持努力下，《小飞侠》最终以天真的童趣和丰富的想象，打动了不计其数的孩子和大人。

孩子们的母亲西维娅最终还是因病去世了，在她临死前，巴利实现了自己的承诺，让她来到了梦幻岛。影片的最后，巴利安慰失去母亲的彼得说他的妈妈去了梦幻岛，并且告诉他只要有信念随时都可以去梦幻岛。

在整部影片中，一直贯穿着一种现实世界与梦幻世界的矛盾。巴利的剧作一直没能得到现实的认可，他只好一个人沉浸在想象的世界中，就连妻子也无法理解他。他每天陪着孩子们在梦幻世界尽情玩耍，然而却遭到周围人们的非议：认为他和寡妇有着不可告人的关系。孩子们很想和母亲无忧无虑地生活在梦幻岛，可是母亲的病故却是无法挽回的事实。尽管如此，心中的坚定信念还是成就了詹姆斯·巴利，也成就了小飞侠彼得·潘和喜欢他的孩子们。

在小飞侠彼得·潘的故事中，梦幻岛是梦开始的地方，它象征着快乐、天真和无忧无虑。只有欢乐、天真的孩子才能飞向梦幻岛，而当孩子长大后，他们就再也飞不起来了。我于是在想这样一个问题，是不是我们每个人在成长的过程中都不知不觉地折断了翅膀，于是再也飞不到梦幻岛了。

孩子总是更容易具备想象力，能够想到很多大人们想不到的东西。可是他们总会逐渐长大，在现实坎坷中接受大家的思维，丢失了宝贵的童真。我觉得真正有创造力的人应该不会（至少不会全部）丢弃这种孩子式的气质与想象力。莫扎特就是一个这样的例子，有人说他是一个拒绝成熟的人，虽然现实生活十分艰辛，却保持了自我和梦想，创作了很多明朗、欢快的乐章。

电影《寻找梦幻岛》讲述了生命中的某种坚持，或许我们都应该拥有一种信念：无论何时何地，要相信自己的梦想一定会实现。只有这样，才能寻找到属于自己的梦幻岛……

（作者：胡小楠，有修改）

（3）试用一段简短的文字反驳下列观点，注意使用表述自己看法的语句，例如："依我看，我认为，我的意见是，对此我有不同看法……"

①八小时之外的业余时间不应该再做什么和工作有关的事情，应该尽情娱乐，享受人生。

②年轻人和长辈是可以互相理解、互相尊重的，"代沟"完全可以通过谈心等方式来填平。

③现在的电影不如以前的老电影那么深沉感人，而总是充满了凶杀、暴力等场面，很少反映现代普通人的生活。

④"只要曾经拥有，何必天长地久"的爱情观，体现了现代年轻人在感情上的成熟和务实。

⑤"男女平等"的理念虽然在全球风行了许多年，但现实情况并没有太大的改观。这主要是因为男性不愿放弃"男尊女卑"的优势地位，对女性解放运动并不支持。

（4）把下列句子改为反问句。

①今天比赛虽然对方的力量比我们强，但是我们仍然要竭尽全力去争取胜利。
②我早就写信告诉你了，你应该知道这件事。
③生活中遇到各种困难是很自然的，我们年轻人应该有克服困难的勇气和信心。
④学习汉语，应该多跟中国人谈话，如果不好意思说，就很难得到提高。
⑤你可以选择生活，却无法选择生死；你可以选择伴侣，却无法选择命运。
⑥我们都已经是大学生了，别把我们当小孩子看待。
⑦她诚心诚意向你表示歉意，你也要改变对她的态度了。
⑧我喜欢茶色的头发，所以我把头发染成茶色。爸爸妈妈认为很古怪，但我觉得这是个人爱好问题，他们不应该干涉。

（5）作文。
读一本书、一篇文章，或看一场展览等，写一篇读后感。

下编 应用写作

第五章 常见事务应用文

第一节 便条、单据

学习重点

1. 便条、单据的写作
2. 量词

范 文

请 假 条

王老师：

　　非常抱歉，我因今晨突然生病不能前来上课。现附上医生证明，医生担心我也许要几天后才能上课。希望我这次身不由己的缺勤不致给您带来很大的麻烦。

您的学生　杰克

2004 年 1 月 4 日

张主任：

　　今天接到姐姐电报，说我母亲已于本月十日住院，病情严重。我准备明天赴北京探望，特此请假十五天。请予批准。

　　此致

敬礼

丸岗泰彦

2001 年 9 月 14 日

留 言 条

亲爱的彼得：

　　我在这里的事情已经全部办好。这次麻烦你了，我万分感激。我定于今天下午两点乘火车返家，特来辞行，并请代向你的妻子问好。

挚友　迈克

2002 年 4 月 3 日上午 8 时 30 分

小张：

　　我有急事外出一会儿，约二十分钟左右回来，你来后请等一下，我去去便回。

赵燕

即日

全平：

　　这次你去上海，请代我购买《素质教育与学生作文》十本，尽快寄回，谢谢！

李小明

1999 年 5 月 7 日

借 条

　　因开文艺晚会，借用学校卡拉 OK 机一套（包括影碟机一台、麦克一对、扩音机一台、喇叭箱一对、电源插座一个），借期两天，到时归还。

三年级二班

经手人：刘晓

1998 年 12 月 25 日

收 条

今收到校友刘丽捐款人民币伍佰圆整。

校友会秘书处

经手人：闻兴

1998 年 12 月 10 日

欠 条

为校运动队购运动服 30 套，还欠宏达体育用品商店人民币壹仟伍佰元整。双方商定三日内交齐。

天河中学

经手人：王辉

1998 年 12 月 6 日

学习重点说明

◇便条

便条就是最简单的信件。在日常生活和工作中，临时碰到一些事情要对别人说明，但由于某种原因无法面谈，就可以写一张便条，说明情况和要求。常用的便条有请假条和留言条等。各种便条的写法基本相同，一般在第一行正中写明便条性质，如请假条、留言条等，第二行顶格写收信人的称呼和冒号以示尊重，第三行空两格写正文。正文后致意，一般另起一行空两格写"此致"，下一行顶格写"敬礼"。给朋友或同学熟悉者的便条，也可省略该项内容。最后，在右下角写姓名和时间。

◇单据

单据是日常生活中经常使用的简便应用文，包括借条、收条、领条、欠条、汇款单、取存款单等。单据的基本格式和写法包括名称、正文、署名和时间几个部分。

（1）名称：单据的名称，如借条、收条等写在第一行的中间，也可不写名称，在第一行空两格写"借到"或"收到"等字样，另起一行写正文。

（2）正文：正文是单据的主要部分，要写明事由或事实。如借条要写明谁借什么、数量多少，何时归还等。单据涉及物品的，要写清物品名称、数量、质量或规格；涉及款项的，一般要写明收、领、借的原因。单据上的物品和款项的数字一般要用大写汉字：壹、贰、叁、肆、伍、陆、柒、捌、玖、拾、佰、仟、万。如果是现金，在数字后还要写上"整"，表示到此为止，以防添加或篡改。

（3）署名：署名应是亲笔签字的真实姓名。重要单据姓名前要写清单位或地址，签名后还要盖章，以示负责。

（4）时间：立据的时间要写清，包括年、月、日。

单据写成后，不得涂改；如有涂改，必须在涂改处盖章，以示负责。另外，如果是收据，对方未把钱款或物品交清前不能把条据交给对方。

单据中还有一类是国家有关行政部门制发的票据，有固定的格式、内容和用途。任何个人或单位使用这些票据时都要依照有关法规填写，如各种发票凭单、车（船、机）票等。

◇**量词**

汉语量词可以分为两类，即名量词和动量词。名量词非常丰富，常常和数词组成数量词组充当定语。在写作中，应该注意选择。例如：

一阵风　　三座大山　　十台电视机　　一套西服　　五架照相机　　两部电影
一出话剧

动量词是表示动作的单位，为数不多，主要有：次、遍、趟、回等。例如：

①早上他去了一趟朋友家。

②这本书我看了三遍。

③她打来了几次电话。

思考练习

（1）如果你要单独去国外生活一个月，你将带哪些物品？请列出 12 种，要求有量词和其他定语。例如：

一套新版的《莎士比亚全集》，一台日本生产的彩色电视机。

（2）列一张购物单，写出你要准备一个生日晚会需采购的各类物品。例如：

三块大蛋糕，20 瓶汽水，10 个彩色气球。

（3）将下列每组句子合并成一个句子。例如：

我认识一位服务员。

她对顾客十分热情周到。

我认识一位对顾客十分热情周到的服务员。

①我买了一张球票。

　　这张球票是明天晚上七点的。

②这场杂技是上海杂技团表演的。

　　杂技节目精彩极了。

③两年前我在北京第一次见到他。

　　那时候他已经是一个出色的翻译了。

④老师借给我一本语法书。

　　这本语法书对我的学习很有帮助。

⑤我晚上要去飞机场接我的一个朋友。

　　那位朋友在上海外国语学院学习汉语。

⑥她每年都要回一次家乡。

　　她的家乡是个山清水秀的好地方。

（4）改正下列病句。

①我终于回到了美丽的我的家乡。

②美国三个我的朋友明天来看我。

③他的照相机是妈妈买的在英国。

④我想买红色的那件衣服，请帮我拿一下。

⑤他昨天进城买到《日汉词典》很有用。

（5）作文练习。

根据下面的提示写便条、单据。

①你要去旅行，请你的朋友帮你看家，写一个留言条，告诉他一些你认为重要的事，如按时取报纸、交牛奶费、浇花等。

②你朋友要去外地，你托他在那儿帮你办事，如买东西、看朋友。

③你想请朋友一家到你的家里做客，在他的信箱里留一个条。

④给你的哥哥写一留言条，告诉他你下午的计划，并约他晚上跟你在某处见面。

⑤你生病了，给你的任课老师写一张请假条。

⑥你们班要举行新年庆祝活动，需要借用学校的一间教室用。

第二节　海报、通知、启事

学习重点

海报、通知、启事的写作

范　文

电影海报

星期六（9月14日）晚7点在学校礼堂放映故事片《英雄》，票价每张5元，欢迎全校师生前往观看。

校学生会

2003 年 9 月 11 日

学术报告会

为纪念"五四"运动八十周年，特邀请校友××博士来校作学术报告。

　　题目：知识经济时代的学习和工作

　　时间：5月4日14点

　　地点：校礼堂

欢迎全校师生踊跃参加。

校学生会

1999年5月2日

通　知

各分公司、各厂：

　　为贯彻市政府安全工作会议精神，研究落实我公司安全生产事宜，总公司决定召开2009年度安全生产工作会议，现将有关事项通知如下：

　　1. 参加会议人员：各车队队长，修理厂厂长。

　　2. 会议时间：5月3日，会期1天。

　　3. 报到时间：5月2日至5月3日上午8时。

　　4. 报到地点：第二招待所301号房间；联系人：赵爱国。

　　5. 各单位报送的经验材料，请打印30份，于4月20日前报公司保安科。

　　特此通知。

××总公司

2009年4月15日

通　知

　　原定今日下午进行的校际足球对抗赛因雨改期，具体比赛日期经两校协商后，另行通知。

体育部

×月×日

寻物启事

　　本人不慎于7月9日下午4时左右，在留学生食堂丢失手机一部，NOKIA牌子，6680型号，黑色的，有摄像头功能，七成新，背面还有一个Hello Kitty的贴纸。拾到者请与留学生宿舍7楼728房间林炳志联系，联系电话为13786622558，不胜感激！

林炳志

2008 年 7 月 10 日

招领启事

我们在留学生楼服务台拾到钱包一个，内有旅行支票两张，美元若干，请失主前来认领。

留学生办公室：韩灵

2003 年 9 月 7 日

征稿启事

期中考试以后，校刊准备出版一期特刊，特向全校同学征稿。

1. 内容：主要有教学通讯、班级新貌、优秀学生事迹、课外小组活动、学习经验介绍、优秀习作、新书推荐等。

2. 要求：体裁不限，字数不超过800字，自留底稿，必须一个人独立完成。

3. 如来稿被选用，将赠送精美纪念品一件，并向《语文天地》等杂志推荐。

4. 截稿时间：10月15日。

来稿送至校刊编辑部（主楼501室）。

校刊编辑部

1998 年 6 月 10 日

招聘启事

沈阳××商务公司是北方大型综合服务公司，现已在国内设立百余家分公司，从事环球会员服务、国际国内的商务代理及信息咨询等业务。因业务不断扩展，现××分公司诚聘如下人员：

1. 业务代表10名，大学本科以上学历，月薪1 100元。

2. 公关代表10名，大学本科以上学历，月薪1 400元。

要求：35周岁以下，有韧性、有毅力，事业心强，勇于进取。

有意者请于启事见报一周内到公司报名。报名时，请携带身份证及学历证明的复印件各一份、3厘米彩色照片两张。

地址：电业宾馆××室

电话：×××××××

沈阳××商务公司人事处

2000 年 4 月 23 日

学习重点说明

◇海报

海报是向公众介绍和发布有关电影、电视、戏剧、体育比赛、报告会、展览会等消息的招贴，是广告的一种。海报一般张贴在公共场所，重要的海报也可以在报刊上登载，或在电台上广播或在电视上播映。

海报通常写在大张纸上，先在纸的上方用大字体写"海报"或"好消息"之类的标题；正文一般写活动的具体内容，如举办的时间、场所、方法以及注意事项，最后写举办单位名称和日期。海报具有醒目、快速和制作简易的特点，内容要真实准确，语言要生动而富于鼓动性，以便吸引读者。为便于阅读，篇幅要尽量短小。某些海报可根据内容配上适当的图案或图画，以增强感染力。

◇通知

通知主要分为公文类通知和事务类通知两种。

公文类通知是上级机关对下级机关、组织对成员告知有关事项的公文。

事务类通知日常应用较多，多用于系统内或单位内布置工作、传达事情、召集会议等。事务类通知有时也以书面形式发出，但并非正式公文（明显标志是无公文字号）。有时直接在单位内部告示栏写出（或张贴）而不另行文。

事务类通知的格式，包括标题、称呼、正文、落款。

（1）标题：写在第一行正中。可只写"通知"二字，如果事情重要或紧急，也可写"重要通知"或"紧急通知"，以引起注意。有的在"通知"前面写上发通知的单位名称，还有的写上通知的主要内容。

（2）称呼：写被通知者的姓名或职称或单位名称，在第二行顶格写（有时，因通知事项简短，内容单一，书写时可略去称呼，直起正文）。

（3）正文：另起一行，空两格写正文，正文因内容而异。开会的通知要写清开会的时间、地点、参加会议的对象以及开什么会，还要写清要求。布置工作的通知，要写清楚所通知事件的目的、意义以及具体要求和做法。

（4）落款：分两行写在正文右下方，一行署名，一行写日期。

◇启事

启事是个人和机关团体为说明某事或提出要求，公开发布或张贴的文书。启事的"启"，是陈述的意思，启事即陈述事情。从启事的内容看，有招生启事、招聘启事、招领启事、征文启事、迁址启事、寻物（人）启事、更名启事等。

启事的写法，一般是在首行正中写标题，即启事的名称，再另起一行空两格写正文，即启事的内容；末尾右下方分两行写启事者的姓名或单位名称和日期。有的启事还要写通信地址，电话号码以便联系。单位的启事，如张贴还要加盖公章。

写启事要目的明确、对象考虑周到，内容要真实、具体、明确。招领启事由于目的是要失主认领物品，但又要防人冒领，有些内容，如物品数量、特征不应写得具体明确，应在失主认领时核对，但联系地址、联系办法、联系人等应写得具体清楚。启事的语言要简明扼要，通俗易懂。

思考练习

（1）下面通知有几处错误，请在原文上修改。

通　知

　　贵州电视台于5月28日上午9:50直播"贵阳新机场通航庆典活动"盛况，请各班班主任组织本班同学准时收看，并在下午课外活动时间召开"建设贵州、热爱贵州、振兴贵州"的主题班委会。要求会后写一篇新闻报道稿交校广播室备用。

校长室

1997年5月27日

（2）指出下面一则"通知"中格式和书写上的错误。

通　知

各班体育委员：

　　明天下午五点在三楼小会议室开会，请准时出席。

1998年3月9日学生会

（3）请对下面这篇启事加以修改。

寻物启事

　　因本人不慎，于本月4日将第六册初中《语文》丢在了教室，有拾到者请与我联系。深表感谢！

1996年3月5日

周涛

（4）下面这则招领启事有错误，试一一指出。

今天上午10点半，我在本校操场上上体育课时，拾得一个皮包。里面装有铅笔刀一把，钥匙一串和人民币贰拾元。望失主见本启事后及时前来认领。

　　　　特此通知

　　　　　　　　　　　　　　　　　　　天秀中学　冯天彬
　　　　　　　　　　　　　　　　　　　一九九六年四月二十三日

（5）根据下面内容写一份海报或启事。
①学生会要举办一个舞会，邀请同学们来参加。
②你们班和留学生班要进行一场篮球赛，请大家来观看。
③人民艺术团要来学校表演他们的节目，要通知大家。
④学校要组织一支学生乐队，需要有兴趣的同学来报名参加。

第三节　专用书信

学习重点

1. 专用书信的写作
2. 汉语中的比较句式

范　文

介　绍　信

广州市新华书店：

　　兹介绍我校初三二班李明同学到贵店联系批购《素质教育与学生作文》事项，望予以大力支持为盼。

　　此致
敬礼！

　　　　　　　　　　　　　　　　　　　广州市实验中学教务处
　　　　　　　　　　　　　　　　　　　1999年4月3日（公章）

<h1 style="text-align:center">证 明 信</h1>

南山技校：

根据贵校和我厂的协议，贵校王晓丽同学于1998年9月至1998年12月在我厂自动化车间实习。实习期间，王晓丽同学服从管理，团结同志，勤奋好学，积极工作，顺利完成了各项任务，受到一致好评，并有一项小发明参加厂工会评比，荣获鼓励奖。

特此证明。

××厂

1998年12月30日（公章）

<h1 style="text-align:center">教师节慰问信</h1>

敬爱的各族教师同志们：

今天是教师节，全国各地都在庆祝这个光荣的节日，谨向你们致以亲切的问候和崇高的敬意！

你们——全国各级各类学校上千万教师和教育工作者，是我国工人阶级知识分子队伍中的一个重要方面军。建国以来，你们为提高全民族的科学文化水平，为培养数以万计的有觉悟、有文化、有体力的各行各业的劳动者，为培养上千万能够适应现代科学技术发展的专门人才，作出了巨大的贡献。祖国社会主义物质文明和精神文明建设的每一项成就，都渗透着你们的辛勤劳动。党感谢你们，政府感谢你们，人民感谢你们！

各族教师同志们，你们肩负着光荣的历史重任。希望你们不断地提高自己的思想政治水平和文化业务水平，具有高尚的道德，渊博的知识，掌握教育教学工作规律，教书育人，为人师表，为祖国的社会主义教育事业作出更大的贡献。

祝同志们节日愉快！

李先念

1991年9月10日

<h1 style="text-align:center">感谢信</h1>

中山农科所：

在今年五月我乡玉米发生大面积虫害，严重影响生长的紧急时刻，贵所派出全部农业技术人员来我乡根治病虫害，避免了上千亩玉米绝收。目前作物长势良好，丰收在望。谨向你们表示衷心感谢！

我们决心继续努力生产，以实际行动答谢你们的帮助和关怀。

　　此致

敬礼！

××乡人民政府（公章）

×年×月×日

关于建立学生读书会、开展学生读书活动的建议

校学生会：

　　我向学生会建议，组织同学读书会，积极开展学生读书活动。

　　目前，很多同学都爱看书，特别爱看故事小说。高尔基说过："书籍是青年人不可分离的生命伴侣和导师。"老师也说过，多看书能使同学们增长知识，开阔眼界，丰富课余活动，读到好文章还能陶冶自己的性情。但我发现，现在五花八门的书很多，我们同学中有一些人不管书好不好，也不管自己能不能接受吸收，不加选择，抓到什么看什么，这会使我们接触到一些我们现在不应该学的东西，影响了正常的学习。比如有些同学喜欢读武侠小说，什么《三侠五义》、《天龙八部》等，厚厚的，一两天就看完了，专看一些惊险武打的情节。因此，特建议：

　　1. 组织学生读书会。每班由3～5人参加，形成读好书骨干队伍，引导读书的正确方向。

　　2. 在"五四"前开展一次读书报告会，交流汇报各班的读书情况。

　　3. 聘请市内作家×××、×××为读书会校外辅导员，定期来校辅导。

　　4. "十一"前开展一次庆"十一"读好书征文活动。

　　以上建议，不知是否妥当，请予以考量批复。

××班学委×××

××年×月×日

学习重点说明

◇专用书信·

　　书信可分为一般书信和专用书信两大类。常用的专用书信有介绍信、证明信、慰问信、表扬信、感谢信、公开信、建议书等多种。

　　1. 介绍信

　　介绍信是用来介绍本单位人员到有关单位去接洽事情、办理公务（联系工作、参观学习、出席会议、调查事项等）的一种专用书信。持介绍信的人以此作为与对方单

位联系工作的凭证。由于介绍信上一般还有持信人的职务、职称、政治面貌，因此介绍信还有证明身份的作用。一般都使用印刷好的介绍信，并留有存根以便于查核。介绍信一般要写清下列内容：

（1）称呼：开头顶格写联系单位或个人的称呼。

（2）正文：另起一行，空两格写介绍信的内容，包括持介绍信人的姓名、年龄、职务、政治面貌，要接洽的事项和对对方的希望、要求。

（3）结尾：写"此致敬礼"一类的敬辞。

（4）署名：签署单位名称、日期，并盖上公章，有时还要注明有效期限。印刷好的介绍信只按要求填写即可。写介绍信要简明扼要，字迹要工整清楚，不得涂改，如有涂改，必须在涂改的地方加盖公章。

2．证明信

证明信是对某些事项提供证明的一种专用文书，内容要求真实可靠。有的证明信有长久的证明作用，须归入档案。因此写证明信应严肃认真，实事求是，对历史负责。证明信一般有下列内容：

（1）开头：正中写上"证明信"三字。

（2）名称：顶格写需要证明的单位的名称。

（3）正文：另起一行，空两格写被证明的事项，如果内容较多，可以分段书写。

（4）结尾：另起一行，顶格写"特此证明"四字。

（5）署名：写证明单位名称或个人姓名，并盖上公章或私章，写上证明的年、月、日。

个人所写的证明还需要写证明人的所在单位签署意见并盖公章。如果是正式的法律证明文书，多页码的还需加盖页边印。现在也有已印刷好的各种专用证明信，如身份证明信等，只需按要求填写并填好存根。

3．慰问信

慰问信是向组织或个人表示慰问的一种专用书信。慰问信应用的范围比较广泛，一般用于对前线将士、灾区人民、伤病员、军属、离退休人员、前往执行特殊任务的人员和作出特殊贡献的人员进行慰问，可以直接寄给被慰问的人或组织，也可张贴、登报或广播。慰问信内容：

（1）标题，正中写"慰问信"三字。

（2）开头：顶格写受慰问的单位名称或个人姓名，后加冒号，表示领起正文。写给个人的可在姓名前加"亲爱的"、"敬爱的"等敬辞，姓名后可加"同志"、"先生"等称呼。

（3）正文：另起一行，空两格开始写正文。慰问的内容包括概述背景、事由，叙述对方的先进思想、高尚风格、可贵品德，然后表示慰问或向他们学习。

（4）结尾：表示共同的愿望和决心，并写祝愿、致敬等话语。

（5）落款：写单位名称或个人姓名、写信的日期。慰问信要表达对对方表示亲切或关怀的情谊，语气要诚恳、真切，行文要朴实、精炼。

4．感谢信

感谢信是为表示感谢而写的一种专用书信，受信者和写信者可以是个人或单位。感谢信可以直接寄送给对方单位或个人，也可公开张贴或送报社、电台。感谢信格式：

（1）标题：空一行正中写"感谢信"三字。

（2）开头：顶格写被感谢的单位名称或个人姓名、称呼，后加冒号。

（3）正文：写感谢的内容，叙述先进事迹，赞扬好的品德作风以及产生的效果。

（4）结尾：写表示感谢、敬意的话。

（5）署名：写单位名称或个人姓名、日期。感谢信要求把被感谢对象、事件准确精当地叙述出来，评价要恰当，文字要精练，感情要真诚、朴素。

5．建议书

建议书是针对某项具体工作或规划向领导或个人提出建议的一种专用书信。它与倡议书有相同之处，也有不同之处。

倡议书也有"建议"的内容，这一点与建议书类似。但是倡议书一般是公开宣读、张贴或发表的，内容面向公众，属书面号召的形式，所倡议的内容一般为公众所认同的行为或意识。而建议书公开宣读、张贴或发表者较少，因为它的内容只是个人见解的陈述，仅供对方参考。所以，建议书一般取商讨的语气，不像倡议书那么富于鼓动性。建议书的主体内容一般为：

（1）摆情况：摆情况的目的是为了引起对方注意。

（2）讲理由：申述建议的理由，目的是为了引起对方的思考。

（3）提建议：一般用条款形式提出建议，目的是希望对方如何行动。前两部分内容为铺垫，第三部分才是主体。各部分的内容可多可少，可长可短。为清晰醒目，一般取条款式陈述。当然，如果建议不多，也可以不列条款。

结尾一般写些谦虚的话，如"以上建议千虑之一得，仅供领导参考"等，开头和署名等与其他专用书信的格式相同。

◇比较句

文章中都常常运用对比来说明道理。在对比中，比较句的运用很普遍。下面介绍汉语常用的表示比较的句式和注意事项。

1．用"比"表示比较

①他比我高一些。

②这本小说比那本有意思。

③我比我妻子喜欢看足球。

④这条街道比以前繁华多了。

2．用"跟"表示比较

①我的想法跟你的不一样。

②我的家乡跟北京一样冷。

③这个班的汉语水平跟那个班差不多。

④我要买一条跟你那条一样的围巾。

3．用"有"、"没有"表示比较

①这本书有那本难吗？

②我学汉语的时间没有你那么长。

4．用"不如"表示比较

①北京的圣诞节不如我们那儿热闹。

②我说汉语不如她那么流利。

5．用"越来越"表示比较

①我觉得语法越来越难了。

②他乒乓球打得越来越好。

③我对汉语学习越来越有信心了。

思考练习

（1）改正下列段落中比较句的语法错误。

今天是一个星期天，天气和昨天相同暖和。我和我的朋友刘林一起骑车去香山看红叶。我的自行车比他的很旧，骑到半路上，我的车坏了，我们只好去一个修理店修自行车。修理店的小伙子有我们更年轻。他说他已经工作三年了。他一边工作，一边在电视大学学习机械。他说电视大学比一般大学不一样，是业余时间学习。他虽然很忙，但是仍然坚持学习。我们跟他聊天，觉得很有意思。不一会儿，他就把车修好了。现在，我的自行车比以前非常好骑。

（2）读下列对话，用比较句写出老王的想法。

（比；不如；跟……一样；越来越；像……一样；有……这么、那么……）

老王是个马马虎虎的人。一天，他在路上碰到一位先生，老王老远就跟那位先生打招呼。

老王：张秋，你的变化多大呀！以前你的个子挺高的，怎么现在矮了？

先生：你是……

老王：以前你红光满面的，现在却面黄肌瘦的！

先生：我不……

老王：你说话的声音也变了。以前你的声音多大呀！可是现在……

先生：我好像不认识你。

老王：张秋，你的眼睛原来就不太方便，现在更不行了吧！

先生：我不姓张，也不叫张秋！

老王：怎么？你连名字都改了！

（3）分成小组，每人选择一题作口头作文，要求适当地运用表示比较的句式。

①我更喜欢踢足球/打篮球/听音乐/旅游……

提示：介绍你的爱好，选择介绍你最感兴趣的一种。

②对广州（或其他城市）的印象。

提示：可以谈初到广州的感受，把它和你的家乡作一下对比。

③我家的变化。

提示：家庭生活有时由于某方面的原因和影响，在观念、家人的关系、生活习惯等方面发生了变化。比如说，也许最近家人都受弟弟的影响，迷上足球……

（4）给学校教导处写一封信，谈谈你对课程安排的意见或建议。

（5）给帮助过你的朋友或老师写一封感谢信。

第四节　日常书信

学习重点

日常书信的写作和格式

范　文

马克·吐温致夫人及家人

亲爱的家人：

　　我知道我应该更经常地给你们写信，内容更加充分，但我十分不愿意描述我在做什么，希望做什么或打算做什么。那么，我还有什么要写的呢？显然无话可说。

谈论这次航行对我毫无用处，因为直到船开了我才会相信真的要起航。我怎么知道它会不会起航？有人为我买了船票，要是轮船起程，我就坐在船上随船航行。但我什么都没有准备，没有买雪茄，没有买出海穿的衣服，直到早上船要开了才去整理旅行箱。开船前一天我手边还有很多活儿要做，直到离开还没做完。

我只知道或感觉到，我一直疯狂地想着出发，出发，出发！不知道有多少次希望我一早儿就已经出海了，而不是被困在这儿蹉跎岁月，等船准备停当。该死的没完没了的耽搁！耽搁总让我发疯，让我什么都不想做，我有一种责任感，像一头野兽在撕扯着我。

真希望我不会在任何地方停留一个月。当我有机会坐下来双手合十忏悔的时候，我会做更多普通的事情。

当然，下周四晚我们要在比奇先生家碰面，我猜我们一定会不在乎花销多大，都要穿燕尾服，把孩子们收拾得干净整齐，让一切都迥然有序。

我被安排和哈钦森牧师或其他什么人一起住，但我不管这些，我已经安顿好了。我的室友不同凡响，放荡不羁，吸烟喝酒，不信神灵，友好真诚，头脑清晰，他的行为举止无可指责，对于那些受其影响的人来说无异于一次雄辩的布道，但那些靠布道吃饭的牧师们，没有一个我喜欢与其交谈的。如果不那么心胸狭隘，不那么固执偏见，他们倒还是不错的旅伴。

我让他们免费寄送《纽约周报》给你们。我不准备再给《纽约周报》写东西了。像所有其他稿酬丰厚的报纸一样，《纽约周报》只给蠢人和"贱民"看。我和纽约的任何报纸都没有安排——我周一或周二安排一下，爱你们所有人，再见！

爱你们的

萨姆

1867 年 6 月 1 日

于纽约威斯特明斯特宾馆

cuō tuó	
蹉跎	失意；虚度光阴。

fàng dàng bù jī	
放 荡 不 羁	行为放任，无所约束。

bù dào	
布道	指基督教宣讲教义。

致陆晶清信之二

晶清：

你走后我很惆怅，我常想到劝朋友的话，我也相信是应该这样做的，但我只觉着我生存在地球上，并不是为了名誉金钱！我很消极，我不希望别一个人能受到我半点物质的援助，更不希望在社会上报效什么义务……不积极的生，不消极的死，我只愿在我乐于生活的园内，觅些沙漠上不见的珍品，聊以安慰我这很倏忽的一现，其他在别人幸幸趋赴之途，或许即我惴惴走避之路。朋友！你所希望于我的令名盛业，可惜怕终究是昙花了；我又何必多事使她一现呢？

近来脾气愈变愈怪，不尽一点人情的虚伪的义务，如何能在社会里生存，只好为众人的诅咒所包围好了。朋友！我毫无所惧；并且我很满意我现在的地位和事业，是对我极合适的环境。

失望的利箭一支一支射进心胸时，我闭目倒在地上，觉着人间确是太残忍了。但当时我绝不希望任何人发现了我的怅惘，用不关痛痒的话来安慰我！我宁愿历史的锤儿，永远压着柔懦的灵魂，从痛苦的瓶儿，倒泻着悲酷的眼泪。在隔膜的人心里，在未曾身历其境的朋友们，他们丝毫不为旁人的忧怖与怨恨，激起他们少许的同情？谁都莫有这诚意呵，为一个可怜无告的朋友，灌注一些勇气，或者给他一星火光！

莫有同情的世界，于我们的心有何用处？在众人环祷的神幔下，谁愿把神灯扑灭，反去黑暗中捉摸光明呵？我硬把过去的历史，看作一场梦，或者是一段极凄悲的故事，但有时我又否定这些是真实。烦闷永久张着乱丝搅扰着我春水似的平静，一切的希望和美满，都同着夕阳的彩霞消灭了：如一个窃贼，摸着粉墙，一步一步地过去了。

晶清！我也明知道命运是怎样避免不了的，同时情感和理智又怎样武装的搏斗？心坎里狂驰怒骋的都是矛盾的思潮，不过确是倦了——现在的我。我不久想在杨柳结织的绿荫下，找点歇息去了！人和人能表同情，处的环境又差不多，这样才可谈一件事的始末，而不致有什么误会和不了解。所以我每次提笔，都愿将埋葬在心里的怨怀，向你面前一泄！朋友：

原谅你可怜的朋友的狂妄吧？

祝你春园中的收获！

石评梅

1925 年 3 月

chóuchàng 惆　怅	因失意或失望而伤感、懊恼。
shū hū 倏忽	顷刻，指极短的时间。
zǔ zhòu 诅　咒	原指祈祷鬼神加祸于所恨的人，后泛指咒骂。
róunuò 柔懦	优柔懦弱，指弱小者。

给爸爸和妈妈的一封信

亲爱的爸爸和妈妈：

你们好！虽然我来中国还不久，但是我很想念你们和其他兄弟姐妹。我知道你们很想知道我在这里的情况，现在我就给你们说一说。

从缅甸来中国的八个学生，到了这里四个分到华文教育系做学生，都是女孩。9月14日我们到了学校后，被安排到北楼宿舍里，四个人一个房间。我们的床很特别，除了在电视里见过外，我没见过这种组合式的床。床在上面，下面有衣柜、书架和桌子。想睡的时候，必须从梯子爬上几级才到床上。本来我怕掉下去，现在已经习惯了。我们刚到时，房间里还没有空调，觉得很热，现在安装了空调，住在房间里很舒服了。

我们暨大华文学院在广州市天河区，校园东边有粤垦路，南边有广园东路，西边则是一座山。校园里有小湖，有高大的树木，有绿绿的草坪，我们的教学楼在山坡上，风景很美。

我们每天有六节课，周六周日休息。我们的午饭和晚饭多是在食堂里吃。食堂里有中餐也有西餐，价钱有的便宜有的贵。我在吃饭时总是"这个不想吃，那个不爱吃"，很挑食的。因为这里的菜大部分是用猪肉和牛肉做的，我不喜欢这些肉。另外，我觉得这里的菜味道淡了，没有辣味，而我是很喜欢辣味的。所以在吃饭这方面，我遇到了麻烦。

我们的华文教育系是刚刚成立的，所以老师不太多，大部分是年轻人。每个老师都热心了解我们留学生的特点和需求。他们讲课也很认真。听了他们的课，更增加了我学习汉语的兴趣。

对了，我们的校园里有篮球场、排球场、网球场、羽毛球场、足球场和游泳池，还有乒乓球室。在这些地方，学生们随时可以锻炼身体，真的很方便。以前我是不怎么运动的，现在除了上体育课，我还喜欢和同学们一起在操场上打球，身体是越来越健康了。

每个周末我们会一起去逛街、逛商店。9月22日，老师和我们全班同学一起去游览了广州一些有名的景点，比如越秀公园、陈家祠、上下九路、北京路和天河城。上下九路和北京路是很大很长的步行街，一整天也逛不完。我们去的时候，先坐公共汽车再转坐地铁。这是我第一次坐地铁，卖票和查票都是自动化系统，非常方便。一开始我不知道怎么用，就先看别人怎么做，我再学样做，有点紧张也有点好笑。现在，我已经很熟练了。

9月19日是中秋节。那天学校里举行了中秋晚会，我们去看了高年级同学表演的节目，很精彩。有的游戏很好玩很可笑，老师送给我们的月饼也很好吃。我觉得今年的中秋节过得很愉快。

爸妈，你们不要担心我。我慢慢地习惯了这里的生活。今天就写到这里，其他情况，下次写信的时候再告诉你们。

祝你们身体健康，生活愉快！

你们的宝贝

程美香

9 月 25 日夜

（来源于暨南大学华文学院留学生汉语中介语语料库，有删改）

给老师的一封信

尊敬的蔡老师：

您好！最近身体好吗？一切都很顺心吧！我来到广州快一个月了，现在才给您写信，真的很抱歉！

您来的那天，刚好我们要来广州，所以没能碰上面，真是可惜！您现在教哪一班呢？那班学生有没有像我们班那样调皮呀？还是比我们班更调皮呢？您又要伤脑筋了吧。以前我们常常让您生气，真的对不起！请您原谅我们这些不懂事的孩子嘛。

老师，我、李晓敏和陈妮拉旺在广州生活快要一个月了。有很多事情想诉说给您听听。我们三个在这里每天都很想家，也很怀念在寮都的学习生活。我们时常想起您，因为跟您学习真的很开心。在这里生活差不多已经习惯了，只是气候还不太适应，因为这里的天气忽冷忽热的；听说十月份就会转冷，因为快要冬季了嘛！

这里的饭菜很适合我的口味，尤其是点心，我最爱吃了，但是我只吃过两次，因为我还不知道要在哪里吃，而那两次都是朋友的家长请我们吃的，那是离我们学校很远的地方，所以我不知道该坐什么车去吃。这里的甜品是一流的，我特别爱吃的是蛋挞，我们学校就有卖，我几乎每天都买来吃。

我们是 9 月 9 日报名，12 日号正式上课。我和李晓敏是同一个班（B 班），而陈妮拉旺是在另一个班（A 班）；听陈妮拉旺说，她想转到 B 班，可是老师不允许。因为她分班考试时考得不好，所以老师叫她暂时在 A 班学习；而我们两个在 B 班学习觉得有压力，因为从各国来的同学们都很厉害。他们说话很流利，发音也很准，最重要的是他们很大胆，使我们两个都觉得很羞愧，因为我们都学习汉语十几年了，而他们只学过三四年，就比我们厉害。现在我很后悔当时没有好好学习，整天都在玩儿、聊天，不知道一寸光阴一寸金，如果时间能倒流的话，我会很努力地学习。可这是一件不可能的事！

现在后悔还来得及吗？老师您以前教导我们的话，我都记得清清楚楚，我会时时刻刻地想起它，让它来提醒、鞭策我，特别是在我调皮、偷懒的时候。老师，我在这里向您发誓，我一定努力读书、勤奋好学，四年以后，我一定要拿到学士学位证书，让您欣赏欣赏，决不辜负您长期以来对我的期望。

您一定很忙吧！那我就不多写了。就此搁笔。

祝您：身体健康，万事如意！

您的学生　佩莹

9 月 27 日

（来源于暨南大学华文学院留学生汉语中介语语料库，有删改）

学习重点说明

◇日常书信的写作与格式

1. 中文信封

信封要写得详细、准确、字迹工整。先写明收信人的地址，信封左上角写邮政编码。第二行靠左写收信人的地址，从大到小，即先写省份、城市，再写具体的街道、门牌号码。收信人的姓名写在信封中间。信封是给邮递员看的，不要写寄信人对收信人的称呼，如"某某兄"、"某某爷"都是不恰当的。可以写一般的称呼，如"某某先生"、"某某女士"或"某某老师"等。信封右下方写寄信人的地址或姓名，要写得准确详细。如果收信人地址有误或有变更，邮递员可以将信件准确退还寄信人。例如：

330003 江西省南昌市西湖区胜利路 12 号 　　　　　　张汉名　　先生　　　收 　　　　　　　北京海淀路 179 号林园 30 楼 10 号刘寄 　　　　　　　　　　100342
100086 北京海淀区双榆树青年公寓 1905 号 　　　　　刘　清　　女士　　　收 　　　　　　　上海四川东路 132 号 　　　　　　　　200098

2．正文

日常书信是亲戚、朋友之间互通情况、交流感情和思想，商讨问题时用的。内容一般有以下几部分：

（1）称呼。

写在信的第一行，顶格写，后面用冒号（：）。称呼由收信人的关系而定，可以是简单地用平时的称呼，如"小红"、"张弓"、"爸爸"、"妈妈"、"三哥"、"大姐"等，或"某某老师"、"某某先生"，也可以称职务"校长"、"教授"、"主任"，前面可以用"亲爱的"、"尊敬的"或"敬爱的"等。

（2）主要内容。

一般先表示问候，说明收到来信的时间等，如：

①我昨天刚收到你的来信，得知你在那儿一切都很顺利，真为你高兴。

②很久没有得到你的消息，我和妈妈都很惦念，不知你的近况如何，对新的环境是不是习惯？

③我刚到上海，一路上多亏你的朋友照顾我们，很顺利……

④上个月收到了你的来信，最近一直忙着写毕业论文，拖到今天才提笔写回信，请原谅。

信的具体内容没有任何限制，但语言表达要亲切自然，像谈话一样，由双方的关系决定措辞，表达应该条理清楚。

（3）结尾。

信的结尾常常表达自己盼望回信的心情，例如：

①等着你的来信，给我们谈谈在那里生活的感受……

②有空来信谈谈你的近况，你的网球打得怎么样了？

③有什么事情需要我在这里帮你办，尽管来信告知……

④如果您和同事、同学需要我帮忙，请来信告诉我，我会很高兴去做的。也欢迎大家来北京时来找我。我家的电话号码现改为 62177766 转 27，我盼望再见到你们。

最后应该写上表示祝愿的话，如：

①祝你愉快！

②祝你家庭幸福！

③祝你研究工作进展顺利！

（4）署名。

写在右下角，名字后边或下一行，写上写信的时间。

思考练习

以下面的人为对象写一封信，注意书信格式。

（1）给朋友或亲人写一封信，谈谈你现在的生活和感受。

（2）假设你遇到下列问题之一，给父母或朋友写信谈谈自己的烦恼。

最近和你的好朋友吵架了。

你学习很努力，但成绩并不好。

你要毕业了，面试了几个公司都没有成功，你有点失去信心了。

在重要考试或比赛中失利。

因失恋而痛苦。

（3）设想你收到了练习（2）中的信，写一封回信鼓励安慰他们，也给他们出主意、想办法，帮助他们解决问题。

第五节　致辞

学习重点

致辞的写作

范　文

学校秋季田径运动会开幕词

各位老师、同学们：

今天，迎着凉爽的秋风，伴着充满青春活力的鼓乐，和着刚刚接受完检阅的运动员的脚步，我们迎来了学校秋季田径运动会的隆重召开。

首先，我代表大会组委会对在运动会筹备过程中付出辛勤劳动的全体工作人员表示衷心的感谢！

我校秋季田径运动会的举办，给同学们展示个性特长提供了舞台。这次运动会是对同学们心理素质、身体素质和体育运动水平的一次验收。运动场上的每一项成绩，都是运动员身体素质和顽强毅力的结晶，也是团队精神、协作精神、奉献精神的具体体现。为使这次运动会达到预期的目的，我代表大会组委会对全体与会人员提出以下要求：

希望每位运动员精神饱满，斗志昂扬，拼出成绩，赛出风格，让青春的活力迸发在赛场上的每个角落。发扬更高、更快、更强的奥运精神，安全参赛、文明参赛、规范参赛。赛前做好准备活动，赛中遵守各项规则，服从裁判。不论比赛成绩如何，我们将为每一位在赛场上拼搏的运动员加油助威。

要求全体裁判员、工作人员忠于职守，树立安全第一意识、热情服务意识、严守规则意识。做到公正裁判、热情服务。为各项竞赛创造良好的工作氛围，保证竞赛的顺利进行。

没有比赛项目的同学，要服从大会管理，文明参观、主动服务，为运动员摇旗呐喊，加油助威。

我相信，有学校各部门的支持，有全体裁判员的辛勤工作，有全体同学"团结、友谊、拼搏、创新"的精神，我们一定能弘扬体育道德，夺取体育比赛和精神文明的双丰收。

最后，预祝这次运动会圆满成功！

谢谢大家！

致新职员的欢迎词

各位小姐、先生：

大家好！我是飞达公司董事长刘毅。很高兴在各位新职员加入本公司的第一天，就和大家相识。

首先，让我代表公司，代表公司领导和同事们，向各位新同事表示热烈的欢迎。正如大家所知，我们公司在社会上有着良好的声誉与一定的影响。但是我们依旧不断进取，毫不懈怠。今天，见到各位朝气蓬勃的新同事加入本公司，使我颇感欣慰。因为以大家所具有的真才实学，定然有助于使本公司更上一层楼。

相信各位都是有志之士，都是真正来这里干事业的。那么让我们一道友好合作，同舟共济，发愤图强吧！本公司鼓励各位出人头地，并愿意为此而向大家提供各种方便。

再一次向各位表示欢迎！

谢谢大家！

致生日祝贺词

各位好！

非常荣幸，我受各位委托，代表大家向我们共同的朋友王峰先生祝贺生日。

相信大家和我一样，之所以专程赶来参加王先生的生日晚会，是为了向他表达我们的敬重与谢意。

能够成为王峰先生的朋友，是我们的一大幸事。他不仅具有出众的才干、令人景仰的成就，而且是我们可以患难与共、推心置腹的挚友与知己。

尊敬的王先生，愿您永葆青春，永远精神抖擞，事业与生活都永远顺心如意。年年有今日，岁岁有今朝。

亲爱的王峰先生，我们祝您生日快乐！

祝 酒 词

女士们、先生们：

晚上好！"中国国际××展览会"今天开幕了。今晚，我们有机会同各界朋友欢聚，感到很高兴。我谨代表中国国际贸易促进委员会××市分会，对各位朋友光临我们的招待会，表示热烈欢迎！

"中国国际××展览会"自上午开幕以来，已引起了我市及外地科技人员的浓厚兴趣。这次展览会在上海举行，为来自全国各地的科技人员提供了经济技术交流的好机会。我相信，展览会在推动这一领域的技术进步以及经济贸易的发展方面将起到积极作用。

今晚，各国朋友欢聚一堂，我希望中外同行广交朋友，寻求合作，共同度过一个愉快的夜晚。

最后，请大家举杯，

为"中国国际××展览会"的圆满成功，

为朋友们的健康，

干杯！

毕业致辞

各位领导、老师，各位同学：

大家好！又是一个毕业离校的时刻，同学们即将开始人生的新征程。在此，先让我代表全体老师对大家圆满地完成学业表示热烈的祝贺！

同学们，我们一起度过了美好的四年时光！现在，大家就要去到新的环境中，开拓新的局面，希望你们的步伐是勇敢、坚实的。不要祈求生活永远一帆风顺，需要克服的困难其实也很简单，就是一件需要马上去做的事情，尽快尽好地做完它，每天进步一点点，成功就在眼前！

同学们！在学校里可能有赢家输家，在人生中却还言之过早。学校会不断给你机会找到正确答案，社会人生却会给你不同的体验。人生没有寒暑假，人生也不是学期制，自我需要你自己去不断寻找、实现、超越。让我们迎接挑战，把握机遇，在人生的舞台上跳出自己的幸福和快乐！

当然也希望我们师生常联系！希望你们常回来看看，老师欢迎你们，母校欢迎你们！

还记得你们进校时的迎新横幅吗？就用它来送别大家。

"今天你以暨南大学为荣，明天暨南大学以你为荣！"

谢谢大家！

学习重点说明

在不同的场合中，人们都会用到演讲致辞。

最常见的有：开幕词、闭幕词、欢迎词、祝贺词、祝酒词、追悼词等。

致辞的结构一般包括标题、称谓、正文三大部分。有些致辞还会在标题下，用括号注明年、月、日和演讲人姓名。称谓是根据听众来宾的身份来确定的。正文则包括开头、主体和结尾三部分，这些部分的具体写作内容是根据具体场合的致辞需要来决定的。

写作致辞最应该注意的是根据不同场合和需要来确定适当的致辞风格。比如：开幕词、闭幕词要讲究紧扣主题，用语简洁，概括性强，对活动、会议具有一定的指导性、提示性或总结性、评价性；欢迎词的内容不但要丰富准确，还要有亲切平易、轻松活泼的特点；祝贺词、祝酒词一般篇幅简短，语言口语化，态度热情，语言热烈，有助于营造气氛；追悼词却十分忌讳热烈浮华，而是要求稳重、情深意切。

思考练习题

就你熟悉的场合试写写相关的致辞。

第六章　新闻

第一节　消息

学习重点

了解消息的特点和写作要求

范　文

东京宣布无条件投降
盟军接受日本投降
麦克阿瑟任驻日盟军总司令

（美联社 1945 年 8 月 14 日电）日本投降了！

杜鲁门总统今晚 7 时宣布，日本已无条件投降，造成历史上空前巨大破坏力的战争随之结束。盟国陆海军已停止攻势。

总统说，日本是遵照 7 月 26 日三强致日本的最后通牒所规定的条款无条件投降的。这项最后通牒，是三强柏林会议期间发出的。

八天以前，日本遭到有史以来第一枚原子弹——一种威力最大的炸弹——的轰炸，两天以前，俄国宣布对日作战。在这种情况下，日本被迫于本星期五宣布接受最后通牒中包括的全部条款，但要求继续保留天皇制。

次日，美、英、苏、中四国对此作出答复，声称如天皇接受盟军最高司令部的命令，则可以继续在位。

杜鲁门总统今天还宣布，道格拉斯·麦克阿瑟将军已被任命为占领日本盟军武装部队总司令。

杜鲁门总统说："现在正在作出安排，以便尽早举行接受日本投降的正式签字仪式。"

他说，英国、俄国和中华民国也将派出高级将领，代表各自的国家在受降书上签字。

我国选手获得奥运会第一块金牌

新华社洛杉矶 1984 年 7 月 29 日电（记者高殿民）中国在奥运会历史上"零的记录"的局面在今天十一时十分（北京时间 30 日凌晨二时十分）被中国射击选手许海峰突破。许海峰以 566 环的成绩获得男子自选手枪冠军，夺得了奥运会的第一块金牌。

中国体育代表团副团长陈先在许海峰获得金牌后对新华社记者发表谈话说，这是中国在奥运会历史上得到的第一枚金牌，在中国体育史上具有深远的意义。

许海峰今年 27 岁，在安徽省供销社工作。他在获得金牌后对新华社记者说，他自己过去最好的成绩是 583 环。

（依据原文有删改）

我校东南亚主要华文媒体语料库投入试用

经过近 4 年的艰苦努力，由教育部与我校共建的海外华语研究中心主持建设的东南亚主要华文媒体语料库近日投入试用。该语料库为国家语言资源监测与研究中心的重要课题，其建成将对海外华语研究、海外教材编写，尤其是东南亚地区华语研究起到极大的促进作用。

东南亚主要华文媒体语料库的语料主要来源于东南亚华文报纸、华语网站，以新加坡、马来西亚和泰国为主。该语料库的建设综合考虑了语料的可获取性、媒体影响和信息量三个因素。该语料库时间跨度为 2005 年至 2008 年，总共文本数达 343 978 个。同时，该语料库做了自动分词和词性标注的处理，并对每一媒体的子语料库，统一做了用字用语的标记和统计分析。

目前，我校海外华语研究中心已经完成了一个网络版的在线语料检索系统（http：//www.globalhuayu.com/corpus1/search.aspx）和语料库用字用语检索系统（http：//www.globalhuayu.com/corpus2.aspx）。基于东南亚主要华文媒体语料库，海外华语研究中心进行了东南亚华语用字用词统计调查，并完成了"东南亚华语用字用词统计调查"、"东南亚华语特色词"两份报告（约 6 万字），已经由《中国语言生活状况报告 2008》发布。

（来源：暨南大学新闻网）

51 名海外华裔获暨南大学华文教育专业学士学位

中新社广州 7 月 5 日电（郭军 方李瑾）记者 5 日从广州暨南大学了解到，来自世界 8 个国家（印度尼西亚、泰国、马来西亚、柬埔寨、缅甸、老挝、越南、德国）的 51 名毕业生在暨南大学经历了四年的学习生活后，于本月 4 日顺利获得由中国国家教育部颁发的华文教育专业教育学学士学位。他们是暨南大学华文教育专业培养的第二届本科学生。

据悉，顺应海外对华文师资大量需求的形势，暨南大学率先向中国教育部提出了开办华文教育专业的申请，希望通过正规的系统学习，为海外培养一支高素质、专业化的华文师资队伍。2005 年，教育部正式批准暨南大学开办授予教育学学士学位的目录外新专业——华文教育专业，这标志着中国首个华文教育专业正式诞生。2009 年 6 月，暨南大学首届华文教育专业毕业生共 34 人顺利毕业，现已回到所在国担任华文教师，开展相关教育工作，在自己的岗位上大多能独当一面。

华文教育在海外华人社会发挥着重要的作用。在海外汉语需求日益扩大、当地华文师资力量薄弱这一背景之下，华文教育专业应运而生，为此，中国有关方面特别设立了华文教育专项奖学金，用于支持海外华裔青年及现职华文教师来华接受系统的学历教育，为海外华校培养未来骨干师资力量。

（依据原文有删改）

学习重点说明

新闻是对新近发生的事实的报道，基本特征是事实性、真实性和新鲜性。广义的新闻是消息、通讯、特写、新闻评论等的总称，狭义的新闻则专指"消息"。

◇消息

消息是以记叙为主要表现手段，用简洁明快的语言，对国内外新近发生的具有传播价值的事实进行迅速及时报道的文体。它是广播、电视、报纸、网络最常用及最主要的一种新闻体裁。

消息的基本特点如下：

1. 事实性（真实性）

用事实说话是消息的一个重要特征，也是消息写作的一种基本方法，又是客观报道的形式。事实是最有说服力和感染力的，只有事实内容和报道形式客观的，新闻才具有可信性，才能充分发挥作用。

当然，消息也是要表达观点和倾向的。消息写作并非没有立场、观点的纯客观的"有闻必录"，而是作者通过对事实的选择和叙述较间接地流露出自己的观点和倾向，寓观点于事实之中。主要不是讲道理，而是讲事实，显示事实本身的逻辑。因此，作者应少发或不发直接的议论。要发议论，只能是必要之处的"点睛"之笔。

2．以叙述为主要表达方式

这一特点亦与"用事实说话"相关。消息通常不对人物事件作浓墨重彩、精雕细刻的描写；因为"记者的舌头是缩在后面的"，所以也不用或少用直接的议论和抒情。叙述是其主要的表达方式。

3．简洁性

消息简明扼要，一般篇幅均较短，几十字、百把字或几百字。特别是现在，人们生活节奏快、时间观念强，希望在最短的阅读时间里获取尽量多的信息。当然，篇幅短要建立在实的基础之上，长而空固然不行，短而空也不好，空洞无物的短也是长。

4．时效性（新鲜性）

此外，消息在新闻体诸多体裁中是时效性最强的，对"时间性"的要求最高，要求争分夺秒，迅速完稿。

消息的分类非常多，从写作角度看可以分为动态消息、经验消息、综合消息、述评消息、深度报道等。

消息结构最常用的是"倒金字塔结构"，就是把最重要的内容放在消息的最前面，把次重要的放在稍后，依据材料的重要性依次排列，这种结构很像倒置的金字塔。

◇消息的构成要素

1．标题（即消息的题目）

标题有单行、双行和多行之分。标题要准确揭示消息的主要内容，吸引读者阅读。

2．导语

消息的开头一般要有"电头"，如"本报讯"等。电头后空一格，紧接的是导语。导语是一则消息中最重要的事实概括，作用是介绍内容、揭示主题、导入正文，并引起读者的阅读兴趣。

3．主体

主体是一篇消息的主要组成部分，即中间的正文部分。这个部分的写作一般是围绕主题用一定的形式把事实材料组织起来，做到结构安排合理、言之有序、顺理成章。

4．背景

背景在消息中的位置比较自由，更多的是表现结构内容上的意义。它是有关新闻事实的历史和环境材料，能帮助读者更好地理解新闻事实，便于作者表述自己的观点，也可使新闻内容充实饱满、富有立体感，说服力和感染力更强。

5. 结尾

结尾是文章的收束部分，有时是一句话，有时又可能是最后一段或最后一个层次。

思考练习

（1）给下面的新闻拟写标题，并分析一下它的写作特色。

美联社日前报道，在中小学开设双语课程，用外语教美国孩子学数学、社会研究和科学等学科成为美国国内外语授课潮流中的一部分。今年秋天，美国将会有几十万年轻人在课堂上接受汉语、西班牙语、希伯来语、朝鲜语、俄语和其他语言授课的课程。

报道说，纽约市今年秋天开设 4 门新的双语课程。其中 3 门用法语授课，1 门用汉语授课。在曼哈顿下东区，一所双语公立学校全天大部分课程都是汉语普通话授课。这个学校在非华裔中很受欢迎，家长希望自己的孩子在不断变化的世界里比别人领先一步，现在要报名上课还得排队登记。

法语社会科学课让 11 岁的帕梅拉·克鲁斯兴奋不已。她讲英语和西班牙语已经很流利了。6 年级的她说："我以前没那么喜欢上学，但现在我可喜欢了。"帕梅拉还报名上法语吉他班。她爸爸说："这对她未来很有好处。她可以见更多的人，有更多机会得到更好的工作。"

目前，学生可以自愿报名参加 67 个双语计划教程。在有十几亿人说汉语、近 4 亿人说西班牙语的全球经济大环境下，这两种语言是美国 300 多所公立学校中有最多人选择的外语。

法国驻美外交官若蒙说，在迈阿密、芝加哥、波士顿和华盛顿等地，有 1.4 万学生上用法语授课的课程。研究社会语言相关问题的非营利性机构华盛顿应用语言中心说，超过三分之二的外语授课是用西班牙语，现在美国可得到多语教育的公立学校学生人数是 10 年前的两倍多。

（2）选择你所喜欢的一份报纸，了解一下消息的特点。

第二节　通讯

学习重点

了解通讯的特点

范　文

日本签字仪式

[本报 9 月 2 日电（发稿地点：东京湾美国"密苏里"号战舰上）] 今天上午 9 时 5 分，日本外相重光葵在无条件投降书上签字。日本终于为它在珍珠港投下的赌注付出了代价，失去了其世界强国的地位。

重光葵步履蹒跚，拖着木质假腿到铺着粗呢台布的桌子旁，桌子上放着投降文件，等着他签字。如果人们不是对日军战俘营中的暴行记忆犹新的话，也许会不由自主地同情重光葵。

他把全身的重量都压在手杖上，好不容易才坐下来。他把手杖靠在桌子旁，然后，在他签字的时候，这手杖倒在甲板上。

道格拉斯·麦克阿瑟将军致辞后，做了一个手势要重光葵签字。他们两人没有说一句话。

麦克阿瑟代表对日作战的国家签字受降，乔纳森·温赖特中将和帕西瓦尔中将在他的两旁肃立。温赖特中将在科雷吉多尔岛失守时被俘，长时期的战俘生活，把他折磨得憔悴不堪。帕西瓦尔中将在大战中另一个不幸的日子里放弃了新加坡，向日军投降。（编者按：科雷吉多尔岛是菲律宾领土，1942 年 5 月失守；新加坡是 1942 年 2 月失守的。）

两位中将在场，使人不由得想起，1942 年上半年，我国处于几乎无可挽回的失败的边缘。

日本代表团由 11 人组成，他们衣着整洁，表情悲哀。重光葵身穿礼服大衣和带条纹的裤子，头戴丝质高帽，双手戴着黄色手套。在"密苏里"号战舰上，参加整个仪式的任何一方都没有和日本人打招呼，唯一的例外是日本外相的助手，有人同他打招呼，是因为要告诉他在哪里放日本请求无条件投降的文件。

当重光葵爬到右舷梯顶端，登上"密苏里"号甲板时，脱掉了他的高帽子。

（原载 1945 年 9 月 3 日《纽约先驱论坛报》，记者：霍墨·比加特）

"飞天"凌空

——跳水姑娘吕伟夺魁记

吕伟站在十米高台的前沿，沉静自若，风度优雅，白云似在她的头顶飘浮，飞鸟掠过她的身旁。这是达卡多拉游泳场 8 000 名观众一齐翘首而望、屏声敛息的一刹那。

轻舒双臂，向上高举，只见吕伟轻轻一蹬，就向空中飞去。有一瞬间，她那修长美妙的身体犹如被空气托住了，衬着蓝天白云，酷似敦煌壁画中凌空翔舞的"飞天"。

紧接着，是向前翻腾一周半，同时伴随着旋风般的空中转体三周，动作疾如流星，又潇洒自如，1 秒 7 的时间对她似乎特别慷慨，让她从容不迫地展示身体优美的线条：从前伸的手指，一直延续到绷直的足尖。

还没等观众从眼花缭乱中反应过来，她已经又展开身体，笔直地像轻盈的箭，"哧"地插进碧波之中，几股白色的气泡拥抱了这位自天而降的仙女，四面水花悄然不惊。

"妙！妙极了！"整个游泳场都沸腾了，如梦初醒的观众制造了震耳欲聋的掌声和欢呼声。

吕伟精彩的表演，将游泳场的气氛推向了高潮。她的这个动作五一三六，从裁判手里得到了 9.5 分。

这位年方 16 岁的中国姑娘，赢得了金牌。

（原载 1982 年 11 月 25 日《光明日报》，作者：夏浩然、樊云芳，有删改）

"老报童"罗伊去世了

罗伊·迈尔斯的追悼会将于星期一举行。四分之一世纪以来，他是《自由新闻》大楼附近的一个近乎传奇式的人物，也是不管年岁多大都被人叫做报童的那号人当中的仅存者。

《自由新闻》的一整代记者、编辑和其他职员都只知道他的名字叫"罗伊"的迈尔斯先生，本星期早些时候在他度过一生最后几年的疗养所中死去，终年六十七岁。

直到几个月以前，由于健康状况恶化而终于无法撑持下去为止，他一直把《纽约时报》和其他外埠报纸送到订户桌上，并且在《自由新闻》大楼外的人行道上叫卖上述报纸和《底特律新闻》。

去年有一个月他尝试了一下退休的滋味，但不久又重操卖报的旧业。

他双目几乎失明，戴着一副像定量酒杯的底那样厚的眼镜，要把头往后仰起才能看得见东西。

他形容枯槁，白发苍苍，体弱多病，吃力地背着笨重的帆布报兜，背带深深勒进瘦削的肩头。然而，在他衰弱的外貌下，却隐藏着强烈的自立精神。他对工作极为认真，也能滔滔不绝地神聊一气。

"罗伊，你今天干得怎么样啊?"一位打算买报的顾客会这样招呼他。

"要买份时报?"他会这样回答，声音粗得像是从沙石上崩出来的一样刮耳。

有一次，罗伊从《自由新闻》的电梯上走下来，正好赶上采编人员在那里开会。也许是由于他视力不佳，也许是由于他脾气倔强，反正他把报纸分发给了在场的记者。会议只好中断，直到罗伊把报纸分完。

"两毛五?"一个记者有一次在罗伊对他说了《芝加哥论坛报》的价钱以后提出了抗议。"见鬼，罗伊，我花一毛五就能买到一份。"

"是喽，不过你得上芝加哥去。"

有些记者在收报费的日子没有钱付款就躲着罗伊，这是大伙都知道的。要做到这一点并不难，因为罗伊瞎得很厉害。只要订户的位子上有人坐着，他就去催讨，不管那人是谁。有一次罗伊误把一个女记者当做一个长着胡子的男记者，因为他往常就是坐在那张桌子后边的。

还有一个记者在刚参加《自由新闻》工作的时候，发现他桌上每天都有一份《纽约时报》，感到很诧异，但他以为这是由于工作需要而发给他的。然而到了月底，他终于发现这是怎么回事。"一共六块二毛五。"罗伊粗声粗气地对他说。

罗伊死后留下一个女儿，德乐勒斯·塔尔曼夫人，还有一个姊妹和一个孙儿。追悼会将于星期一午后二时在红河区西杰弗逊街 10783 号格尔巴赫殡仪馆举行。他将安葬在河景区费思代尔公墓。

（原载美国底特律《自由新闻》，记者：尼尔·夏思）

奥斯维辛没有什么新闻

波兰布热金卡电　从某种意义上说，在布热金卡，最可怕的事情是这里居然阳光明媚温暖，一行行白杨树婆娑起舞，在大门附近的草地上，还有儿童在追逐游戏。

这真像一场噩梦，一切都可怕地颠倒了。在布热金卡，本来不该有阳光照耀，不该有光亮，不该有碧绿的草地，不该有孩子们的嬉笑。布热金卡应当是个永远没有阳光、百花永远凋谢的地方，因为这里曾经是人间地狱。

每天都有人从世界各地来到布热金卡——这里也许是世间最可怕的旅游中心。来人的目的各不相同——有人为了亲眼看看事情是不是像说的那样可怕，有人为了不使自己忘记过去，也有人想通过访问死难者受折磨的场所，来向他们致敬。

布热金卡在波兰南方城市奥斯维辛城外几英里的地方——世人对奥斯维辛这个地名更熟悉。奥斯维辛大约有 12 000 名居民，距华沙 120 英里，地处被称为摩拉维安门的山口的东头，周围是一片沼泽地。布热金卡和奥斯维辛一道组成了被纳粹称为奥斯维辛集中营的杀人工厂的一部分。

　　十四年前，最后一批囚徒被剥光衣服，在军犬和武装士兵的押送下走进毒气室。从那时起，奥斯维辛的惨状被人们讲过了很多次。一些幸存者撰写的回忆录中谈到的情况，是任何心智健全的人所无法想象的。奥斯维辛集中营司令官罗道夫·弗兰斯·费尔南德·霍斯在被处决前也写了回忆录，详细介绍了这里进行的集体屠杀和用人体作的各种试验。波兰人说，共有400万人死在那里。

　　今天，在奥斯维辛，并没有可供报道的新闻。记者只有一种非写不可的使命感，这种使命感来源于一种不安的心情：在访问这里之后，如果不说些什么或写些什么就离开，那就对不起在这里遇难的人们。

　　现在，布热金卡和奥斯维辛都是很安静的地方，人们再也听不到受难者的喊叫了。参观者默默地迈着步子，先是很快望上一眼；接着，当他们在想象中把人同牢房、毒气室、地下室和鞭刑柱联系起来的时候，他们的步履不由得慢了下来。导游也无须多说，他们只消用手指一指就够了。

　　每一个参观者都感到有一个地方对他说来特别恐怖，使他终生难忘。对有的人来说，这个地方是经过复原的奥斯维辛毒气室。人们对他们说，这是"小的"，还有一个更大的。对另外一些人来说，这样一个事实使他们终生难忘：在德国人撤退时炸毁的布热金卡毒气室和焚尸炉废墟上，雏菊花在怒放。

　　还有一些参观者注视着毒气室和焚尸炉，开头，他们表情茫然，因为他们不晓得这是干什么使的。然而，一看到玻璃窗内成堆的头发和婴儿的鞋子，一看到用以关押被判处绞刑的死囚的牢房时，他们就不由自主地停下脚步，浑身发抖。

　　一个参观者惊惧万分，张大了嘴巴，他想叫，但是叫不出来——原来，在女牢房，他看到了一些盒子。这些三层的长条盒子，6英尺宽，3英尺高，在这样大一块地方，每夜要塞进去五到十人睡觉。解说员快步从这里走开，因为这里没有什么值得看的。

　　参观者来到一座灰砖建造的建筑物前，这是在妇女身上搞不育试验的地方。解说员试着推了一下门——门是锁着的。参观者庆幸他没有打开门进去，否则他会羞红了脸的。

　　现在参观者来到一条长廊里。从长廊两边的墙上，成排的人在注视着参观者。这是数以千计的照片，是囚徒们的照片。他们都死了——这些面对着照相机镜头的男人和妇女，都知道死亡在等待着他们。

　　他们表情木然。但是，在一排照片的中间，有一张特别引人注目，发人深省。这是一个二十多岁的姑娘，长得丰满、可爱，皮肤细白，金发碧眼。她在温和地微笑着，似乎是为着一个美好而又隐秘的梦想而微笑。当时，她在想什么呢？现在她在这堵奥斯维辛集中营遇难者纪念墙上，又在想什么呢？

　　参观者被带到执行绞刑的地下室去看一眼，这时，他们感到自己也在被窒息。另一位参观者进来了，她跪了下来，在自己胸前画十字。在奥斯维辛，没有可以做祷告的地方。

参观者们用恳求的目光彼此看了一眼，然后对解说员说："够了。"

在奥斯维辛，没有新鲜东西可供报道。这里阳光明媚，绿树成荫，在集中营大门附近，孩子们在追逐游戏。

（原载 1958 年《纽约时报》，记者：罗森塔尔）

学习重点说明

通讯是具体形象地报道有新闻意义的人物、事件和情况的文体。通讯和消息比较，报道显得更为详细、深入，表现方面也更加形象生动。通讯主要运用记叙、描写的手法，也可以用到说明、议论等其他手法；一般边叙边议，具有明显的评论性。

1. 通讯的特征

通过和消息的比较，通讯的主要特征有三点：

（1）容量大。

较之消息，通讯可以反映更多、更具体的情况，把事件的来龙去脉交代得更详尽，篇幅可以稍长。

（2）样式多。

通讯根据不同的划分原则，可以有非常多的种类，此点可在通讯的类型中详见。

（3）写法活。

具体表现为结构灵活多变，表达方式较消息更自由，语言形象生动。和消息比较，通讯的议论、抒情运用略多些，但通讯毕竟仍以叙述、描写为主，很多通讯的评论并非一律要直接体现"报道者"的意志，而应以客观为佳。

2. 通讯的类型

通讯的类型一般有两种分法：一种是按报道内容分，有人物通讯、事件通讯、工作通讯、概貌通讯等；另一种是按报道形式分，有访问记、专访、特写、大特写、新闻小故事、集纳、巡礼、侧记、记者来信等。

思考练习

通过报纸、电视或网络阅读新闻，体会消息和通讯的异同。

第七章　简明师范写作

第一节　评语

学习重点

评语的特点和写作

范　文

丑小鸭与《丑小鸭》

一阵暖流从丑小鸭的皮肤渗透到心窝，给冰冷的心注入一股暖阳。他已经在雪里躺了一天，没有热水，没有热食，只有铺天盖地的雪与锥心刺骨的冷。他不知道为什么他（删除）被抛弃在雪地里，他的妈妈呢？丑小鸭想不明白，只知道他被遗弃在那一片恐怖的白色寒冷中。暖流一阵又一阵地传入丑小鸭体内，僵硬的身子渐渐恢复了知觉，他感觉到有一个暖暖的、柔柔的东西正在抱着他，便下意识地又往那温暖处钻，以贪恋那不敢奢求的幸福，就算这只是个梦，那他也要在梦中长睡，不要醒来。温暖的怀抱中，丑小鸭沉沉地进入了梦乡。（此句多余）

慵懒的晨光透过窗户，照在丑小鸭眼上，迫使他从美美的、甜甜的梦中醒来。睁开沉沉的眼皮，丑小鸭发现，一只雪白的鹅妈妈正微笑看着他，围在旁边的几个小鹅正用好奇的眼光打量他。他不知道这是什么地方。鹅妈妈见丑小鸭醒了，就笑着问："孩子，来，告诉鹅妈妈你从哪儿来？是不是迷路了才倒在雪窝里的？你家在哪儿啊，鹅妈妈好把你送回家。"丑小鸭沉默不语，他也不知道他家在哪儿，或者他根本就不知道他到底有没有家，（与后句意思重复，可以删去）一出生就被抛弃了的孩子会有家吗？鹅妈妈见他低头不答就说："没关系，现在想不起来以后再想，就算永远想不起来也没关系，就把这儿当做你自己的家吧。"丑小鸭眼泪汪汪地看着鹅妈妈慈祥的面容，这儿可以是他的家吗？鹅妈妈可以是他妈妈吗？"孩子，你该饿坏了吧？我去给你拿些吃的来。"说完，鹅妈妈便急忙跑出去，又匆匆跑进来，把一大片面包和一大碗粥放在丑小鸭面前。看到丑小鸭饿狼般吞食的模样，鹅妈妈轻轻抚摸着他的头，说："慢点儿，孩子，别噎着，慢点儿……"

在鹅妈妈一家精心的（替换内容：亲切的）照料下，丑小鸭身子（删除）渐渐恢复了，可以跟着哥哥、姐姐到处跑动啦。他们对他都很友善，鹅妈妈更是无微不至，有好吃的总是先给他，晚上睡觉都把他搂在怀里。丑小鸭知道，他被救的那个晚上的温暖怀抱就是鹅妈妈的，他不敢奢求的美梦及家也都是鹅妈妈给的。两间草屋是他们可爱、温暖的家，门前有一条小河，清清的水映着蓝天白云，形成一幅绝美的图画。哥哥还教会了他游泳、捕鱼，他可以在水中自由畅游，享受清水带给他的滋润。丑小鸭喜欢这个有着爱他的鹅妈妈、哥哥及姐姐的美丽温馨的家。

有一天，丑小鸭在河上快乐地游着，忽然邻居家的几位大哥哥紧紧把他围了起来。他们嘲笑他说："这哪来的野鸭子，也不看看自己长啥样，丑陋得把河水都玷污了。哈哈！"丑小鸭被嘲笑得恼怒了，反驳道："我不是野鸭子，我也是大白鹅。""呵！这可是我今生听到的最大的笑话。你也是大白（替换内容：天）鹅？照照水面看看自己的样子吧！灰色的短毛、瘦小的身子，短短的脖子，扁扁的嘴，哪一点儿像大白鹅？想当大白鹅，简直痴心妄想！"他们又哈哈大笑起来。丑小鸭低头看看自己的倒影，确实如他们所说的，他没有大白鹅肥壮的身躯、雪白的羽毛、修长的脖颈。他也曾怀疑过，为什么他和别的鹅都不一样，他还以为是自己还太小，等长大了就会变漂亮了。但几个月已经过去了，他还是一样的丑陋，而哥哥姐姐却越来越漂亮。丑小鸭越想越生气，他要回去问问妈妈，为什么他会这样。

丑小鸭一路飞奔回家，一心想要知道为什么。见鹅妈妈在屋里，就急忙拉着鹅妈妈，（删除）气喘吁吁地问："妈妈，为什么我和别的鹅都不一样？为什么我没有他们美丽？"鹅妈妈忙拍了拍他的背，帮他顺了顺气，说："不要想太多，你只是没长大。""我已经长大了。为什么他们都说我不是大白鹅而是野鸭子，妈妈，你告诉我为什么，为什么啊？"鹅妈妈见丑小鸭如此倔强，就无奈道："那我给你讲个故事吧。"

"很久很久以前，有一个小鸭子从一出生就被大家讨厌着，哥哥姐姐欺负他，连主人小女孩也不喜欢他，都叫他丑小鸭。因为他长得又小又丑，一点儿都不像他的亲人。"鹅妈妈慢慢地讲着。"他好可怜啊，都没人理他（删除）。"丑小鸭睁着天真的眼睛说。"有一天，这只小鸭子离家出走了，但漫天的雪令他又累又饿，他昏倒在了雪地里。"鹅妈妈继续讲。"呵！那怎么办？"丑小鸭急忙地问。"幸亏他被一个农夫救了。但（删除）有一天当他在湖上游的时候，他看到自己的（删除）倒影，发现自己（替换内容：他）变成了一只美丽的白天鹅。这就是《丑小鸭》的故事，最后丑小鸭一定会变成白天鹅的。"鹅妈妈讲完，意味深长地看着丑小鸭。"妈妈，有一天我也会变成大白（替换内容：天）鹅的，和你们一样漂亮。"丑小鸭坚信。鹅妈妈摸了摸丑小鸭的头，说："恩，你一定会的。"

春去秋来，一年过去了，丑小鸭发现自己还是原来的丑陋样子，一点儿也没有变化，而且他还听小主人讲，《丑小鸭》只是丹麦一个童话家写的童话，不是现实中的。"难道妈妈是骗我的吗？"带着疑惑，丑小鸭越游越远。

等他惊醒的时候，却（删除）发现自己来到了一片芦苇荡。高高低低的芦苇长在河两边，从远处吹来的风摇晃着枝叶，发出摩擦的沙沙声，悦耳动听。芦苇荡里有十几只野鸭子正在那里嬉戏，偶尔会有几只振翅而飞，从这一片芦苇飞往另一片，非常自由、惬意。丑小鸭惊奇地发现他们居然和他长得一模一样，瘦小的身躯，发达的双翅，灰黑的毛色。丑小鸭怯生生地问："你们也都是没有长大的大白鹅吗？""哈哈，他说我们是大白鹅！"一只小野鸭大笑起来，一位野鸭妈妈慈祥地说："孩子，你和我们都是野鸭子啊，看，一模一样的长相，这是不能否认的啊（删除）！"

丑小鸭感到很伤心，原来他不是大白鹅，原来鹅妈妈讲《丑小鸭》的故事是安慰他的，原来丑小鸭始终是丑小鸭而没有成为白天鹅的可能，原来童话始终只能是（替换内容：在）童话里发生（删除）。但望着这片恬静、舒适的芦苇荡，看着这群怡然自得的野鸭，想着这份快乐飞翔的自由，丑小鸭猛然醒悟，我不是白天鹅，我没有他们的美丽优雅，但我是野鸭，我可以有野鸭的自由自在、无拘无束。丑小鸭震了震翅膀，发现他可以慢慢地飞了起来，又用力拍打翅膀，他便也可以飞到河对岸了。他找到了真正属于自己的生活。

童话始终都只能是安慰人的，童话是不能拿来当做理想的。生活是现实的，自己是现实的，也只有活在现实中的自己才是最真实的自己。不管你是什么，大人物还是无名小卒，不管你在什么样的位置，高高在上还是平平淡淡，找到那份真正发挥自己作用、真正属于自己的生活，你才能活得开心、活得快乐，生活也才能有价值。

生活有你自己才能精彩。丑小鸭不是《丑小鸭》里的丑小鸭，他只是一只普普通通的野鸭子，他不可能变成白天鹅，但野鸭的那份自由才是他所追求的生活。从此，芦苇荡里又多了一只快乐的野鸭子。（最后一段多余，可融入前文中。）

（作者：暨南大学华文学院学生王文娜）

教师评语：

此文构思巧妙，立意深远，将现实中的丑小鸭与童话中的丑小鸭作了比较，告诉读者现实中的丑小鸭永远不会变成白天鹅，但丑小鸭仍然可以拥有属于自己的快乐生活。

但全文还可以进一步简洁生动些（见原文的夹批），特别是某些修饰词语的运用还缺乏多样性。如"慈祥"一词反复使用，使得文中形象比较单一。

文章前面三个自然段的内容与主题的关系并不密切，所以应该大量精简。最后一段有画蛇添足之感，删去会更好，句义可以融入前面的段落。

窗　景

窗景，是一幅变幻无穷的风景画，在不同的时间，不同的地点，因为不同的角度，不同的心境，人们会看到不同的窗景。

下雨了。刚开始是微弱到几不可视的雨丝，它们轻轻地贴在窗上，细细抚摸窗的每一个角落，留下一道道不相连的浅浅的痕迹。渐渐地，雨纹连接起来，如蛛网越织越密，然后汇聚成晶莹剔透的水珠，圆润的球面上映出窗内外的景致，把四周浓缩成一个球状的极小的天地。雨还没有停，水珠们便相聚汇成了小流，弯弯曲曲地在窗面上流淌，像泪水在脸上肆意爬行。这些来自天空的泪水在玻璃窗上把世界割裂成一个个碎块，等到雨流成为雨帘，世界又再拼接起来，所有痕迹被洗掉，仿佛一切不曾发生。

下雪了。窗外是白色的冰雪世界，窗内是浓浓的暖意。六角的雪花抵不住温暖的诱惑，飞扑到窗上，花瓣般的身躯马上融化，成为透明玻璃上一小滴不起眼的雪水，而更多的它却相继迎上来，一些靠在融化的雪水上把它们再次冻结成小冰晶，一些去寻找未被踏足的地方成为一摊融化的雪水。晶莹的雪花就这样一层又一层地融化，又结冰，融化，再结冰，密密麻麻地布满玻璃窗，直到窗户透出的暖意再也不能融化它们。冰冷寒彻入骨的雪，使人昏昏欲睡的暖气，这矛盾的两者居然能毫不矛盾地隔着一方玻璃窗子相碰触，结成了细密又精致的窗花，让每一扇窗户拥有了独一无二的景致。这些就是大自然的画作了吧，平凡，但那么赏心悦目。

放晴了。紧闭的窗户被打开，像很多扇打开的小门，邀请阳光与风进去游玩。虽然窗框还在，但因为少了玻璃的阻隔，所有的景致变得触手可及，不仅仅能观赏，还能感受，能碰触。窗外枝叶相连的榕树摇晃着发出"沙沙"的歌声，窗内亦能感受到夹杂着草木香气的凉风扑面而来；窗外的大地、建筑物被阳光铺染为金黄色，仿佛有暖的气息从它们表面蒸出，无所不在地充斥于空气中，并飘荡进窗内，暖洋洋的，熏得满屋是阳光的味道，此时只要把手伸到窗边，就可以感到暖意从指尖直达心底，让人舒服得像猫咪一样眯起眼睛来享受。窗的内外成为不受阻隔的一体，窗框内外的元素都被选入画面中，每一个时刻都是一幅生动到极致的图画。

车厢内，旅人静静地看向窗外。远方是深黑色，近处有灯火一闪而过，眼前是倒映在玻璃上的人的面容，三者交叠，竟生出一种渺茫不知身在何处的恍惚。风景不断后退，灯火不断跳跃，而旅人的眼睛却不曾移动半分，迷茫的眼神一直流连在窗上，或者是窗外，几乎令人以为那双眼原本就生长在透明的玻璃上。

车厢外，一批又一批的旅人正等待着列车将他们送往目的地。他们的眼睛盯着前方，看到一些奔驰而过的列车窗内摇曳的光亮和乘客谈笑风生的侧脸，这些很快地闪过，只当是欣赏没有开头没有结尾的短小动画。他们又看到一些列车缓缓停靠在跟前，窗内有的是漆黑的紧闭的窗帘，有的是小情侣两人分享着一个杯面，有的是打着扑克时而认真时而开怀大笑的同龄人，而有的却是与他们一样两眼看向前方，带着似在等待似是茫然的神情的旅人。那双眼睛像嵌在玻璃上一样，不曾移动半分。不期然间，窗内的那双眼与窗外的那双眼目光相遇了，大家隔着玻璃传达着微妙的情绪，然后或微笑或尴尬或面无表情地移开了相触的眼光，继续自己的思绪。

大楼内，疲倦了一天的人们回到家，不经意间总会看向窗外的景致，看到的可能是万家灯火璀璨，又可能是妇人忙碌准备晚餐，老人安静地看着电视。大家都在默默地想是否有人和自己一样，此时在家中放下所有防备静静看着窗外的景观。

大楼外，人们站在距离自己家大楼前不远处，自然而然地抬起头看向自己家的窗子。有的看到的是漆黑一片，不由得发出轻轻的一声叹息低头前行，有的看到的是灯火通明，嘴角不自觉地漾起微笑，微仰着头快步前去。

窗内外的风景在转动，时刻不同，这些变幻无穷的画作，你看过了吗？

（作者：暨南大学华文学院学生许婧）

教师评语：

此文显示了作者较强的观察能力和敏锐的感知，如下雨时窗景的描绘就相当细致生动。文章还善于从不同的角度展示不同的窗景韵味，体现了作者丰富的情感和独特的体会。

不足之处是文章的结构还不够紧密，各层次之间的逻辑性还有待加强。例如，当窗景由时间状态（雨、雪、晴）向空间状态（车厢内外、大楼内外）转换时，需要有适当的过渡连接。

我和母亲

小时候的故事

同鲁迅一样，我家也是从小康之家一时坠入困顿。家家有本难念的经，我家的这本经尤其难念。自从父亲与人合伙做生意被骗了钱之后，母亲便成了家里的顶梁柱，一肩扛起整个家庭，也就是说一人养活五口之家。母亲，一位再普通不过的农村妇女，大字不识几个，经济来源只能依靠一间规模很小的杂货店。也因此母亲一人扮演两个角色，既扮演父亲也扮演母亲。对我而言，曾经被父亲高举在肩头逛街的童年便与我挥手说再见了。

我的童年是人生这袭华丽袍子上的虱子。我的童年没有叫着夏天的知了，没有摇荡的秋千，有的只是自由被剥夺、欲望被压制的记忆。我和姐姐两个人从小就被"关"在杂货店这个笼子里，童年就像被折断翅膀的小鸟，失去了在广阔明朗的天空中自在遨游的快乐，失去了与同伴嬉闹玩耍的自由，失去了……

"××，我们要出去玩，你去不去？"同龄的小朋友来店里找我出去玩。

我用渴求的眼光望着母亲，"妈，让我出去玩吧！"

母亲以一种不容商量、斩钉截铁的口吻回绝我："不行，你去玩，店里谁帮忙？我一个人要买菜煮饭，又要看店，怎么忙得过来？不行就是不行。"

我只好用委屈的眼神、嘟哝的嘴跟小朋友说再见，用美慕的眼光目送他们远去。如此戏码不知上演了多少回。有一次，实在忍不住了，未经母亲允许，我偷偷瞒着母亲溜出去玩。当我怀着因为玩得尽兴而十分畅快的心情回到家时，我看到一张比包公还黑的脸，然后责骂珠连炮弹似的袭来。叛逆的种子已在内心种下，长期以来的不满、埋怨让我鼓起勇气与母亲唇枪舌剑了一番。母亲是属于脾气比较火爆的人，也许是她的尊严受到挑衅，也许是对我的反抗的惊愕，她随手抄起藤条，我的腿上便留下了赤红赤红的条痕。痛觉让我"哇"的一声哭了起来，对母亲的不满升至极点。那时刚从广播上听到《女人是老虎》这首歌，于是我很快就将其运用于实际了。我一边哭一边嘴里大喊："母老虎，你这只母老虎。"

如果说童年是一间屋子，其他同龄小朋友拥有的是一件精致的小木屋，我拥有的只是一间用土块堆砌起来的粗制滥造的小土屋，毫无光泽、黯然失色。其他小朋友家里有变形金刚、芭比娃娃，而我只能在梦中拥有；其他小朋友过年时穿着光鲜亮丽的衣裳，我只能朴素过节……我常常只能用美慕的眼光、愤恨的心情望着那些笑得如此"狂妄"的小朋友，用远观的方式来平复无法得到的痛苦。

与母亲有形无形的战争几乎充斥童年的每个角落，一堵"柏林墙"在我内心悄然筑起，我甚至萌发逃离母亲身边，逃离她魔掌的念头，而且这种念头日趋强烈。

母亲的背影

时间的指针指到了 2008 年，年龄的标签更新至十九，我踏上了高考的列车。高三，送给我的第一个信息是让我欣喜的，因为我终于得到打开锁在脚上十几年镣链的钥匙了。

回到家，我一边得意洋洋地告诉母亲："妈，学校要求全体高三学生内宿，所以我就要住学校，不住家里了。"心里一边想：嘿嘿，以后不用帮忙看店了，总算自由了，太棒了！

让我大跌眼镜的是，母亲用一种让我捉摸不透的语气回答我："你自己决定，我不会拦你。"母亲如此爽快反倒让我有点不适应了。

我只顾得沉浸在逃脱鸟笼的喜悦当中，完全不考虑住校所需的一切必需品。还好母亲想得周全，一会儿买牙膏牙刷脸盆，一会儿买牛奶面包，知道我喜欢喝茶，又跑去给我买了一袋茶。也许是因为童年的正常需求得不到满足而造成了我特别容易满足吧，那些天，每天母亲回家似乎都会给我带来惊喜。

终于到了要离家的日子。日常用品、学习用品装了满满几大袋，少说也有两百斤吧！正当我望洋兴叹时，母亲默默地将两箩筐架上一辆产于上世纪的"老爷车"，将行李装上车后便浩浩荡荡地出发了。我则骑着最近刚买的、很流行的"小宝马"跟在母亲后面。

母亲有点胖，坐在自行车上，身子稍稍前倾，头好像跟身子缩到一块了，再加上母亲身后两百来斤重的行李，原本壮硕的母亲好像变小了。母亲左一脚、右一脚，伴随着肩膀一左一右地晃动，慢慢地，慢慢地向前"蠕动"着。这以前，同学常感叹我的车速如飞，然而今天，我的力气好像被抽空了，脚像生了锈的齿轮，转得很慢很慢，如蜗牛爬行。夕阳西下，盛夏黄昏时候的阳光迎面照来，在地上勾勒出母亲的影子。我骑着单车退至母亲影子的范围之外，注意着不让单车碾到母亲的身影。我望着母亲的背影，小心翼翼地骑着，慢慢地骑着。时间好像定格在那一瞬间，世界好像只剩下我们母女。两个人一前一后，一样的动作，同样的速度，我用眼睛的摄像头拍摄记录下了这一幕。

到了学校，我们母女就显得"鹤立鸡群"了。来接送子女的父母很多，纵观全场，简直是摩托车、小汽车的海洋，母亲的老古董一样的自行车让我有点窘。母亲却若无其事似的，她卸下车上的行李，将几十斤重的袋子扛上肩，上楼了。我空手跟在母亲身后，想起了行走在石阶上的挑夫，内心一阵揪紧。母亲用她父亲般强壮的肩一口气将行李扛上了四楼。收拾妥当后，我送母亲下楼，这时我才发现了母亲额上缀满的汗珠和黝黑泛红的脸颊。母亲话不多，叮嘱了两句骑上车离开了，像来时那样，双肩一左一右地晃动，已在黑发中丛生的银丝即使在母亲骑出几十米远后还是那么刺眼……十几年来建立的"柏林墙"摇摇欲坠，心里曾经冰冷的地方被满满捂热……

雨中送饭

曾经在杂志上读过父母为子女送钱、送衣、送饭的文章，那时我的心不曾为之柔软过。而当现实生活中真正发生而且是发生在我身上时，此时想起，再次回味，是那么的亲切、感人。高三的学子们，我们不曾孤军奋战，在我们身后有一家人跟我们一块承担。这对于曾经历过高三生活的我不是一句空洞乏力的口号，它确实成为我不断前进的动力。

那一天，我正窝在角落读书，突然平地一声惊雷似的响起了母亲熟悉的声音。我不禁被这意料之外的声响吓到了，也为母亲的出现吃惊。

"妈，你怎么来了？"

"我来给你送饭！"

"饭？"

母亲打开了饭盒，一股熟悉的味道迎面而来。

"好久没尝到家常菜了。"

像久渴逢水的人一样，我立马狼吞虎咽起来，过一会儿我才意识到一旁的母亲。我作出了从未有过的亲昵举动：舀了一勺送到母亲嘴边。但是母亲迅速把头一偏，避开了。

"你吃，我不吃。"

没办法，我只好厚着脸皮继续大快朵颐，而母亲就站着，站在我身边，看着我吃得津津有味的样子。我吃完了母亲送来的饭，将饭盒交给她，母亲也没说别的，一句"我走了"便转身消失在人群中。望着母亲远去的身影，幸福感打败了高三沉重的压力、痛苦，我重新回到桌旁，又一头扎入了书中。

母亲从此将送饭当成每天必做的功课，校园的风景线里从此多了一位送饭的母亲的身影。又一个下午，天空积聚着沉重的铅灰色的云块，一场暴风雨随即袭来。雨水倾盆而下，豆大的雨点砸在地上，溅了行人一身水。夏雨如此凶猛，搅得我心神不宁。"母亲该不会还送饭来吧，这么大的雨！"我想着。然而，同样的时间、同样的地点，熟悉的身影，熟悉的声音还是照常出现了。当我接过母亲手里的饭盒，当我嚼着母亲大雨天送来的饭，心里那座"柏林墙"彻底地轰然倒塌了。就像春风拂过冬野，积雪汇成了汩汩小溪，涉过高山，流过平原，泻入我的"心湖"……

高三的时候，每当想到母亲，心中就充满了战斗力。考试考砸时，心中就有罪恶感，我每踩下的一个脚印都凝聚了母亲的力量。在高三这个人生转角处，我理解了母亲，我感受到了在母亲严肃外表、严酷管教掩盖下的爱。我才发现小时候的不满与仇恨是那么的幼稚、可笑。如今，我走得更远了。儿行千里母担忧，每个星期的一通电话，母亲的声声叮嘱，都能为我的生活注入浓浓的爱与感动，酿造一杯醇香四溢的茶，让我满怀感激地面对生活的每一天！

（作者：暨南大学华文学院学生蔡在涵）

教师评语：

本文写了作者和母亲之间的母女真情。作者小时候由于不能理解母亲的难处而与母亲隔阂重重，读高三时因为住校离家而感受到了深深的母爱，作者心中那座象征母女之间隔阂的"柏林墙"轰然倒塌。文章叙事清楚，内容充实，行文也较为流畅。

全文在取材上还应该注意详略，在刻画母亲的形象上还可以笔力更集中一些。例如，可以全力从"小时候的母女冲突"、"辛劳无怨的背影"、"风雨无阻的送饭"这三个场面（细节）来特写母爱，某些与主题联系不紧密的部分就可以简略写或不写了（如对自己童年的大篇幅感慨）。相反，与主题联系紧密的部分（如母亲冒雨送饭来的神态、情形等）就应该写得更仔细生动。

美女说

某日，就读于某地某学校的某君又开始向我抱怨，呼天抢地说他被骗了，说那里根本就名不副实，他对于此地大失所望！

　　此君所在地正是我国闻名遐迩的美女盛产地之一，传说此地的美女皮肤光洁细腻，人若桃花，最重要的是满大街都是美女，一抓一大把。据某君自己说，他就是听到这样一个传说才义无反顾地跑到那里寒窗四年。

　　不管此话是真是假，有一件事情千真万确。从来只听说过某地盛产美女，某地有某种风韵的美女，何曾听说过"美男多产于某处，某地专产某类美男"！

　　现时世界，美女受关注的程度比美男高，不是高一点点，而是高一大节。你可以轻易地说出几个美女的盛产地，也能随意点出他们的特色。如重庆的美女身材匀称，肤质光滑，性格辣似火锅；浙江美人温婉如玉；东北佳丽挺拔秀丽……你不仅能点出她们的特色，甚至还能给她们排个名次：谁第一，谁又第二，谁和谁在伯仲之间。但是你一定很难说出哪里的美男比较多，也说不出什么地方的美男具备什么样的特色，更不用说美男排行榜了！或许有美男排行榜，但一定没有美女排行榜出名。

　　女子外貌在娱乐界里被八卦也就罢了，一向注重才能内涵的商界、文学界等，新闻报道里的主人公一旦是女子，也会被媒体冠上"美女"名号来制造噱头，好像没有"美女作家"、"美女富婆"这么些名号，文章的吸引力就会严重下降。如果主角是男的，就不用担心这个话题了。除非那位男作家或者男企业家的外貌确实比较突出，才会被媒体人浓墨重彩地写上一笔。

　　现代社会选美大赛铺天盖地，一个接着一个，花样繁多，有以慈善为目的的，有以此来号召关注环保的，也有为选美而选美的……可是选的几乎是美女，不见几个美男。以上种种可以看出，现代美女的号召力明显比美男的号召力强，或者说吸引力更强大。

　　这种品性大概是从古代遗传下来的，因为我们的祖宗也是这样，偏喜美女，不好美男。

　　中国古代四大美人，可谓妇孺皆知，不信就到大街上随便抓一人问，必定能对答如流。如果问古代四大美男是谁，大多数人能答出潘安，若还能加上个宋玉，那他的历史修养定然相当不错！其实典籍上根本没有给古代男子的美貌排名号，只不过现代人为了与古代四大美人匹配，硬找了几个有些名头的古代男子。因编撰者个人喜好不同，版本很多。在不同的版本中，只有潘安是常客，其余三位经常变换面目。古代美男连四个人都找不齐整，可人家美女家族除了四位当家花旦，其他配角的名号亦是响当当的，不容小觑，比如商朝的妲己，周朝的褒姒，扬州八艳……可谓人才辈出，一代强过一代。

　　古人爱美人不爱美男的喜好，也可以从词汇中看出些端倪。描绘美人的词汇，诗句中可谓夏夜里的繁星，不计其数且璀璨明丽，有如女人的衣饰繁复细致，从秀发到三寸金莲，皆有繁复的词汇、诗词去描画：头发是云鬓峨峨；眉眼可用峨眉淡扫，杏眼明仁，月眉星眼；唇齿便是皓齿星眸、素齿朱唇、唇红齿白了。冰肌莹彻、珠圆玉润、皓如凝脂等词汇，你大可放心地用来形容一个女子的肌肤。此外如沉鱼落雁之貌，闭月羞花之容；出水芙蓉，天然去雕饰；倾国倾城；秀色可餐；柔美温顺；天生丽质；回眸一笑百媚生；婷婷袅袅；摩登冷艳；温软如玉；端庄贤淑；面若桃花；水灵娇柔等词汇，好比春花烂漫，恐怕是花个三天两夜也数不清的。我搜肠刮肚想了很久，却也只能找出这么几个"剑眉星目，风度翩翩，英俊潇洒"零星词语来形容男性，酷似冬梅点点，好不冷清。明摆着，从古至今，江山独爱美女，不喜美男。

女子为何美丽？古语云："女为悦己者容。""悦"本身有喜欢、喜好、取悦、讨好之意。一直以来，"喜欢"、"喜好"为此话中"悦"的正解，然此"悦"字解释为"取悦"、"讨好"之意未尝不可！也许还更合适。

古时大多数夫妻结婚之前未曾谈过恋爱，第一次见面就已是洞房花烛，且男子感情不专一，娶三妻四妾可以被社会理解，那么夫妻两人想在婚后培养出两情相悦的感情简直是天方夜谭。既没有感情，何来喜欢？又怎么会有为喜欢自己的人去美丽自己的行为呢？

世上的事情有果必有因，既然没有感情可言，那么古时女子的美丽容颜就是生活所迫了。那时的女子弱不禁风，既无经济能力，也无社会地位，她们其实从生下来的那一刻就是一个乞丐，一个一生都在向男子乞讨的乞丐。她们的物质生活条件是男子给予的，她们的社会地位也是男人施舍的。于是女子最主要的生存技能就是乞讨，那么乞讨技巧与生活水平便构成了正比例关系。女子在事业上帮不了丈夫多少忙，技巧提高的空间便只能从自己身上找。很快，女人们便知道美丽的容貌对男子有极大的吸引力。于是能成为那个男权社会赢家的女子，绝大部分是懂得如何装饰自己、如何彰显自己美丽的女子。按照达尔文进化论"物竞天择，适者生存"的原理，美女只会越来越多。

反着看以上情况，不难得出另外的结论。美男帅哥之所以少，是因为他们不需要美貌就可以获得生存条件和社会地位，既然这样，为何要花心思去修缮自己的外貌，张扬自己的美丽？而且保持美丽容颜需要一定的时间和金钱。

综合这两者，也可得出第三个结论：古时，美貌是一种求生工具，是男权社会里女子弱势的象征，是卑微者的符号。

历史朝前滚滚流动，女权意识渐渐觉醒。为提高女性地位而发起的女权运动，自19世纪开始萌芽，到20世纪初迅猛发展，并成为20世纪最有影响力的运动之一。它一路高歌猛进发展，到今天取得了骄人的成绩，但还有很长的路要走。正如上文所说，美女的吸引力远远大于帅哥美男，所以现今社会依旧是男人的世界，大部分女子并没有完全独立。假如中国或者世界上出现了美男盛产地，出现了美男排行榜；又或者媒体介绍女性成功人士时，不再喜欢冠上"美女"的称号，那么这个女权运动或许才算走到尽头。

然而，真到了那个时候：男女在经济上完全实现了平等，女子和男子一样强大，这是否是件好事？

（作者：暨南大学华文学院学生刘美玲）

教师评语：

此文就美女和美男在数量和受关注度方面的不平衡现象谈古论今、旁征博引，见解独到、分析入理，是一篇不错的小杂文。

文章第三至第六自然段关于不平衡现象的描述应该力求简洁精炼，有些词句的运用不太准确（如"这种品性大概是从古代遗传下来的"），需要修改得更适当一些。

最后一段的疑问使得作者观点变得模糊不清，有损全文主题的集中明确。

学习重点说明

◇**评语**

评语是对描述对象的评价和评议，主要指学生作文或范文。

评语的特点：

（1）特指性：针对学生水平，就具体文章、段落、词句来评议，起到纠正、点拨、引导的作用。

（2）非篇章性：评语，特别是其中的眉批或夹批，常常只是简短的几句话、一句话或一个词语。即使有的总评写得比较长，一般也没有围绕论点展开的论证，因而并无通常意义上的篇章结构。

好的评语还应该富有指导性、启迪性、准确性。

◇**作文评语**

评语的最主要种类是作文评语。

1. 作文评语的类型

作文评语有多种分类法。就其所处的位置和所起的作用而言，可以分为旁批（又称边批，包括眉批与夹批）和总评。旁批是对文中某"点"之评，对文章内容、结构、技巧、词句等随时作有针对性的评价和指导，起直接而具体的作用。总评是对全文总的评价和评议，写在作文之后，其作用是概括性的。

2. 怎样写好作文评语

（1）熟悉各种文体，包括体式与语言。

首先是文体样式，或者说是由于对这种文体的深刻印象，而形成的敏锐的体式感。比如一看见议论文中绘声绘色、长篇大段地描述个别事例或缺乏内在逻辑地罗列大堆事实，就会觉得"不该这样写"。其次是语言，或者说是一种由语法观念、逻辑知识、体式意识和长期的读写实践积淀而成的语感。比如一眼看出"如果有办法把夏季吃不完烂掉的西红柿保存到今天……"中的"烂掉"是多余的，不符合语言逻辑。"执评者"必须在总体水平上高出被评者，这是一个必不可少的前提。

（2）独具慧眼是写好评语的关键。

首先是指能理解、理清所评作文的用意和思路，从中发现其难能可贵之处或存在问题的症结。评语不能一相情愿地把主观模式强加于人，而必须是在充分理解原意的基础上因势利导。

其次，评语要含有真知灼见。这里所说的真知灼见不同于学术上的独创和重大突破，而是指切合作文实际的精到的评价和指导。它以前一层的理解和发现为基础，但要在此基础上评出真知灼见来仍需要"独具慧眼"。

（3）简要是写好评语的突破口。

简要，是评语的写作特征，即使是写得较长的总评，也必须尽可能简洁、明快地切中要害，旁批和日常作文评语更应三言两语解决问题。如某篇记叙文写道："为了追捕这个当众行窃的小偷，全市万人空巷，老老少少齐出动。"你与其批上"这样写不符合实际情况，追一个小偷怎么会'万人空巷'呢？"就不如直接揭示其不准确的性质："言过其实。"

思考练习

请在同学之间互相交换一篇作文，认真撰写评语。要求详细作出旁批，旁批应与总评相配合，基本精神一致，最后再写出一个总评。

第二节　教育调查报告

学习重点

教育调查报告的写作

范　文

华文学院本科生学习心理状况调查报告

一、调查概况

本人于 2009 年 9 月份，对暨南大学华文学院国内本科学生（主要是汉语言和对外汉语两个本科专业）的学习心理状况进行了调查。通过调查研究，对大学本科学生的学习心理有了初步的了解，为准确地把握当前大学生的学习心理动向，深化教学改革，加强教育教学的针对性，提高教育教学的实效性，探索实施大学生素质教育的新路子，提供了客观依据。

二、调查的具体目标和方法

（一）具体目标

1. 大学本科生的学习心理现状

2. 当前大学本科学生的学习心理特点

3. 当前大学本科学生的学习心理成因及对策

（二）调查方法

学生问卷，内容涵盖教育价值观、学习态度、学习需求和学习目的四个方面。问卷调查在华文学院本科一至四年级中进行，共发问卷180份，回收有效问卷160份，接近理想的高效样本数。

三、调查结果

对学生问卷调查分析，大学生的学习心理具有明显的时代特征。

（一）大学生的学习心理现状分析

1. 教育价值观

调查显示，大部分学生具有较为明确的教育价值观。75%的学生认为学习的作用是提高自身素质，10%的学生认为学习的作用是为了拿到学位文凭，15%的学生没有考虑。

调查还显示，学生的教育价值观带有显著的经济社会特征。他们认为，青年人的经济收入与受教育程度成正比，其中65%的学生认为大学生挣钱比中学生要多，25%的学生认为学历越高挣钱越多，8%的学生认为挣钱多少与受教育程度没有什么关系。

2. 学习态度

调查结果表明，66%的学生对学习的热情较高，24%的学生对学习的热情中等，10%的学生讨厌现在的学习。这与他们的本科专业意识（兴趣）有一定关系。值得注意的是，讨厌学习的学生数占相当份额。而且，我们在调查中还发现，90%的学生都有自己"最讨厌的课程"。学生害怕学习或讨厌某些课程的根本原因，一是与教师的教学方法紧密相关，二是与该课程的实用价值紧密相关。调查结果显示，86%的学生对与现实生活联系紧、实用性强的专业或非专业课程热情较高，而对学术性理论性较强的课程不感兴趣。在学生讨厌的课程中，涉及古代汉语和文学的内容是华文学院本科生的核心课程之一，有55%的学生认为"古代部分对于我们以后的生活几乎没有用处"。

3. 学习需求

当前，"专业特长"是学生非常关心的热门话题，在调查中我们发现，大部分学生对"专业特长"有正确的认识，其中，92%的学生有自己感兴趣的目标，且有57%的学生希望得到教师的指导。同时，80%的学生希望学到较多的、实用的知识能力，使之能对他们以后的生活工作有所帮助。

4．学习目的

调查结果表明，对于大学毕业后的打算，76%的学生希望在大城市或经济发达地区找到一份比较理想的工作，24%的学生有继续读研究生深造的愿望。

（二）当前大学生的学习心理特点

调查显示，当前大学生的学习心理与以往的学生的学习心理相比，有明显不同。

1．教育价值趋向多元化、务实化、功利化

他们中的大部分人已经认识到了教育的重要价值在于帮助他们提高自己的综合素质，使他们掌握生存、生活所需的基本的科学文化知识，以增强自己在未来社会的竞争能力。在此基础上，部分家庭经济条件较好且成绩优秀的学生则致力于追求更高等的教育。

大学生的教育价值观的另外两个特点是务实化和功利化。学生越来越强烈地追求未来教育输出的经济价值，他们中的很多人从经济的角度去衡量所学课程的价值，继而决定自己在不同课程上的努力程度。他们要求课程教学更多地联系生活和生产实践，渗透更多的实用技术。

我们知道，由于年龄和学识的制约，大学生的认知、分析、判断等能力既不完全成熟又不可能很稳定。事实上，相当多的学生的教育价值观是迷茫的。其原因在于：一是越来越多的大学生难以就业，从而使他们对大学对专业（尤其是冷门专业）失去信心；二是学术性较强的语言文化课程难以满足学生对职业技术的需求，难以使他们产生学习的内在刺激和利益驱动。这些原因使越来越多的学生厌学。

2．学习需求的纵向多层次和横向多目标

在调查中我们发现，由于个人的学习基础、教育价值观和对未来的期望等方面的差异，学生的学习需求具有纵向多层次和横向多目标的特点。学习需求的纵向多层次是指学生对所学知识的深度要求不一。毕业后准备就业的学生，要求掌握实用的基础知识技能；追求研究生教育的学生，则要求最大容量地掌握所学知识，学业成绩达上等水平。学习需求的横向多目标是指学生对所学知识的广度要求宽泛。他们既要求学好学术性较强的课程知识，又要求充分培养自己的专业特长，还要求掌握更多的实用技术。

3．学习目的明确，但具有主观性和不协调性

对学生的问卷调查表明，78%的学生具有明确的学习目的。但是，通过对调查问卷的对比分析和对学生本人的考察，我们发现，学生的学习目的具有严重的主观性和不协调性。学生学习目的主观性突出表现在：他们已经认识到了未来进入大城市就业的艰难性。很明显，如此大的一个群体具有这个想法是极不现实的。此外，40%的学生希望自己以后在事业上能取得成功。学生学习目的的不协调性主要表现为思想与行动的不协调。调查结果表明，47%的准备考研究生的学生中有相当多的人在学习上并

没有显现出相应的积极性，而是呈现出一种消极等待的学习态度。

（三）当前大学本科学生的学习心理成因及对策

大学生的学习比中学生的更复杂、更高级，同时也更为自觉、更为独立，因此，学习心理对大学生的学业成就有着极大的影响。研究发现，造成大学生学习心理的主要原因来自三个方面：

1. 缺乏中等强度的学习动机，上大学前后有"动机落差"

在中学阶段，很多学生以考上大学为唯一的学习目标，一旦目标实现，极易产生松懈心理，希望在大学好好享乐一番，没有及时树立起学习的目标，造成了考上大学前后的"动机落差"。此外，很多学生兴趣狭窄，爱好很少，一门心思考大学，若是没能读到自己理想中的专业，就不知所措，对学习逐渐失去了兴趣。

2. 意志薄弱，自我控制能力较差

有的大学生感情脆弱、意志薄弱，不能经受失败和挫折的考验。学习顺利时，兴趣高，信心足，但稍有不如意，就消沉自卑，长期下去，极易产生焦虑紧张的不良心理，丧失进取心和学习兴趣。大学新生一般自我控制能力较差，容易受别人影响，有时会有意无意地模仿高年级学生的做法，诸如"他们玩我也玩"，"他们谈恋爱我也谈恋爱"，久而久之便失去了自我控制的能力。

3. 不良的社会环境及家庭环境的影响

受到不良社会环境的影响，有的大学生看到"搞导弹的不如卖鸡蛋的，拿手术刀的不如拿剃头刀的"，即所谓"知识贬值"现象，便觉得读书无用，滋生厌学情绪；有的学生不能正确地处理好休闲和学习的关系，把大部分精力投放到游戏、娱乐上，玩物丧志，家长和学校对他们又不能形成有效的制约。

针对当前大学本科学生的学习心理状态，初步可以有以下对策：

（1）采取积极的预防措施。

①对大学生进行正确的人生价值取向教育，唤起其学习欲望。

②满足学生的情感需要，改变其学习行为。教师对学生的爱，可以缩短师生间的心理距离，可以使学生由爱老师，进而爱学习。

③帮助学生确立目标，树立信心，增强学习动机。学习动机的培养是家庭、学校、社会及个体本身共同作用的结果，作为专业课要把动机的培养、激发、强化贯穿于教学过程的始终。

（2）加强健康的学习心理教育。

健康的学习心理一般包括正确的学习动机，浓厚的学习兴趣，坚定的学习信念，顽强的学习意志，良好的学习行为，科学的学习方法等。教师应加强对学生进行健康的学习心理教育，提高学习心理健康水平。

（3）创设良好的学习环境。

一方面，学校要加强与家长、社会的联系，形成合力，创设"隐性课程"，齐心协力抵制不良影响因素，为学生创设良好的学习环境。另一方面，调节教师、家长的合理期望，树立正确的教育观、学生观，要坚持尊重、爱护和严格要求相结合的原则，促进学生的学业进步。

关于大学公共场所手机铃声污染的调查报告

前　言

自 2002 年以来，对于手机铃声在公共场所引起的讨论就成了各大报纸的一个常见话题，如"手机铃声闹课堂大学生反映老师讲课太沉闷（2002 年）"、"课堂手机铃声拷问大学生公民意识（2003 年）"、"手机铃声成'课堂杀手'考验大学生素质（2004 年）"、"铃声扰乱课堂　大学生呼吁'关掉手机'（2004 年）"、"'手机铃声'成公害为何屡禁不止（2005 年）"、"手机铃声：课堂里的另一类污染（2005 年）"、"我眼中的手机铃声（2006 年）"……尤其是在大学课堂上，手机铃声俨然已成为"课堂杀手"，令众多老师恼怒却又无可奈何。手机使用的不文明现象已成为新时代的又一污染。为此，本次调查主要抽取了广州各大高校共 100 名大三学子，采取问卷法的形式，希望能够从大学生对这一现象的反映中了解到一些如今大学生的心态问题。

调查对象：广州某些高校大三学生（50 男 50 女）

调查目的：了解大学生对校园公共场所手机铃声污染的态度

调查方法：问卷法

调查结果与分析：

表一　手机的重要程度

手机重要性	男	女
很重要	60%	70%
一般重要	30%	30%
不重要	10%	0

表二　手机携带情况

	经常携带手机	手机经常处于开机状态
男	70%	50%
女	60%	20%

表三 手机对大学生的功用

手机功用	男	女
打电话	50%	10%
发短信	40%	90%
游戏	10%	0
其他	0	0

从表一中我们可以知道,认为手机对大三学生来说很重要的、一般重要的、不重要的比例分别是65%、30%、5%。而南京理工大学对大学生的手机消费进行的一次调查中也显示出只有17.74%、25.96%和33.19%的调查对象认为手机"不可或缺"、"很重要"及"重要",另有19.93%和3.18%的人则认为"不太重要"、"并不需要"。从这些数据可以得出的一个结论就是:手机在大学生心中并不是如想象中那般必不可少。随着高校中手机普及率的上升,手机的重要性却并没有呈现正比例的变化。在调查中发现,喜欢经常携带手机的被调查者也只占65%,而手机经常处于开机状态的更少,只有35%而已。有人指出:手机对于大学生来说,其实并没有到非拥有不可的地步,手机拥有率的上升很大的一个原因只是面子问题或者说是从众心理。表三显示出手机对于如今大学生来说最大的功用是发短信(尤其是对女生来说),其次才是打电话。

表四 校园公共场所的手机状态

	关机		振动		响铃	
	男	女	男	女	男	女
图书馆或阅览室里	10%	0	90%	100%	0	0
课堂上	10%	0	90%	100%	0	0

从表四中我们可以知道,无论是在图书馆或阅览室里或者是课堂上,大部分同学还是能够约束自己自觉地遵守公共道德的,在此就不再作详细的分析了。

表五 对校园公共场所手机铃声的态度

	愤怒、不可原谅		无所谓		可以理解、没感觉		其他	
	男	女	男	女	男	女	男	女
图书馆或阅览室里	60%	40%	10%	10%	30%	50%	0	0
课堂上	60%	20%	10%	40%	20%	20%	10%	20%

对于在安静的图书馆或阅览室里突然响起的手机铃声，有50%的被调查者感到愤怒，认为手机拥有者缺乏公德心，妨碍了他人；10%的被调查者感到无所谓，等它响完后继续看书；40%的被调查者是没感觉，它响它的，我看我看的，认为其对自己没有任何影响。而对于在课堂上突然响起的打断老师讲授的手机铃声，40%的被调查者感到不可原谅，认为手机拥有者妨碍了正常的教学秩序，不尊重老师也不尊重他人；25%的被调查者感到无所谓，认为反正不是什么大事；20%的被调查者认为可以理解；15%的被调查者是选择了其他。这结果一出来令我颇为惊讶，对于破坏要求肃静场所安静的人，居然只有一半的人是表示愤怒，而对于破坏课堂纪律的人也只有40%的人（连一半都不到）认为这种行为不可原谅。看到这一数字的时候，我不禁怀疑：这到底是反映了我们大学生的控制力和修养越来越好了呢？还是反映了我们大学生的公民道德意识越来越薄弱了呢？社会是一个群体，大学课堂也是一个群体，生活在群体里，人与人之间很重要的一点是要学会互相尊重。不顾他人感受，一意孤行地做自己想做的态度是要不得的，但是，"事不关己，高高挂起"的态度也同样是要不得的。面对社会的弊病，作为当代大学生，我们的社会责任感哪里去了呢？

此外，对于如何解决手机铃声污染问题，有人提出了强行禁止手机进入教室这一方法，而在调查中80%的被调查者对这一做法持反对意见，20%认为无所谓。就目前来说，这一做法的确不是治本的好方法，治本的好方法应该是提高大学生的道德素质，增强他们的公民意识，从源头上来预防这一问题的发生。

结　论

对手机铃声污染的调查结果进行分析，我们可以得出现代大学生主人翁意识以及公民意识薄弱这一结论。一个社会，一个国家，如果只是科技、经济等搞上去了，而道德却没能跟上，这样的社会、这样的国家要想获得持续发展的后劲几乎是不可能的。大学生是未来的栋梁，从国家的角度来说，要想成为一个好的接班人，必须加强主人翁意识；从个人的角度来说，要想有一番大作为，也必须要强化自己的公民意识。今天的社会更需要合作型人才，而一个团队要想合作得好，很重要的一个前提就是每个成员都必须学会尊重他人。因此，无论怎么说，大学生加强自己的道德素养是势在必行的了。至于大学生为何会形成今天这样的心态以及如何去改变他们的这种心态，那就需要进行另外的调查才能得到答案了。

（作者：黄丹凤，有修改）

学习重点说明

教育调查报告，是指作者通过对教育领域中的某一问题的实际调查写出的以反映事实情况、提出对策为内容的书面报告。按所反映的内容的性质看，可以分为以提供经验为主具有肯定倾向的、以提出问题为主具有否定倾向的、以陈述基本事实情况褒贬兼容的三种类型。

调查报告写作的基本程序是：确立主题；编写提纲；选取材料；撰写成文；修改定稿。下面谈谈调查报告主题的确立和材料的选择，以及调查报告的基本结构。

◇ 主题的确立与材料的选择

1. 主题的确立

调查报告主题和调查之前的选题与立意应该一致，当然，在获得调查资料后，对问题有了再认识，也可以重新确立主题，确立主题的要求是：

第一，主题要具有现实意义。通过调查研究，提出或验证一种教育理论，这种教育理论能对现在的教育教学具有指导作用。即使是探索，也要具有前瞻性，而不能是过时的、落后的东西。通过调查研究，提出建议所针对的教育问题，应该是十分紧迫的或长期没有解决而必须解决的问题。

第二，主题要体现调查资料，资料能够充分说明主题。主题的确立要依据调查资料的内容，要能体现调查资料的内容。预先的假设与现有的材料不一致，要以现在的材料为准进行修正，以使材料能够充分说明主题。

第三，主题宜小不宜大。小的主题能密切联系教育实际，也能较好地获取材料，撰写起来也较容易。大的主题费时费力，只适合专门的教育科研部门进行研究。对广大在职教师来说，主题宜小不宜大。

2. 材料的选择

材料是确立主题的基础，主题是材料的统帅，调查报告的主题决定了调查资料的取舍，选择材料的要求是：

第一，材料要典型。调查获取的材料很多，经过整理后的材料应该都是有用的材料，如果不加选择，全部写入文章中，势必变成材料的堆砌。因此，必须选取最具说服力的典型材料。

第二，材料要充分。调查报告注重的就是事实，事实充分就能很好地说明观点，因此，写作调查报告要让充分的事实说话，切忌犯以偏概全的毛病。

◇ 调查报告的基本结构

教育调查报告的基本结构包括标题、引言、主体、结尾几个部分。

1. 标题

标题是文章的门面，好的标题一看就能让人感觉到该调查报告的意义。标题的写法有两种，即单行标题和双行标题。

①单行标题俗称正标题，它或者揭示调查报告的基本观点，如《要把农村小学的

图音体教育落到实处》；或者表明调查的对象范围、如《××市农村中小学乱收费情况调查》；或者把要调查研究的问题作标题，如《负担为何越减越重》。

②双行标题又称正副标题。正标题一般从正面或侧面揭示调查报告的中心内容，常采用象征、比喻、暗示等手法来写。副标题直接表明调查的对象范围，又称作实题。例如：《上山下乡，互动交流——××市与××县对口帮教支教情况调查》。

2. 引言

这是文章的开头部分，要简要地介绍调查的概况，包括目的、意义、时间、地点、对象、范围、方法、内容等，这些方面不一定要齐全，可根据具体情况作介绍，或者简要地介绍调查的经过；或者阐述调查结果或基本观点；或者提出教育领域颇受关注或迫切需要解决的问题。引言用语要开门见山，简洁明了。

3. 主体

这部分要对调查材料进行条理性的叙述和分析。常见的结构方式有两种：一种是按调查经过或事件发展顺序，先叙述调查的事实材料，然后分析问题，提出值得思考的问题、启示或结论；另一种是边分析边叙述，把材料分成几个方面，从不同角度来说明主题。如果是长篇调查，一般要有小标题，篇幅较短的也要在句首有中心句，这样便于读者阅读。

4. 结尾

结尾是对全文的收缩，常见的结尾有：

（1）归纳结论；

（2）在正文分析作出结论的基础上，提出值得探讨的问题或建议；

（3）强调和突出文中所表达的观点或揭示的问题，以引起关注。

思考练习

从你的教育工作中选择自己感兴趣并有探讨价值的问题，进行调查研究并写成报告。

第三节　常见的教育议论文体

学习重点

教育杂谈、教育短论、教育论文的写作

范 文

略论信息技术与写作教学

随着21世纪的到来，人类迈入信息化社会，走进知识经济时代。在这个社会里，变革的力量是知识信息，扩大知识、大量生产知识和提高人们的智能将是生产力提高的关键。这也是写作的时代，作为社会主体的人必然需要一定的素质和能力，其中最根本的是阅读和写作的能力。托夫勒指出："新的经济要求掌握符号形象抽象的技巧，要求合乎逻辑地说明问题和表达的能力，以及其他方面的能力。"

写作是主体在一定的建构和信息积累前提下运用语言文字的创造性行为活动。写作教学主要是培养读写能力的教学。在传统的意义上，读写能力就是掌握阅读和书写的技能，并能用读写去学习。传统的写作教学设计是我们所熟悉的：基础阅读、范文评析、词句运用、段落结构安排、写作理论讲解、表达技巧训练、文体修辞研究等，这一切都是在印刷环境下进行的。无论是抓住主题思想、确定论点证据，还是明确写作顺序、识别因果关系，都是我们在运用印刷符号基础上的认知行为策略。今天的世界不仅仅拥有印刷或口头言语的符号形式，还由电子信息技术打造出了更为丰富多样的符号体系——数字、表格、图像、音乐、言语、动作等，学生需要充分利用各种各样的符号，从这个丰富复杂的信息环境中获得知识，发展能力。麦克卢汉说过："你必须熟悉各种媒体，否则你如今就不是真正意义上的有文化的人。"故而，在信息技术社会里，写作教学必须让学生了解人们是通过多种符号形式和展示方法来呈现知识信息的，学生也必须理解并利用各种媒体来恰当地表达自己的思想和感受。

面对信息技术给我们带来的变化，全球教育界都面临着学习变革的挑战。在中国，吉林四平师范学院的写作教学系统工程以动态的写作者为对象，把教学集中在主体机制的功能水平上，促使教与学形成双向制约、互为作用的体制。此写作教学体系主要是突出了以写为中心的思想。上海大学文学院从20世纪90年代以来在改革实践中逐步建立起题型写作教学法，这种教学体系认为学习是一种参与，是否能调动学生参与是写作教学能否成功的标志；于是将写作教学化为一个个具体的训练规程，把写作的过程分解成一个个形象生动的组成元素，通过这些训练规程和组成元素，让学生在生动有趣、不知不觉中学会思考、想象。

以上两个教学改革都以人本论为基石，尝试选择适当的学习活动与教学目标融合，在一定程度上都改造了传统写作教学。然而，在现今时代里，现代信息技术应该也能够成为教学变革的关键。作为智能化的技术，信息技术既包括基础设施又蕴涵着人类的高级智慧。同样，离开了现代信息技术，教育观念的更新只能是一纸空文，却不能从根本上完成一场无论对于个人还是对于国家都具有划时代意义的教育革命。基于信息技术的现代教育技术手段的合理应用本身就要求同时变革人的传统教育观念、教育思想与教育模式，代之以尊重人的独立性、主动性、首创性、反思性、合作性以及相信人固有的强大学习潜能的全新的教育观念、教育思想与教育模式。这种信息技术与教育的整合关键不是把技术仅仅当做出示机械概念和答案的工具，而是通过对话、活动、反思和共同探讨等多种形式，来促进学生知识的建构。基于建构主义的新型写作教学设计正在不断的探索研究中，这些设计至少应该围绕教学目标内容、教学工具选择和教学活动环境及其评价这三个方面的互动理解来进行。

一、教学目标内容

我们生活在一个丰富复杂的符号世界里，符号的意义是从具体事物中抽取而来的。现在的人已经不可能无所不晓，但学生必须具备广泛的基本素养和能力，必须通过各种多样的学习机会来变得知识渊博，成为问题的解决者。处于信息爆炸的社会，如何接受、处理和运用信息的能力是非常重要的。

读写能力已绝不只是运用文字符号的能力，而是用于文化交流和意义表达的多种符号形式的编码解码能力。所谓解码，是把符号形式的信息转换成个体经验和思想的过程。编码和解码是同一过程的不同方面，读写教学设计要同时包含这两个方面，并在其中保持一种动态平衡。教学的根本目标是要在发展学生理解和运用多种符号形式能力的基础上，着重于学生运用认知策略行为从符号形式中获取意义的能力，着重于学生理解一种模式并把符号组织成讲述形式的能力。在这个根本目标上，依据学生已有的知识智能水平，再循序渐进地确定教学的具体目标。

其实，无论基本目标还是具体目标都应该融入具体的内容中。"什么知识最有价值"是确立内容首先要明确的问题。可以说，任何知识都有价值，但"最重要的问题不在于哪个知识有无价值，而在于它的比较价值"（斯宾塞语）。写作教学中的有效知识主要指有利于学生培养运用解码编码能力的新观点、材料。这些内容可以来自学生的兴趣和需求，可以来自相关的社会具体情境，也可以来自其他学科的启发。无论内容的来源是什么，如何具体地和目标融合互补，都要注意把教学目标和内容放在复杂变动的世界的相互联系中来认识、了解。

二、教学工具选择

工具不仅是联系我们和世界之间的桥梁，也是影响着人类理解自己经验的方式。它作用于环境，也作用于我们的心理和社会领域。可以说，每一种媒体工具所代表的符号体系都是表达交流信息的手段，都有其独特的能力，有其特有的能够构建和表达的内涵和实质。印刷工具用来记录并保持记忆，促进了人类的层级式的逻辑思维习惯。影视、摄影等视图工具则提供了水平式的、非理性的、有情感的、不再指向抽象概念的思维景象。计算机数学法则控制下的互动变量环境中的知识具有的是不确定性、主观灵活性、网络互动性及变化加速等特征。

选择与智力活动相当的媒体工具是非常重要的一环。处理信息的人必须要知道提供信息最可能的有效模式。比如，一个想对具体新闻进行深入了解的人，应该选择《南方周末》这样的评析性报纸周刊，而一个对当天事件要作全面了解的人，就会发现电视是个更好的选择。同样的，在写作教学中，如果你想向学生介绍叙述这一手法是表达交流中的一种重要形式，你可以选用书本、录像、计算机互动程序等多种工具来展示不同媒体中叙述手法的运用，必须让学生明白在某一媒体工具环境中，能否有效地对信息解码编码，依赖于你对组织信息的方式的理解能力。

三、教学活动环境及其评价

信息技术与教学的整合，是通过解决真实活动中的问题来有效实现的。活动适当性的关键是如何使学习的目标、内容和工具互动起来。将写作学习放在写故事、办期刊报纸等现实需要活动中，可以吸引学生的注意，激发他们有效交流的愿望，具体的写作技能也能包含在其中了。也可以给学生提供虚拟的活动世界，让他们"神游万仞，心骛八极"，利用各种信息来丰富自己的知识，提高写作能力。

不管多么完美的设计都是抽象的，只有将其放置入活动中，并在完整的教育具体情境中实施才知道效果怎样。活动环境的作用越来越引起人们的重视，一个好的活动环境能对学生起到独特的、其他教学形式难以替代的作用，学生可以从好的活动环境中顺利习得知识和受到感染。也只有在合适的活动环境中，并且配有一套评价体系，才会对学生产生真正的影响。这一点上，技术的整合在创设教育活动环境中担当了重要角色，技术分担了人类部分认知和计算的负担，反映出人们和世界互动的形式。技术整合入教育，学生在情境性的学习中运用创造性的认知策略来解决问题，可以较好地发展创造性思维和发散性思维。

信息技术的飞速发展，网络信息的快速递增，对于人类的学习方式产生了深刻的变革作用。信息通过各种符号形式呈现，学生通过互动作用的过程，利用所学的各种认知策略对其进行转换，进而在一定的文化环境下学习组织表达信息的模式。作为对信息解码编码能力培养运用的写作教学，正在从传统的教学模式中脱离出来，向更新颖更丰富更有效的模式迈进。可以说，21世纪写作教学的基点是终身学习，是不断提出问题、解决问题的学习，是敢于打破狭隘的专业界限面向真实复杂任务的学习，是与他人协作、分享、共进的学习，是不断进行自我反思的学习，是依托信息技术将真实情境与虚拟情境融会贯通的学习，是以信息技术（包括通信工具、网络、计算机等）作为强大认知工具的潜力无穷的学习。

本科课程"现代汉语语法专题"教学体会

前几年，我除了上研究生和留学生课程外，还一直给本科生上现代汉语语法专题课。现将当时的教学体会总结如下：

一、应经常思考如何才能让学生学到更多的终身受用的东西

我认为，作为一名教师，认真备课、上课和批改作业，固然是重要的，但如果仍停留在陈旧的模式上，教师满堂灌、学生满堂记、考试背笔记，那么，即使我们课讲得再卖力，对学生的要求再严格，也不可能对学生有更多的帮助。

现代学习观念认为，真正的学习并不是指背了多少概念，记住了多少死的知识，而是要让学生真正成为学习的主人，掌握学习的方法，学会如何去思考，培养起学习的能力，并善于表达自己的意见。这样培养出来的人才才能满足当今社会科学与经济发展的要求。因此，作为教师，应该经常思考的问题是，自己所教的课程到底让学生学到了什么，应该怎样才能让他们在打好扎实的基础的同时，学到更多终身受用的东西。

二、以现代教学观念指导自己的教学

1. 明确教学目的，确定教学方式

上课伊始，我告诉学生，我们固然要通过上这门课来掌握现代汉语语法的基础知识，以及语法研究的一些基本理论与方法，但仅仅如此还是很不够的。一周才那么两节课，即便全用来灌输语法知识，那也灌输不了多少。针对语法的特点，它本身比较枯燥，但其抽象性质同数学较相似，对训练人的抽象逻辑思维能力有好处，我们决定采取启发式、讨论式的教学方式，让学生在打好基础的同时，努力培养探究意识和创新精神，提高思辨能力及表达能力。

2. 具体做法

我们让学生组织若干个学习小组（每组3~4人），每周安排一个专题，每个专题均提前一周布置预习的内容及讨论的题目，要求每个小组利用课余时间进行学习、讨论。鼓励学生多查资料，了解前人的看法，在此基础上多发展求异思维，从不同的角度思考问题，要敢于挑战前人的观点，提出自己的看法。讨论后，组内成员轮流执笔写出本组讨论所得的结论的详细提纲（允许组内存在不同观点），作为作业，要按规定时间交给老师。教师掌握了学生的情况后，进行有针对性的教学。

课上，讲到课余讨论过的问题时，便鼓励各组同学在班上发表意见，提出不同见解，展开讨论、辩论，老师适时予以点拨、解惑；讲到课余没有讨论过的问题时，也注意不断设疑，激发学生迅速进行思考，并鼓励他们大胆与老师对话。讲评时，对能提出自己的见解或提出感到疑惑的问题的，都特别予以表扬。

3. 效果

学生学习的积极性都很高，发现问题、思考问题的能力以及表达能力都有提高：

①敢于提出问题，或质疑前人的观点。（例略）

②注意从多角度或不同的角度来思考和解决问题。（例略）

③课上能积极参与，大胆发表意见。（例略）

一个学期下来，学生思维的多向性、创造性、敏捷性和逻辑性以及口头表达等都

得到较好的训练。这对学生将来到社会上应聘或从事实际工作应该都有一定的好处。

（作者：彭小川）

海外中学汉语教材中国知识文化内容编排研究

中文摘要

语言与文化相辅相成，不可分割。海外的汉语教学不仅是教授学生语言技能的课堂，更应该成为学生了解中国的窗口。如何在教材中恰当地导入中国知识文化，既满足学生的求知欲，又通过文化内容激发学生的兴趣，从而促进语言学习，是教材编写过程中需要重点考虑的问题。尤其对海外中学生这个特殊群体来说，教材编写更应该注重开拓学生的视野和培养其跨文化交际意识。

本文选取了五套专为泰国中学生编写的汉语教材，对其中的中国知识文化内容进行了系统统计和分析，从数量设置、内容选取和形式安排三方面考察了这些教材在中国知识文化内容编排上的共性和特点。在教材分析的基础上，采取问卷方式调查了泰国中学生对上述内容的态度。

通过教材研究和问卷调查，本文对所选教材在中国知识文化内容编排中的得失进行了评价，并对海外中学汉语教材的编写提出了建议。

关键词：海外汉语　教材知识　文化　泰国中学

Abstract

略

目　录

泰国国立中学志愿者汉语师资现状调查及研究

中文摘要

　　从泰国华文教学师资的历史变化、中国汉语国际推广系列计划在泰国的影响以及相关研究文献的梳理中，我们发现泰国国立中学汉语教学的师资问题，已成为当今泰国政府在基础教育阶段大力推广汉语教学的最大制约因素。为了解决这个问题，泰国政府通过我国的"国际汉语教师志愿者"项目，挑选大量的中国教师前往泰国的中小学校任教。随着该计划的实施，他们成为当前阶段泰国国立中学汉语师资力量中的重要组成部分。

　　本文通过对在国立中学任教的汉语教师的问卷调查和邮件访问，了解师资的详细情况，针对调查中发现的问题——提出建议和解决办法。从中国政府到泰国教育部和学校，再到教师自身，从宏观到微观，从国家到个人，以提高师资质量为重点，提出了诸多有针对性的建议和方法。

　　关键词：泰国国立中学　汉语师资　国际汉语　教师志愿者　师资质量

Abstract

略

目　录

学习重点说明

◇教育论文写作

学术论文是对某个科学领域中的问题进行系统、专门的研究和探讨后，表述科学研究成果的议论文体。

1. 学术论文的特点

（1）科学性。学术论文的科学性，要求作者在立论上不得带有个人好恶的偏见，不得主观臆造，必须切实地从客观实际出发，从中引出符合实际的结论。在论据上，应尽可能多地占有资料，以最充分的、确凿有力的论据作为立论的依据。在论证时，必须经过周密的思考，进行严谨的论证。

（2）创造性。科学研究是对新知识的探求，创造性是科学研究的生命。学术论文的创造性在于，作者要有自己独到的见解，能提出新的观点、新的理论。这是因为科学的本性就是"革命的和非正统的"，"科学方法主要是发现新现象、制定新理论的一种手段……旧的科学理论就必然会不断地为新理论推翻。"（斯蒂芬·梅森）因此，没有创造性，学术论文就没有科学价值。

（3）理论性。学术论文在形式上是属于议论文的，但与一般议论文不同，它必须是有自己的理论系统的，不能只是材料的罗列，应对大量的事实、材料进行分析、研究，使感性认识上升到理性认识。一般来说，学术论文具有论证色彩，或具有论辩色彩。论文的内容必须符合历史唯物主义和唯物辩证法，符合"实事求是"、"有的放矢"、"既分析又综合"的科学研究方法。

（4）平易性。指的是要用通俗易懂的语言表述科学道理，不仅要做到文从字顺，而且要准确、鲜明、和谐、力求生动。

2．学术论文的写作方法或程序

（1）选题。

选题在学术论文写作中具有头等重要的意义。选题不但要具有科学性，也要有利于研究的展开。

选题需要注意几个基本原则：

①在自己的专业范围内选题的选题原则，这样可以为研究的顺利进行提供必要的知识基础。

②以小做大的选题原则，这样容易培养扎扎实实的钻研习惯，使自己得到训练。

③难易适中的选题原则，这个主要根据个人主客观条件来判断难易。

④兼顾自己兴趣的原则，如此有利于深入探索，保持热情。

⑤力求创新的选题原则，只有不断探求创新才能得到应有的锻炼和提高。

（2）收集、整理资料。

论题选定之后，需要花大量的时间，围绕论题范围收集尽可能全面的资料。

确定好收集方向后，在条件许可下，运用各种方法收集资料。社会科学的研究常见的方法是调查、文献检索、观察、试验等。

资料收集好之后，根据自己的论文写作需要来整理资料。

（3）论文观点的确立。

学术论文的观点就是研究的结论。在资料的基础上仔细思考，论点的确立和提炼需要注意：明确集中；推敲好分论点之间以及分论点、中心论点之间的关系；特别需要论点句的表达。

（4）拟制论文写作提纲。

一份论文提纲一般包括以下内容：标题、中心论点和分论点、层次段落、各分论点所用的资料。

（5）写作修改。

根据提纲，持笔写作，推敲修改，誊清定稿。最终定稿的论文，要符合一定的编写格式以及现行通用论文的要求。具体格式要求可以通过网络进入：暨南大学——管理机构——教务处查询了解（http：//www. jnu. edu. cn/gljg. html）。

3．教育论文

教育论文，学术论文的一种，是指专门对教育领域中的问题进行探讨、研究的学术性文章。它的具体研究对象可以涉及教育专业领域内外的所有现象、工作。由于教育是现代社会的一大支柱，因此，教育科研显得十分重要，教育论文在整个社会科学论文中占了相当的比重。

范文中的《海外中学汉语教材中国知识文化内容编排研究》和《泰国国立中学汉语师资现状调查及研究》都是非常规范的教育论文，而且都是专门针对海外汉语教学的教育论文，它们都是暨南大学的硕士学位论文，由于篇幅有限，我们只是选摘了论文摘要和目录部分。

◇**教育短论的写作**

教育短论，顾名思义，即短篇论文，是没有充分展开的论文。教育短论是对教育工作中的某一具体问题进行一般性探讨的议论性体式。所谓"一般性探讨"，区别于教育论文在理论思辨上深度与广度的要求，只作概略的阐释，而无须做旁征博引的论证；它也区别于教育杂谈的一得之感发，点到即止，而需要作适当的面的拓展与概括，形成对该问题的基本看法；它又区别于工作总结对自己的工作进行认识评判，而需突破有限经验的局限，探索其一般的行为规律，具有较强的应用性。

教育短论，因其不必广征博采、精思细构，作者可得研究与写作上的便利；又因其短而实用，读者易读好懂，可收立竿见影之效，所以，它在诸多教研体式中使用频率最高。一般来说，教育短论所论述的只是教育工作中的某个具体问题。

例如《略论信息技术与写作教学》一文就是一篇典型的教育短论，也具备论文的基本格式。

◇**教育杂谈的写作**

教育杂谈，是针对教育方面某一具有现实性与普遍性的问题，发表一得之见的议论性体式，可分为随感性杂谈与分析性杂谈两种。这种杂谈的写法比较自由随意，如《本科课程"现代汉语语法专题"教学体会》就是如此。教育杂谈需要注意的写作基本要求是：

1. 针对性

教育杂谈具有其他一些报刊体裁的共同特性——现实针对性。针对性，主要是指文章的主旨对当前的教育实践具有一定的启示或提示意义。而文章中所运用的材料，既可以是现实中刚刚发生的，也可以是古代文献资料中早已有的。只要是有感于当前教育活动中某种倾向而发，就具有现实针对性。

2. 单纯性

杂谈的字数，少则两三百字，多则一般也在千字以下，要在这极其有限的篇幅内说清道理，这就要求所讨论的问题必须集中单纯。一篇杂谈只要在某一点上有一得之见，说得较为透彻就可以了。

3. 述评性

教育杂谈的写作手法，主要不是抽象说理、严格论证，而是缘事而发、叙议结合。因此，它在表现形式上的一个显著特征是述评性，即把叙事与说理融为一体。

思考练习

（1）选择教育工作中自己感触最深的问题，写一篇短论或杂谈。

（2）拟就一份教育论文纲要，这很可能就是为今后准备学位论文的开始，请务必重视。

第四节　常见的教育管理文体

学习重点

教育计划、总结的写作

范　文

中文系 2010 年学生工作计划

根据校院 2010 年工作要点的总体部署，结合学生工作的具体任务，现制定我系 2010 年学生工作计划如下。

一、指导思想

2010 年，我系学生工作将坚持"科学管理、突出服务、提升素质、确保稳定"的工作思路，围绕校院中心工作，服务人才培养大局，创新管理体制，优化运行机制，通过全方位的教育、全过程的管理、全天候的服务、全身心的投入，争取学生工作的新突破和新飞跃。

二、工作思路

以"养成教育"为重点，规范学生日常行为习惯；以"爱心教育"为突破口，加强学生思想道德建设；以班级文化建设为切入点，推进我系的文化建设；以丰富多彩的德育活动为载体，丰富德育内容，促使学生全面发展。以强化管理为手段，以改革创新为动力，全面提高教育、管理和服务质量，把基础性工作做实、重要性工作做好、探索性工作做新，努力形成具有我系特色和强项的学生工作品牌。

三、具体工作措施

(一) 加强育人队伍建设，促进德育工作科学有效地开展

1. 完善班主任例会制度

定期召开全系班主任会议。通过班主任工作例会，开展理论学习、工作研讨、经验交流、个案分析等活动，同时传达、布置上级会议精神和学校工作要求，对近阶段班主任工作进行及时总结，发现问题及时整改，并对以后工作提出更明确的要求和希望，提高工作的针对性和实效性。

2. 发挥骨干班主任的模范带头作用

用骨干班主任的成功经验去带动和鼓舞其他班主任，在相互交流与学习中形成良好的风气，促使班主任管理水平不断提高。

3. 加强师德师风建设

坚持"人人都是德育工作者"的育人理念，在任课教师中加强德育渗透，真正做到随时、随地、随人、随事地对学生进行德育教育，形成全员育人、全员育德的良好局面。同时，加强师德理论学习，提高全系教职工的师德修养，力求使每一位教职工都具备品质高尚、为人师表、爱岗敬业、履职尽责、尊重学生、业务精湛的师德修养，坚决杜绝有违反师德行为的现象发生，从而达到用教师的言行引领学生、用教师的师德魅力感染学生的目的，营造良好的班风、学风、校风。

(二) 落实各项常规教育，在自我管理中提高学生的能力

根据学生实际，加强养成教育是我系德育工作的基础。养成教育要注重"严、细、实"，要求学生从小事做起，从我做起，自觉矫正不良行为。要求学生严格遵守学校的规章制度，学会自律，增强责任感，培养学生严守纪律、遵守社会公德的良好习惯（课室吃早餐、校车礼让、言语文明不讲秽语等）。通过养成教育的具体工作，逐步使学生从"老师要求我这样做"转变为"我应该这样做"，使良好的行为习惯内化为自觉的行动。

(三) 大力开展德育系列活动，以主题教育为突破，切实加强学生思想政治教育

1. 丰富德育活动，加强主题教育

(1) 结合重大节日、纪念日（清明节、青年节、教师节、国庆节等）适时地组织活动，对学生进行教育。

(2) 加强安全生命教育。各班利用班会等时间大力开展珍爱生命教育，宣传交通安全、水电防火安全，加强自我保护意识。

2. 开展文体活动，提高学生素养

继承校院优良传统，开展各类品牌文体活动，让全体学生在活动中愉悦，在活动中提高，在活动中成才。

（四）坚持解决思想问题与解决实际问题相结合，做好学生的事务管理和学生资助工作

（1）优化学生日常服务：以热忱的态度，做好学生事务咨询等日常工作。

（2）规范学生管理程序：维护学生的合法权益，加强对综合测评的指导和督察，严格执行学生评优评奖的程序。

（3）做好学生资助工作：及时健全和调整贫困生数据库，按学校相关规定做好各类困难补助的发放。

（五）坚持以人为本、求实创新，做好学生宿舍的教育、管理工作

1. 加强学生宿舍的党建和思想政治工作

进一步完善高年级党员或入党积极分子包管学生宿舍制度，发挥党员的教育引导作用，开展丰富多彩的宿舍文化活动，促进学生宿舍的精神文明建设。

2. 在学生宿舍尝试设立舍长制度

由舍长负责宿舍的日常管理，包括同宿舍同学的夜归、旷课等行为的监督。

个人教育工作总结

时间往往是一瞬即逝的，就如同这短短的一学年教学活动一样。这是我走上讲台的第一年，和所有的刚工作的年轻人一样，我在岗位上走过了从陌生到渐渐了解、熟悉的过程。如今，回味过去的点点滴滴，我庆幸自己未曾虚度了时光。为了以后更好的工作，现在作一小结如下：

一、虚心学习，提升自身的教学能力

一个教师最先被要求的往往是他的教学能力。教学能力的高低直接影响着学生们的健康成长。是做一个成功的教师，还是成了一个误人子弟的教书匠？我毫不犹豫地选择前者。这一年除了认真备课、上课，做好自己的工作，还多次去听老教师的课，让我有了学习观摩的机会，取其之长，补己之短；几次参加学术讲座，让我更加准确地了解到新教学的理念，调整自己；多次组内教研活动，让我有了检查自己的时机，通过领导的尽心指导和骨干教师的大力帮助，改变自己，提高自己。要"备好每一堂课；上好每一堂课；评好每一堂课；反思好每一堂课"，成了我提升自身教学能力的途径。这一年来，我自己开了不少观摩课，上了不少公开课，评了不少教研课，在实践中不断进步，获得了一定的认可和赞扬！

二、潜心学习，加强自身的科研能力

一个合格的现代教师，不但要会"教书"，更要懂得为什么"教书"？怎么样"教书"？作为我来说，通过这一年的工作，我更明白了教师的科研能力非常重要这个道理。我在同事们的指导帮助下，联系实际，勤查资料，在了解现代教育最前沿信息的基础上，积极撰写各类论文，取得了一定的成绩。如《我看作文中的创新》一文获

全国作文教学论文大赛三等奖；小论文《创造性观察》在《语文月刊》上发表；还有其他两篇论文在学校论文比赛中获奖。现正参加市教育局的语文课题研究活动，主要负责通过自我调节学习，培养学生写作技能的研究。

当然，在这一年的工作中，我对于参加学校的非教学活动还不太积极，这种居于书斋的意识还有待于今后改变。新的一学年很快就要来临，这意味着我不能停止前进的脚步！因为我清楚地认识到，一个教师只有不断地学习，提高自己，才能使自己的事业之路走得更充实，更宽阔！

中学生日常行为规范

一、自尊自爱，注重仪表

1. 维护国家荣誉，尊敬国旗、国徽，会唱国歌，升降国旗、奏唱国歌时要肃立、脱帽、行注目礼，少先队员行队礼。

2. 穿戴整洁、朴素大方，不烫发，不染发，不化妆，不佩戴首饰，男生不留长发，女生不穿高跟鞋。

3. 讲究卫生，养成良好的卫生习惯。不随地吐痰，不乱扔废弃物。

4. 举止文明，不说脏话，不骂人，不打架，不赌博。不涉足未成年人不宜的活动场所。

5. 情趣健康，不看色情、凶杀、暴力、封建迷信的书刊、音像制品，不听不唱不健康歌曲，不参加迷信活动。

6. 爱惜名誉，拾金不昧，抵制不良诱惑，不做有损人格的事。

7. 注意安全，防火灾、防溺水、防触电、防盗、防中毒等。

二、诚实守信，礼貌待人

8. 平等待人，与人为善。尊重他人的人格、宗教信仰、民族风俗习惯。谦恭礼让，尊老爱幼，帮助残疾人。

9. 尊重教职工，见面主动问好，回答师长问话要起立，给老师提意见要诚恳。

10. 同学之间互相尊重、团结互助、理解宽容、真诚相待、正常交往，不以大欺小，不欺侮同学，不戏弄他人，发生矛盾多做自我批评。

11. 使用礼貌用语，讲话注意场合，态度友善，要讲普通话。接受或递送物品时要起立并用双手。

12. 未经允许不进入他人房间、不动用他人物品、不看他人信件和日记。

13. 不随意打断他人的讲话，不打扰他人学习工作和休息，妨碍他人要道歉。

14. 诚实守信，言行一致，答应他人的事要做到，做不到时表示歉意，借他人钱物要及时归还。不说谎，不骗人，不弄虚作假，知错就改。

15. 上、下课时起立向老师致敬，下课时，请老师先行。

三、遵规守纪，勤奋学习

16. 按时到校，不迟到，不早退，不旷课。

17. 上课专心听讲，勤于思考，积极参加讨论，勇于发表见解。

18. 认真预习、复习，主动学习按时完成作业，考试不作弊。

19. 积极参加生产劳动和社会实践，积极参加学校组织的其他活动，遵守活动的要求和规定。

20. 认真值日，保持教室、校园整洁优美。不在教室和校园内追逐打闹喧哗，维护学校良好秩序。

21. 爱护校舍和公物，不在黑板、墙壁、课桌、布告栏等处乱涂改刻画。借用公物要按时归还，损坏东西要赔偿。

22. 遵守宿舍和食堂的制度，爱惜粮食，节约水电，服从管理。

23. 正确对待困难和挫折，不自卑，不嫉妒，不偏激，保持心理健康。

四、勤劳俭朴，孝敬父母

24. 生活节俭，不互相攀比，不乱花钱。

25. 学会料理个人生活，自己的衣物用品收放整齐。

26. 生活有规律，按时作息，珍惜时间，合理安排课余生活，坚持锻炼身体。

27. 经常与父母交流生活、学习、思想等情况，尊重父母意见和教导。

28. 外出和到家时，向父母打招呼，未经家长同意，不得在外住宿或留宿他人。

29. 体贴帮助父母长辈，主动承担力所能及的家务劳动，关心照顾兄弟姐妹。

30. 对家长有意见要有礼貌地提出，讲道理，不任性，不耍脾气，不顶撞。

31. 待客热情，起立迎送。不影响邻里正常生活，邻里有困难时主动关心帮助。

五、严于律己，遵守公德

32. 遵守国家法律，不做法律禁止的事。

33. 遵守交通法规，不闯红灯，不违章骑车，过马路走人行横道，不跨越隔离栏。

34. 遵守公共秩序，乘公共交通工具主动购票，给老、幼、病、残、孕及师长让座，不争抢座位。

35. 爱护公用设施文物古迹，爱护庄稼、花草、树木，爱护有益动物和生态环境。

36. 遵守网络道德和安全规定，不浏览、不制作、不传播不良信息，慎交网友，不进入营业性网吧。

37. 珍爱生命，不吸烟，不喝酒，不滥用药物，拒绝毒品。不参加各种名目的非法组织，不参加非法活动。

38. 公共场所不喧哗，瞻仰烈士陵园等相关场所保持肃穆。

39. 观看演出和比赛，不起哄滋扰，做文明观众。

40. 见义勇为，敢于斗争，对违反社会公德的行为要进行劝阻，发现违法犯罪行为及时报告。

（中国教育部修订）

应用语言学系学生写作训练规定

一、写作要求

1. 一年级完成习作20篇，每学期10篇。每篇习作1 500字以上（诗歌字数不限）。

2. 二年级完成读书笔记10篇，每学期5篇，字数不少于1 500字。

3. 习作与读书笔记的格式要求：如果是电子版，标题为小二号黑体，标题下写年级、姓名，正文为小4号宋体；纸质版要求用400字的原稿纸，并使用蓝黑色墨水钢笔（含签字笔）进行书写，要求字体规范，书写工整。

4. 各类文体均要求主题鲜明，内容充实，篇章结构完整。

5. 学生每学期第19周前把习作或读书笔记电子版交学生辅导员（邮箱：yingyong@ hwy. jnu. edu. cn），同时发导师批改；纸质版直接交辅导员。

二、奖惩办法

1. 每学期开学后导师把上学期本人指导的优秀学生习作与读书笔记推荐给系里（邮箱yingyong@ hwy. jnu. edu. cn），系里统一评奖，并为获奖学生颁发证书，优秀习作与读书笔记刊登在《晨风》增刊上。

2. 学生在报纸杂志上公开发表文章，系里视学生发表情况给予适当奖励。

3. 禁止抄袭与下载拼凑，一经发现，操行评定不能获得优秀和良好的等级。

4. 学生写作训练情况作为各类评奖的参考性条件，未完成者取消其参评资格。

应用语言学系

二〇〇九年十月二十日

学习重点说明

教育工作者为了保障教育政策、法规的实施，改善育人环境，提高教育效能，总结工作经验、教训等，必然要根据本单位、本部门或本人的实际情况，制定教育计划、教育规章制度，写作教育工作总结等。这些教务文体的写作，实际上已成为学校行政部门常规性工作的一个重要内容。

◇教育计划写作

教育计划是教育者、教育单位及教育部门对将来某一时期、某一工作所作的安排与构想。有关教育方面的"安排"、"设想"、"构想"、"规划"、"打算"、"方案"、"意见"等，均属教育计划类体式。此类体式，通常都包含有计划制订者、实施者、时限、目标和工作安排等内容。教育计划写作的目的，是对未来一个时期内的工作进行统筹安排，明确目标和任务，避免工作的随意性和盲目性。

教育计划写作的一般程序，可分为情况分析、目标预测、工作构思、初稿写作和修改定稿五个步骤。

1. 情况分析

计划的写作可以直接从分析有关情况入手。计划制订者所要分析的情况，可分为主观与客观两个方面。

主观方面，主要指计划施行者的教育素养。以学校而论，包括教育工作者的教育技能、专业水准、教育观念、教学思想和精神状态等。

客观方面，指的是现实的教育状况和教育环境。在学校中，包括教育机构、人员配备、生源素质、课程设置、教材教法、教学设施及教育经费等。此外，还有来自学校外部的对上述方面的制约因素。

对现实情况的分析，主要是认识其内部关系，探寻其内在规律，总结经验教训，区分积极因素与消极因素，弄清优势与劣势，判明问题的症结，等等。只有对这些情况有所研究，把握住根本，才能因势利导，制订出切实可行的教育计划。

2. 目标预测

对现实情况的分析和对其内在规律的认识，可使我们有可能对未来一个时期的工作进展作出较为科学的预测，确定计划期限内所要达到的目标。

目标的预测，对整个工作构想是十分重要的。目标既要体现出在现有水平上的提高，但又不能过分地理想化，要符合客观实际，留有余地。

3. 工作构思

目标要落实，必须有具体的工作安排和措施保障。

工作构思，是计划制订者的工作经验、创造力与智慧的表现。比较而言，寻求一个富有创造性的切实可行的工作方案，也许要比确定一个恰当的目标系统还要困难。因为，目标的预测毕竟还有许多普遍性的要求可以遵循参照，而工作方案的构思，则要更多地根据自身的特点，发挥自己的想象力和能动性，去出谋划策。在类似的目标下，可能导出不同的工作构思，这些构思必然有高下之分，新陈之别，所收到的效果自然也不一样。

4. 初稿写作

教育计划在行文上有两种主要形式，一种是表格式，一种是条文式。单位或部门的教育计划较多是采取二者相结合的综合式。

教育计划的标题一般包括三个因素：计划实施者、时限与计划内容。教育计划的结构可分为三个部分：指导思想、总体目标（设想）和具体构想。

5. 修改定稿

单位和部门的计划要得到贯彻实施，各项措施、方法要变成有关人员的自觉行动，必须得到全体计划实施者的理解和支持。因此，初稿写成后，必须征求有关方面的意见，斟酌修改，尽可能做到合理得体、切实可行。

◇**教育工作总结写作**

教育工作总结，是作者对本人或本单位在某一时期内从事的教育活动进行前瞻性探讨的教育文体之一。教育工作总结写作的目的是为了汲取经验教训，探寻教育规律，以利今后更好地开展工作。

写作的基本要求是：

1. 求实性

教育工作总结与教育调查报告不同，教育调查报告大多反映的是别人、别单位的情况，而教育工作总结反映的则是本人、本单位的情况。作为当事人，要如实地汇报工作，恰如其分地评判、认识本人和本单位的工作情况。

2. 前瞻性

教育工作总结的写作，须对自己或本单位的教育工作进行回顾，通过对过去工作的自省，探索教育规律，获得经验教训，这才是教育工作总结写作的真正价值。

教育工作总结写作行为的一般程序，包括回顾、剖析、体悟和成文等四个步骤。教育工作总结的一般结构形式，由导语、主体与结尾三部分构成。导语是用以交代总结的时间跨度、背景、内容，或点出有关的评价与认识的部分。主体是用以说明具体工作情况及有关心得体会的部分，是全文的重点。结尾可归结上文，说明存在的问题；可提出工作设想与努力的方向。

◇**教育规章制度**

教育规章制度，是指在教育系统内部制订的具有特殊目的指向性和一定约束力的各类行为准则，属法规性体式，包括有关的规定、办法、规则、决定、决议、章程、条例、守则、细则、准则、规范、公约、协议、须知等。制订教育规章制度的目的，是为了使教育方针政策得以更好地贯彻实施，使教育的各项目标得以圆满实现，使教育机构或团体的具体工作得以顺利开展，使教育者和被教育者在教育实践中有章可循。

思考练习

针对自身情况，写一份个人的学习计划或工作总结。

部分思考练习题参考答案

第一章　写作基础训练

第一节　听后写，说后写

（1）读完故事后，回答问题。

①在地里干活时，一只兔子撞死在大树上，农夫捡到了这只兔子。

②他想再次捡到兔子。

③守株待兔比喻死守狭隘经验而不知变通；也比喻只想不劳而获，坐享其成。

（2）下面的语段顺序被打乱了，请你把它调整过来。

①医学考试：CAEBD

②人和骆驼：CDBA

③农夫与鹰：CFBEAD

④女主人与侍女们：DBFGCEA

⑤学校的花台：ACBDE

（3）略

（4）略

（5）略

第二节　看图作文

（1）用所给的词语组句，注意语序。

①我跟朋友一起去操场打羽毛球。

②请老师教我们唱几首中国歌。

③那个从欧洲来的同学今天过生日。

④她整整看了三天，还没看完这本书。

⑤从中山大学到暨南大学，乘地铁比坐公共汽车方便。

⑥他急急忙忙跑进教室来了。

⑦跑在前面的人是我小学同学。

⑧我们班的同学在一起讨论汉语问题。

⑨那位行人被自行车撞倒了。

⑩她把书放到桌子上，就生气地走了。

⑪明年秋天，他们要去四川旅游。

⑫他一直希望来这个国家读书。

⑬在晚上的时候，她总是想念家乡。

⑭有一个路人问小明。

⑮读写能力是教育的一个中心目标。

（2）给下列段落加上标点符号。

①昨天下午我从天河城坐车回学校（，）上了一辆拥挤的公共汽车（。）一位老人焦急地说（："）我的东西落在站台上了（！"）刚刚开动的汽车停下来（，）老人边下车边对售票员说（："）您先走吧（，）我等下一趟车（。）售票员微笑着回答（："）您快去拿东西吧（，）我们等您（。"）老人快步取回了东西（，）她对车厢里的乘客们抱歉地说（："）耽误大家的时间了（，）真对不起（。"）有人对她会心地笑了笑（，）有人赶紧给她让座（。）

②我两眼看着那水灵灵的鲜红的樱桃（。）摊主见了笑问（："）小妹妹，要买樱桃吗（？）这是刚进的（，）可甜哪（！"）我便问（："）阿姨（，）这多少钱一斤呀（？"）（"）呵（，）不贵不贵（！"）她微笑着伸出手指（：）左手两根（，）右手一根（。）（"）一块二（？"）（"）嘿（，）开什么玩笑呀（，）是十二块（！"）我的天呀（！）十二块钱一斤（！）最终（，）还是抵挡不住樱桃的诱惑（，）管他的（，）买吧（！）

③有一棵高大潇洒的杉树（，）显眼地立在草地上（。）附近的人们只要走出家门（，）或是从窗口向外看（，）总会赞扬它几句（；）可它身边那低矮丑陋的小草却无人理睬（。）

在冬天的一个傍晚（，）天下起了鹅毛大雪（，）但在大杉树眼里（，）它只不过是一粒粒细小的尘埃（。）它轻蔑地对雪花说（："）瞧你（！）这么小（，）简直可以说是一事无成（。"）这年的雪下得比以往任何一次都要大（，）小雪花瞪了它一眼（，）无言地飘落在它身上（。）就这样（，）一片（、）二片（、）三片（，）越积越厚（，）越来越沉（。）终于杉树忍不住了（，）不多久（，）静谧的夜空中（，）传来了一阵沉闷的拗断声（。）

早晨（，）人们打开窗户（，）再也看不见高傲挺立的大杉树了（。）走出门（，）一看（——）原来它被积雪压断了（，）而再看看它脚边（，）一根青草却破雪而出（。）

（3）改正下列句子中用错的标点符号。

①我不知道那个人是不是她姐姐。

②他才学了三个月的汉语，就能很流利地用汉语谈话了，真了不起啊！

③这是一座巨大的、古老的、美丽的古代建筑。

④我欢笑，回声也欢笑；我哭泣，回声也哭泣；我唱起山歌，回声也唱起山歌。

⑤你为什么总是不给我写信？

⑥这本《广东经济》很有用。

⑦小红告诉我，她的哥哥在北京读大学。

（4）略

第三节　编写型作文

（1）修改下面的病句。

①路那边有一片很大的水田。

②我想去旅行，看中国更多别的地方。

③在这个学校有一个长满了花草的大花园。

④我们一边谈关于中国和外国文化的话题，一边喝茶。

⑤泰国是一个在世界上很有名的生产大米的国家。

⑥我想他有的意见现在还是很新鲜的。

⑦她的眼中流露出真诚的、善意的目光。

⑧小红买了一件便宜的米色毛衣。

⑨在广东一个海边的小城市，我们看见一个渔民，他在卖他的鱼。

⑩这个活动在加拿大的一个叫温哥华的城市举行一周。

（2）下面是一位同学的作文，存在许多问题，请为其作些修改。

A．并联词语使用不当的句子是第（①）句，应当把句中的（却）改为（而且）。

B．语意重复的句子是第（⑨）句，可以删去（做作业）。

C．前后句顺序不合理的句子是第（⑧⑨）句，应当调整为（⑨⑧）。

D．用语不得体的句子是第（⑩）句，句中不得体的词语是（不耻下问）。

E．文中有两处内容与中心无关，应当删去。分别是第（④⑤）句和第（⑪）句。

F．略

（3）略

（4）略

（5）略

第二章　记叙文

第一节　记叙文概述

（1）找出下列句子中的状语并模仿造句（造句答案略）。

①明天早上八点在校门口

②从伦敦

③特别

④上写作课的时候经常

⑤对这个问题

⑥一起一步一步往山顶上

⑦在教室里热烈地

⑧昨天晚上、舒舒服服地

⑨终于按时

⑩在旅途中、一直精心

（2）依据主题，把下面的句子连成一段话，并正确使用标点符号。

语段一　我的志向

③：“⑤？”⑨：“⑦。①，④。②，⑥，⑧。”

语段二　换表还是换秘书

④。①，⑥，③。②：“⑦，⑤。”

语段三　收稻子

④，⑤。①。②，⑧。③，⑥，⑦。

（3）略

（4）略

（5）略

第二节　景物记叙文

（1）修改病句。

①我洗完衣服就到朋友家去。

②她来中国半年了。

③我听不清楚他说的话。

④我借不到这本书。

⑤这里的电话号码你记不记得住？

⑥这些饺子被我们吃完了。

⑦我吃完饭就进城去。

⑧他的意思大家听不明白。

（2）给下面的句子填入适当的补语。

①听说儿子生病住院了，他急得（哭起来）。

②收到大学录取通知书的那天，她高兴得（跳起来）。

③夏天，车厢里热得（像个蒸笼）。

④老人爬到山顶时，已经累得（上气不接下气）。

⑤看台上的球迷多得（数不清）。

⑥云南的景色美得（难以忘怀）。

（3）理清下面排列错乱的句子顺序，在句子前面的括号里标上序号，再按正确顺序读一读。

④①②⑤③

（4）略

（5）略

（6）略

（7）略

第三节　写人记叙文

（1）补充完成下列存现句。

①桌子上（放着）他刚买来的书。

②校门外（停着）几辆出租汽车。

③前面（站着）一群小学生。

④花园里（开着）五颜六色的鲜花。

⑤厨房里（飘着）一阵饭菜的香味。

⑥我家隔壁（住着）一户新邻居。

⑦剧场里（坐着）观众。

⑧售票处门口（挤着）买足球票的球迷。

（2）略

（3）略

（4）略

（5）略

（6）先总计并品味下列语段，学习其对不同情态的描写手法，然后根据内容选择其描写的人物状态。

A. 疲累　C. 入迷　D. 痴呆　B. 羞怯

第四节　写事记叙文

（1）略

（2）阅读短文，把下列词语填入句首的空白中去，注意时间词语的运用。

A. 从前　D. 有天晚上　F. 沉闷了半夜　C. 后半夜　E. 当太阳升起的时候

B. 从此

  （3）略

  （4）略

  （5）略

  （6）略

第五节　日记、随笔

（1）用后面括号内所给的关联词语改写下列句子。

①我们每天都要早起锻炼身体，不是跑步，就是打篮球。

②他是一个很用功的学生，只要有机会，他不是跟中国人谈话，练习口语；就是听广播、看电视，练习听力。

③这里既有不少有名的古迹，又有不少现代化的娱乐场所，吸引了很多游客。

④我的弟弟是一名大学生，最近他利用课余时间在一家公司打工。我和妈妈劝他好好学习，不要只想到赚钱，他说："你们不理解我的想法，我到外资公司打工的目的不是想赚钱，而是想在实际工作中锻炼自己，得到更多的实践知识。"

⑤他为了给老人治病，不但花掉了所有的积蓄，而且借了不少钱。老人非常过意不去。

⑥他们没有电视机，他们说看电视时是不用大脑的，是满足懒人的，所以他们不是买不起，而是不喜欢看电视；而对书籍，他们的态度就完全不同，两个人都爱书如命。

（2）填上适当的关联词语。

①既，又，不但

②不是，就是，不但，而且

③不仅，更，不但，而且，而

④宁肯，也不

⑤即使，也

⑥即使，还是

⑦就算，也

⑧为了，一（旦），就，不但，而且

（3）改正下列句子中的错误。

①明天（不管天气如何），我都要去飞机场接我的朋友。（因为）他是第一次来广州，所以我很担心他会迷路。我说广州的路（不是）很整齐，我（又）住在市中心，（不）容易找到。（即使）买一张广州交通图，（也可能找不到）我住的地方。

②我妹妹很喜欢看电视，（本来）这没有什么奇怪的，很多人都喜欢看电视。可

是我妹妹特别喜欢看电视上的化妆品广告，无论这种广告（有）没有意思，她都爱看。而且只要电视广告上有的化妆品，她（都）想买来试一试。

（4）略

第三章　说明文

第一节　事物说明文

（1）略

（2）改正下列病句。

①我应该把脏衣服洗一洗。

②我吃不完这些饺子。

③我每天整理桌子上的东西。

④我的朋友还给我一些杂志。

⑤我的同屋把他的脏袜子放在床底下。

⑥他昨天寄出去那封信。

⑦我旅行的时候，总是把我的东西忘在旅馆里。

⑧老师要我把一个句子翻译成中文，我不能用汉语说出这个句子。

⑨你应该把今天的作业做完。

⑩你放心，我做不完作业就不睡觉。

（3）略

第二节　事理说明文

（1）指出下列句子中的被动句。

②、③、⑤、⑥、⑧、⑨

（2）把下列句子改为被动句。

①你的自行车被他修理好了。

②因为他的汉语很好，于是他被公司派来中国开辟新的市场。

③昨天那本杂志被我还给图书馆了。

④歌德的诗早就被一位中国诗人翻译成中文了。

⑤那座小桥被洪水冲垮了。

⑥教室被他们打扫得干干净净。

⑦他的衣服被大雨淋湿了。

⑧那个小偷被警察抓住了。

⑧妈妈的钢笔被我用坏了。

⑩那片树林被大火烧毁了。

（3）略

（4）略

第四章　议论文

第一节　议论文概述

（1）略

（2）略

（3）选择适当的过渡语句填在短文的各个段落之间。

CFBDAE

（4）略

第二节　读后感、评论

（1）略

（2）略

（3）略

（4）把下列句子改为反问句。

①今天比赛对方的力量比我们强，但是难道我们就不应该竭尽全力去争取胜利吗？

②我早就写信告诉你了，你难道还不知道这件事？

③生活中遇到各种困难是很自然的，难道我们年轻人没有克服困难的勇气和信心吗？

④学习汉语，难道不应该多跟中国人谈话吗？如果不好意思说，就很难得到提高。

⑤你可以选择生活，但难道你也可以选择生死？你可以选择伴侣，但难道你也可以选择命运？

⑥我们都已经是大学生了，还要把我们当小孩子看待吗？

⑦她诚心诚意向你表示歉意，难道你不能改变对她的态度吗？

⑧我喜欢茶色的头发，所以我把头发染成茶色。爸爸妈妈认为很古怪，但我觉得这是个人爱好问题，难道他们也应该干涉吗？

（5）略

第五章　常见事务应用文

第一节　便条、单据

（1）略

（2）略

（3）将下列每组句子合并成一个句子。

①我买了一张明天晚上七点的足球票。

②这场精彩极了的杂技是上海杂技团表演的。

③两年前，我在北京第一次见到已经是一个出色翻译的他。

④老师借给我一本对我的学习很有帮助的语法书。

⑤我晚上要去飞机场接我的一个在上海外国语学院学习汉语的朋友。

⑥她每年都要回一次山清水秀的家乡。

（4）改正下列病句。

①我终于回到了我美丽的家乡。

②我的三个美国朋友明天来看我。

③他的照相机是妈妈在英国买的。

④我想买那件红色的衣服，请帮我拿一下。

⑤他昨天进城买到很有用的《日汉词典》。

（5）略

第二节　海报、通知、启事

（1）下面通知有几处错误，请在原文上修改。

①没有称呼。

②没有交代活动的具体地点。

③没有交代新闻稿件的主要写作要求和做法。

④没有交稿时间。

（2）指出下面一则"通知"中格式和书写上的错误。

①没有讲清会议事项。

②落款出错。

（3）请对下面这篇启事加以修改。

①地点不清楚。

②没有留下联系方式。

③落款出错。

（4）下面这则招领启事有错误，试一一指出。

①没有标题。

②不能用"特此通知"来写启事。

③招领内容写得太详细了。

④没有留下联系方式。

（5）略

第三节　专用书信

（1）改正下列段落中比较句的语法错误。

今天是一个星期天，天气和昨天一样暖和。我和我的朋友刘林一起骑车去香山看红叶。我的自行车比他的旧，骑到半路上，我的车坏了，我们只好去一个修理店修自行车。修理店的小伙子比我们更年轻。他说他已经工作三年了。他一边工作，一边在电视大学学习机械。他说电视大学和一般大学不一样，是业余时间学习。他虽然很忙，但是仍然坚持学习。我们跟他聊天，觉得很有意思。不一会儿，他就把车修好了。现在，我的自行车比以前好骑多了。

（2）读下列对话，用比较句写出老王的想法。

①你的个子怎么比以前还矮些?

②比起以前的红光满面，现在你却是面黄肌瘦！

③以前你的声音比现在大多了呀！

④你的眼睛比原来更不方便了吧。

（3）略

（4）略

（5）略

第四节　日常书信

（略）

第五节　致辞

（略）

第六章　新闻

（略）

第七章　简明师范写作

（略）

常用写作术语浅释

中心思想：一篇文章最主要、最基本的思想主题，是一篇文章的灵魂，是全篇内容的关键，也叫中心。

段　　落：一般指自然段落，在文章中有起句空两格的常见标记。

层　　次：文章中意义内容上相对完整和独立的部分，一般由几个自然段构成。

记　　叙：对人物、事件、环境的叙述和交代，重点在于呈现过程。

说　　明：对某个事物和有关这个事物的道理所作的介绍和解说。

议　　论：直接地举出理由、根据，表明自己对人对事的看法、意见、态度，或对问题、事件进行分析、评论。

描　　写：对人物、事件、环境所作的具体的形象的描绘和刻画。

抒　　情：作者的主观情感的抒发和表露。

情　　节：人物活动和事件发展的过程及其阶段性，一般包括开端、发展、高潮、结局等组成部分。

场　　面：人物活动、事件进行所呈现出来的一定时空。

倒　　叙：把事件的结局或某一个突出点先提到前面交代，倒过来再写事件起因及来龙去脉。

顺　　叙：按照事物发生、发展、结局的自然次序来行文。

插　　叙：在叙述的过程中，插入另一些有关的情节和事情，再叙述原来的事情，这种写法叫插叙。

补　　叙：在叙述的过程中，对正在叙述的人或事作一些有关的简短的补充和交代。

肖像描写：对人物的音容笑貌、衣着穿戴的描绘和刻画。

心理描写：对人物内在的心理活动（即所思所想）的描绘和刻画。

行动描写：对人物行为、动作的描绘和刻画。

语言描写：对人物的言语、人物间的对话所作的描绘和刻画。

论　　点：作者对议论的问题所持的观点和看法。

中心论点：作者主要表明的在全文中最重要的观点和看法。

论　　据：用来证明论点的事实和道理。

论　　证：体现论点和论据间严密逻辑关系的构想与安排。

立　　论：提出论点，正面阐述和证明自己的观点的写法。

驳　　论：针对错误的观点，运用道理和事实予以驳斥和批判的写法。

素　　材：在写作过程中涉及的所有材料，包括写入文章中的，也包括没有写入的。

结　　构：篇章的整体组合、构成。

标　　题：标明文章、作品等内容的简短语句。

层　　次：文章内容在结构或功能方面的等级秩序。不同层次具有不同的性质和特征，既有共同的规律，又各有特殊规律。

称　　谓：对人的称呼，表示对不同对象的身份、地位、职业、关系等的名称，对长辈的称谓要用得恰当。

程　　序：事情进行的先后次序、步骤。

搭　　配：词句的接连和配合。

段　　落：文章根据内容划分成的部分。

风　　格：一个时代、一个民族、一个流派或一个人的文艺作品所表现的主要的思想特点和艺术特点。

格　　式：一定的规格式样。

观　　点：观察事物时所处的位置或采取的态度。

简　　略：（言语、文章的内容）简单；不详细。

角　　度：看事情的出发点。

具　　体：不抽象，不笼统，细节很明确。

例　　证：用来证明一个事实或理论的例子。

罗　　列：分布，排列，列举。

明　　确：清晰明白而确定不移。

内　　容：文章内部所含的实质或意义。

跑　　题：离开正题。

诠　　释：说明，解释。

突　　出：出众地显露出来。

文　　体：文章的风格或结构、体裁。

文　　章：单独成篇的文字作品。

正　　文：著作的本文，区别于"序言"、"注解"、"附录"等。

主　　题：也叫"主题思想"。文艺作品中所蕴含的中心思想，是作品内容的主体和核心。

主　　线：指文艺作品或文章的主要脉络。

参考文献

1．何立荣编著：《留学生汉语写作进阶》，北京：北京大学出版社 2003 年版。

2．乔慧芳、赵建华编著：《外国留学生汉语写作指导》，北京：北京大学出版社 1995 年版。

3．苗东霞编著：《HSK（高等）考前强化——写作》，北京：北京语言大学出版社 2004 年版。

4．罗青松编著：《汉语写作教程》，北京：华语教学出版社 1998 年版。

5．徐竹君编著：《外国人在华常用应用文》，北京：华语教学出版社 1993 年版。

6．刘孟宇、诸孝正编著：《基础写作》，广州：中山大学出版社 1999 年版。

7．赵洪琴、傅亿芳编著：《汉语写作（二、三年级使用）》，北京：北京语言大学出版社 1994 年版。

8．陈子典、李硕豪编著：《应用写作大要》，广州：广东高等教育出版社 1996 年版。

9．林可夫编著：《高等师范写作教程》，福州：福建教育出版社 1991 年版。

10．董小玉主编：《现代写作教程》，北京：高等教育出版社 2000 年版。

11．陈妙云著：《学术论文写作》，广州：广东人民出版社 1998 年版。